Como decidem as cortes?

Como decidem as cortes?
PARA UMA CRÍTICA DO DIREITO (BRASILEIRO)

José Rodrigo Rodriguez

Copyright © José Rodrigo Rodriguez

Direitos desta edição reservados à
EDITORA FGV
Rua Jornalista Orlando Dantas, 37
22231-010 | Rio de Janeiro, RJ | Brasil
Tels.: 0800-021-7777 | 21-3799-4427
Fax: 21-3799-4430
editora@fgv.br | pedidoseditora@fgv.br
www.fgv.br/editora

Impresso no Brasil | Printed in Brazil

Todos os direitos reservados. A reprodução não autorizada desta publicação, no todo ou em parte, constitui violação do copyright (Lei nº 9.610/98).

Os conceitos emitidos neste livro são de inteira responsabilidade dos autores.

1ª edição — 2013; 1ª reimpressão — 2015; 2ª e 3ª reimpressões — 2017; 4ª reimpressão — 2019; 5ª reimpressão — 2021.

COORDENAÇÃO EDITORIAL E COPIDESQUE: Ronald Polito
PROJETO GRÁFICO DE CAPA E DIAGRAMAÇÃO: Estúdio 513
REVISÃO: Marco Antonio Corrêa | Tathyana de Cassia Silva Viana

Ficha catalográfica elaborada pela
Biblioteca Mario Henrique Simonsen

Rodriguez, José Rodrigo
    Como decidem as cortes? : para uma crítica do direito (brasileiro) / José Rodrigo Rodriguez. — Rio de Janeiro : Editora FGV, 2013.
    229 p.

    Inclui bibliografia.
    ISBN: 978-85-225-1417-5

    1. Direito — Brasil. 2. Poder judiciário — Brasil. 3. Separação de poderes — Brasil. I.
Fundação Getulio Vargas. II. Título.

CDD — 340.981

Sumário

Agradecimentos 7

Introdução
Razões da crítica 13

Capítulo 1
Existe direito no Brasil? A cabrocha e o magistrado 25

Capítulo 2
Como decidem as cortes brasileiras? Sobre argumento de autoridade e justificação 59

Capítulo 3
Como pensam os juristas? Sobre formalismo e naturalização conceitual 113

Capítulo 4
Critérios da crítica. Zonas de autarquia e controle do poder 147

Capítulo 5
Judicialização da política? Sobre a naturalização da separação dos poderes (I), com Marcos Nobre 177

Capítulo 6
Insegurança jurídica? Sobre a naturalização da separação dos poderes (II) 201

Referências 231

Aviso ao leitor 249

Agradecimentos

Agradeço aos colegas Marcos Nobre, Rúrion Soares Mello, Fernando Mattos, Marcus Faro de Castro, Fabíola Fanti, Maira Rocha Machado, Carolina Cutrupi, Dimitri Dimoulis, Ester Rizzi, Sergio Costa, Juliano Maranhão, Marta Rodrigues de Assis Machado, Flavia Portella Püschel, Carlos Eduardo Batalha, Samuel Rodrigues Barbosa, Solange Telles da Silva, Andrea Zanetti, Carlos Eduardo de Abreu Boucault, Antônio Angarita, Ary Oswaldo Mattos Filho, Esdras Borges da Costa, Bruno Meyerhof Salama, Eurico de Santi, Fernando Fontainha, Ricardo Ribeiro Terra, Bianca Tavolari e Flávio Marques Prol pelo interesse constante em ler, debater e combater meus textos.

Agradeço aos demais colegas e à direção da Direito GV e do Cebrap por manterem um ambiente de trabalho crítico e plural e fornecerem as condições materiais para que este livro fosse escrito. Ao Núcleo Direito e Democracia (NDD) do Cebrap agradeço pelo convívio crítico de sempre e pela discussão coletiva de uma parte destes escritos.

Nenhum dos leitores deste texto tem qualquer responsabilidade pelas suas falhas, mas vários deles são responsáveis por algumas de suas virtudes.

Agradeço à equipe da pesquisa *STF: um tribunal espetáculo?*, coordenada por mim e sediada no NDD/Cebrap, composta por Patricia Meneghini, Maia Aguilera e Regina Stela Vieira, pelas discussões de vários dos temas de que trato aqui.

Agradeço às equipes de pesquisa das quais tomei parte desde 2008 nos projetos financiados pela Secretaria de Assuntos Legislativos do Ministério da Justiça e pelo Pnud (Projeto "Pensando o Direito") no Cebrap e na Direito GV, que ajudaram a coletar boa parte dos dados que estão na origem deste trabalho.

Agradeço à professora Vera Karam Chueiri pelo convite para debater uma parte deste material em seu seminário de pesquisa na Universidade Federal do Paraná (UFPR), ao professor Leandro Zanitelli, coordenador do mestrado do Centro Universitário Ritter dos Reis (Uniritter), e ao professor Uirá Azevêdo, da Casa Civil da Bahia, pelo convite para ministrar dois cursos de curta duração com base nestes textos.

Gostaria de agradecer nominalmente aos professores e alunos do Mestrado em direito do Uniritter por terem achado tempo para comentar meus textos com generosidade, rigor e espírito de combate durante três encontros. A discussão com este grupo foi muito útil para a versão final deste livro. Agradeço, a saber, Leandro Zanitelli, Gilberto Schäfer, José Guilherme Giacomuzzi, Rodrigo Valin de Oliveira, Ana Paula Oliveira Ávila, Maria Cristina Gomes da Silva d'Ornellas, Paulo Gilberto Cogo Leivas e Ricardo Libel Waldman.

Também gostaria de agradecer aos advogados da Casa Civil da Bahia pelas observações e sugestões, a saber: Uirá Azevêdo, Iuri Carvalho, Helga Sales, Anne Muniz, Julia Cruz, Clarissa Almeida, Daniel Medrado, Gabriel Penna, Tiago Carneiro, Fredson Carneiro, Taiane Nunes, Ana Carolina Pimentel e Maia Gelman.

Agradeço ao professor Giovanni Damele da Universidade Nova de Lisboa, pela discussão de parte deste livro durante suas visitas a São Paulo e durante minha visita a Lisboa para o colóquio *Reasoning and Argumentation in Legal Discourse*, no dia 13 de dezembro de 2012, na Universidade Nova de Lisboa, organizado por ele. Agradeço também a todos os participantes do colóquio, a saber, Soraya Lunardi, Jordi Ferrer Beltrán, Maurizio Manzin, Serena Tomasi e Giovanni Battista Ratti.

Agradeço aos pareceristas anônimos da revista *Analisi e Diritto*, na pessoa de seu editor, Paolo Comanducci, pelas sugestões feitas ao capítulo sobre segurança jurídica.

Agradeço a Marcos Nobre pela reflexão em comum, a coautoria de um dos capítulos, o estímulo constante e os comentários a meus textos ao longo da vida. *Grosso modo*, esta é a segunda metade de meu doutorado (*Fuga do direito*, 2009) a qual, sabiamente, foi suprimida por meu orientador, Marcos, do projeto original. Também pela ajuda em organizar minhas ideias, vai aqui meu agradecimento. Aproveito para esclarecer que a coautoria em um dos capítulos não significa a concordância de Marcos com todos os argumentos deste livro.

Finalmente, agradeço a Bianca Tavolari a indispensável ajuda na organização e na correção dos originais deste livro e o estímulo dos sorrisos gráficos no correr do processo. Para você também, pelo trabalho :)

Dedico este livro à memória de Aristóteles,
autor de *Argumentos sofísticos*, sem falsas justificativas.

Introdução

Razões da crítica

Há certamente boas razões para criticar o direito em geral e, mais especialmente, o direito brasileiro. No entanto, também há razões injustas ou simplesmente equivocadas para fazê-lo. Este livro tem a pretensão de identificar as melhores razões para criticar o direito de nosso país tendo em vista o aperfeiçoamento de nosso estado de direito e o aprofundamento de nossa democracia. Meu foco será a atividade do Poder Judiciário e seu papel no contexto da separação de poderes. Portanto, minha atenção estará voltada para o pensamento e para a ação de todos aqueles que desempenham suas atividades tendo em vista o Judiciário, seja propondo ações, proferindo decisões, criticando-as e/ou refletindo sobre soluções jurídicas em abstrato.

Uma crítica mais abrangente do direito contemporâneo deve questionar a centralidade do Judiciário para o direito e analisar as normas para além dos agentes que ocupam posições no Estado, tarefa que não levarei a cabo aqui. Em escritos futuros, pretendo abordar esta questão, que remete ao papel do Estado e da sociedade na produção do direito, ou seja, implica uma revisão da relação entre a autorregulação e a produção estatal de normas jurídicas.

Este livro pretende ter captado as feições mais marcantes da racionalidade jurídica no Brasil, as características mais gerais do modo de pensar e agir de juízes, advogados, promotores e outros agentes que atuam nesse campo. Tal racionalidade foi descrita nos capítulos 2 e 3 que tratam, respectivamente, da maneira pela qual as cortes decidem seus casos e os juristas refletem abstratamente sobre o direito.

Para adiantar a exposição, esses capítulos afirmam que, em geral, os juristas brasileiros agem de maneira *personalista* ao decidir casos concretos e têm a tendência de *naturalizar seus conceitos* ao refletir sobre o direito em abstrato. Esses dois elementos ajudam a compor o que Marcos Nobre chamou de "lógica do parecer", modo de pensar e de intervenção intelectual e profissional dominante em nosso pensamento jurídico (Nobre, 2003), e permitem repensar o sentido da ordem jurídica brasileira como um todo.

Quando pensam sobre um caso concreto, os juristas estão mais preocupados em apresentar suas *opiniões pessoais* sobre o problema que têm diante de si do que em demonstrar analítica e racionalmente a correção da solução que defendem. *Debater* tal solução perante seus colegas também fica em segundo plano. *Cada juiz parece se relacionar com a esfera pública de forma independente*: sua individualidade está acima das eventuais "razões do Tribunal" que, aliás, não organiza os fundamentos dos votos em uma decisão coerente e tampouco impõe o dever de se elaborar um voto oficial da corte.

De outra parte, ao refletirem abstratamente sobre o direito, os juristas tendem a *naturalizar os conceitos* de que se utilizam, apresentando-os como a única solução possível para o problema que os ocupa, utilizando, para este fim, uma grande quantidade de *argumentos de autoridade*. E, também nesse caso, os juristas tendem a deixar de demonstrar analiticamente a correção de sua posição perante a esfera pública.

Além disso, *et pour couse*, como será exposto em detalhes no corpo desta obra, a formação de jurisprudência no Brasil se faz principalmente pela via de súmulas e enunciados e não pela reconstrução argumentativa de casos paradigmáticos que constituam uma tradição, como ocorre no direito anglo-saxão. As súmulas e enunciados são, com efeito, *opiniões* dos tribunais sobre determinados problemas jurídicos, expressas em fórmulas gerais abstratas que apontam para um determinado *resultado*. Não formam um corpo de argumentos organizados, mas um conjunto de diretivas com a forma de *sim/não*. Por essa razão, a ideia de precedente é inadequada, ao menos neste momento histórico, para descrever o funcionamento do direito brasileiro.

Neste momento, diga-se, o STF parece estar se encaminhando para formar um corpo de "precedentes". A maneira pela qual os ministros têm se comportado nos julgamentos, as referências explícitas a seu papel histórico a par da importância política de alguns casos (como o caso Mensalão, o caso Raposa Serra do Sol, o caso Ellwanger) parecem apontar nessa direção. Mas esse é um movimento recente, que não completou 10 anos e ainda não gerou decisões reiteradas sobre um mesmo assunto. Diante de nossa tradição, não argumentativa, opinativa e personalista, a referência aos casos anteriores tende, ainda hoje, a ser feita apenas em função de seu resultado e não em função de seus fundamentos, ou seja, dos argumentos utilizados pelos juízes para justificar sua decisão.

Mas qual seria o sentido mais geral desse modo de pensar e agir? Ao que tudo indica, o Brasil parece possuir um direito que se legitima simbolicamente em função de uma *argumentação não sistemática*, fundada na *autoridade dos juízes e dos tribunais*; mais preocupada com o *resultado do julgamento* do que com a reconstrução argumentativa de seus fundamentos e do fundamento dos casos anteriores.

Tal formação institucional, diga-se, afasta de plano a utilidade da maior parte das teorias da argumentação jurídica contemporâneas para descrever e operar em nossa realidade[1] e põe a dogmática jurídica, que parte

---

[1] É interessante notar que a recepção brasileira de autores como Ronald Dworkin, Jürgen Habermas e Robert Alexy gerou impacto nulo sobre nossa jurisprudência e nosso modo de operar o direito. Não é incomum que os tribunais brasileiros, inclusive o STF, citem tais autores em suas decisões. No entanto, tais citações costumam servir como argumento de autoridade: servem apenas para demonstrar erudição. Não há indício de que os modelos de racionalidade jurídica presentes na obra desses autores tenham tido qualquer influência sobre o modo de raciocinar dos operadores de nosso direito. Tal fato mostra como nossa tradição é forte e coesa; capaz de incorporar a obra destes teóricos em seu registro próprio, sem se deixar influenciar efetivamente por eles.

da ideia de sistema, em uma posição crítica e não legitimadora do poder instituído.² Como o leitor terá oportunidade de conferir, é muito difícil descrever nossos debates judiciais como uma disputa pelo melhor argumento jurídico e, como já dito, nosso modo de padronizar soluções para os casos futuros não segue padrões argumentativos.

No livro *Dogmática é conflito: uma visão crítica da racionalidade jurídica*, que publiquei com Flávia Portella Püschel e Marta Rodriguez de Assis Machado (Saraiva, 2012), falo mais especificamente sobre a racionalidade jurisdicional em nosso país. Em escritos futuros, pretendo organizar a discussão destes dois livros na forma de uma crítica da argumentação jurídica que descreva adequadamente as disputas entre modelos de racionalidade judicial no Brasil, levando em conta as características de nossas instituições.

Continuando esta digressão, por exemplo, a contraposição feita por Ronald Dworkin entre os modelos de racionalidade judicial dos assim denominados *consequencialismo*, *originalismo* e *direito como integridade*, este, capitaneado metaforicamente pelo Juiz Hércules, dá conta de maneira muito imperfeita da realidade nacional. Aqui, os juízes e os juristas não debatem entre si a melhor solução para o caso concreto e para os problemas jurídicos pensados em abstrato. Ademais, mesmo para fins de crítica, o modo de pensar de Dworkin tende a situar o analista em um ponto de vista excessivamente abstrato, incapaz de acessar o funcionamento real de nossas instituições e avaliar seu sentido mais específico.

A tipologia deste autor, ao propor um modelo normativo da atuação judicial com as feições do "direito como integridade", que projeta uma imagem muito clara do que deva ser uma "boa juíza" ou um "bom juiz", dificulta a descrição da argumentação como ela efetivamente se dá, pois tenderá a considerar que argumentos fora do padrão fixado por ele são juridicamente incorretos ou simplesmente patológicos.³

---

² Para o desenvolvimento desta leitura, ver o livro *Dogmática é conflito: uma visão crítica da racionalidade jurídica* (2012), que publiquei com Flávia Portella Püschel e Marta Rodriguez de Assis Machado.
³ No capítulo 6 deste livro aprofundo esta questão e mostro que outros aspectos da obra de Dworkin podem ser úteis para refletir sobre o direito contemporâneo.

Não há espaço para desenvolver este ponto aqui, que será discutido com mais detalhes no capítulo 4 deste livro, mas o estudo empírico das decisões judiciais, pensadas individualmente em vários contextos e diante de problemas jurídicos muito diferentes, mostra que os juízes tendem a utilizar diversas formas de argumentar para dar conta dos casos que têm diante de si. É muito difícil identificar com clareza, por exemplo, o que é um argumento ou uma argumentação estritamente jurídica.[4] A forma de atuar dos juízes, o tipo de raciocínio utilizado por eles pode ser "classificado" de várias maneiras, tomando-se como referência as diversas tipologias de juízes, juízas e padrões argumentativos existentes.

Partir de um modelo de "bom juiz" muito bem delineado, como se fosse o modelo "correto", aquele que se "deve seguir", é um obstáculo para compreender o funcionamento das instituições e, além disso, revela uma falta de percepção sobre as necessidades reais do exercício da função jurisdicional. Afinal, o direito precisa se transformar para dar conta de novos conflitos. Nesse sentido, Ronald Dworkin pratica um modo de pensar essencialmente conservador, que tende a naturalizar em um modelo "exemplar" a percepção do que seja (e deva ser) o direito, a racionalidade judicial e a atuação dos juízes.

A transformação do direito e das instituições em geral passa, necessariamente, pela transformação do papel do Judiciário e da atuação dos juízes. A história nos ensina, por exemplo, que os avanços liberais da corte norte-americana de Warren foram acompanhados de uma nova visão sobre o papel dos juízes e juízas, sobre o direito e sobre o Poder Judiciário.

Manter inalterada a visão do que seja e deva ser a atuação de um juiz ou uma juíza, aprisioná-la em um conceito com pretensões de verdade, significa defender a paralisação do devir do direito e das instituições do Estado. E não se pode barrar conceitualmente o correr da história. Os conceitos devem ser instrumentos de reflexão e de crítica sobre a efetividade do real e não parte de profissões de fé sobre uma determinada visão de estado de direito e de sociedade.

---

[4] Para este ponto, ver o início de *Thinking like a lawyer* de Frederick Schauer (2012).

É evidente que o que acabo de dizer, ou seja, a possibilidade de que haja vários modelos de racionalidade judicial funcionando simultaneamente e em conflito, bem como a permanente transformação do papel dos juízes e juízas ao longo do tempo levantam o problema da autonomia do direito, ou seja, a necessidade de diferenciar o "jurídico" do "não jurídico" em cada momento histórico. Falarei mais desse ponto no capítulo 6 desta obra.

No entanto, é importante deixar claro, o papel do pensamento crítico não é desvendar qual seja a "natureza" do direito de forma definitiva, mas dar conta de suas diversas configurações ao longo da história sem naturalizar seus conceitos. E sem perder de vista os interesses em conflito que lutam para se expressar no direito e defendem visões diferentes do que ele é e deve ser. O projeto emancipatório de radicalizar a democracia para incorporar ao direito as demandas sociais novas que não param de surgir precisa resultar na transformação permanente das instituições formais.[5] Tal modo de pensar é incompatível com argumentos que naturalizem a forma atual do direito e o Estado: a democracia também é a crítica e a reconstrução incessante da gramática institucional.[6]

O diagnóstico que desenvolvo neste livro não tem como objetivo desqualificar nossas instituições. Minhas investigações procuram discutir as razões pelas quais o direito brasileiro é como é, em especial, como devemos refletir sobre ele tendo em vista a separação de poderes e a função do Poder Judiciário em nosso país.

Pois, com efeito, como ficará claro após a leitura deste livro, nosso direito não é disfuncional e funciona a contento para facilitar o desenvolvimento de nosso país. A estrutura institucional brasileira permite distinguir direito e política de forma eficaz, criar previsibilidade para as decisões jurídicas, além de abrir espaço para o diálogo entre o Poder Judiciário e a sociedade.

---

[5] Trato desse assunto com mais detalhes no capítulo 4 deste livro. Meu livro, *Fuga do direito: um estudo sobre o direito contemporâneo a partir de Franz Neumann* (2009), também trata deste tema, especialmente em sua parte conclusiva. No livro *À esquerda do direito: em fragmentos* (2013), aprofundo a ideia de que a crítica ao direito deve ser feita a partir do que ele não é capaz, ainda, de expressar.
[6] Para este ponto, ver os citados *Fuga do direito* (2009) e *À esquerda do direito* (2013).

Tal estrutura pode ser criticada, por exemplo, por depender excessivamente da pessoa dos juízes para gerar previsibilidade, por ser dotada de baixo grau de racionalidade no que diz respeito à justificação das decisões[7] e de baixo grau de reflexividade sobre seu desempenho em geral. Ou seja, ela pode ser criticada em nome de outro projeto de direito e de Estado e não pelo fato de funcionar mal em relação a um suposto padrão ideal.

Considero um equívoco defender mudanças no direito brasileiro que se proponham a "modernizá-lo", partindo do pressuposto de que vivemos sob a égide de uma ordem jurídica arcaica ou atrasada em relação aos demais países ocidentais ou a algum "padrão", seja ele qual for. Nossa modernidade é esta, a que se encontra vigente, que eu pretendo ter descrito, ao menos em suas grandes linhas, nestas páginas.

A partir de um bom diagnóstico de nossas instituições, torna-se possível avaliar as vantagens e as desvantagens de possíveis reformas em nome de um modelo diferente de Estado e de democracia. Nunca em nome de uma "modernidade" única, normativa, que sirva de norte para nosso desenho institucional. Tal diagnóstico, ainda, nos ajuda a avaliar com mais precisão o significado do *personalismo* dos juristas e o caráter *opinativo* de nossa jurisdição e doutrina.

Nesse registro, a pergunta a ser feita passa a ser a seguinte: queremos manter nossas instituições funcionando de acordo com sua racionalidade atual, com eventuais aperfeiçoamentos que permitam alguns ganhos de racionalidade, ou devemos defender reformas radicais que as modifiquem completamente?

Infelizmente, uma boa parte das críticas ao nosso direito, em especial aquelas que afirmam não haver direito no Brasil[8] e denunciam nossos juízes por, supostamente, não argumentarem corretamente, termina por pressupor, sub-repticiamente, uma ideia de modernidade normativa. Ao fazer isso,

---

[7] É um trabalho a ser feito discutir as eventuais vantagens e desvantagens da pessoalidade e da impessoalidade na política e no direito. Por exemplo, há uma literatura feminista que procura recuperar a importância da narrativa de experiências pessoais e da voz individual no debate público contra a abstração dos debates realizados apenas em nome do melhor argumento. Ver, por exemplo, Cavarero (2011) e Meehan (1995).
[8] Trato desse assunto no capítulo 2 deste livro.

"descreve" nosso direito não pelo que ele é, mas por suas faltas em relação a um suposto "padrão" correto, normalmente fundado em teorias da argumentação construídas para dar conta de outro ambiente institucional.

Além de levantar tais problemas, este livro procura mostrar três vias para a crítica ao direito brasileiro que considero essencialmente equivocadas, pelas razões que serão expostas nos capítulos 1, 5 e 6. A primeira dessas vias, que já recebeu minha atenção na apresentação que fiz a meu livro *Fuga do direito*, afirma que não existe direito no Brasil ou que nosso direito é uma grande farsa, cuja função seria ocultar o puro arbítrio. As demais vias para a crítica, das quais trato nos dois capítulos finais deste livro, denunciam a suposta "judicialização da política" no Brasil e afirmam que nossas instituições seriam marcadas por uma "insegurança jurídica" essencial.

Não faz sentido resumir aqui toda a exposição contida nesses capítulos. Para ficar no que há de central, neles eu mostro, em primeiro lugar, que o direito brasileiro não é um mero jogo de aparências. Ao contrário, ele é disputado e mobilizado pelas forças sociais, funcionando como mediador de conflitos e não como mero instrumento para o exercício de poder de uma classe sobre a outra.

Este livro defende que as críticas à "judicialização da política" e à "insegurança jurídica" são pautas conservadoras que tendem a transformar a separação de poderes, segundo suas feições clássicas, em um critério normativo transcendente para denunciar a suposta falta de qualidade de nossas instituições. Como se não fosse possível desenhar o Estado de outra maneira e como se toda mudança em tal desenho fosse indesejável e inadequada *prima facie*.

Evidentemente, podemos criticar o desempenho atual das instituições e do Judiciário pelas mais diversas razões. Mas o que me parece inadequado em uma sociedade democrática é congelar seus modos de agir e seu papel na separação de poderes ao ditar regras para a realidade a partir da teoria do direito e da teoria política.

O conceito de separação de poderes em suas feições clássicas e os modelos de racionalidade judicial não são algo a ser necessariamente preservado. Tais conceitos devem ajudar a refletir sobre a dinâmica institucional real e avaliar os rumos que ela eventualmente esteja tomando, tendo em vista os interesses em conflito na sociedade civil. Não devem ser valorizados em si mesmos, mas em função de sua gênese e de seu devir conflitivo. Por todas essas razões, o quarto capítulo deste livro procura identificar critérios para se levar adiante uma crítica adequada do direito brasileiro, que pretende valer também em outros contextos sociais (desde que ocidentais). Para realizar esta tarefa, desenvolvo o conceito de *zona de autarquia* com o objetivo de identificar as manobras levadas adiante pelos detentores de posições de poder que visam congelar as instituições postas.

Desta forma, os poderosos livram-se da necessidade de justificar racionalmente suas posições de domínio ao excluir determinados conceitos jurídicos e desenhos institucionais do debate público. Tal procedimento, que pode se dar com a utilização de tipos variados de argumentos, ou seja, com a incorporação de diversas das "entidades" judiciais a que nos referimos acima, pode vir a transformar o direito em mero instrumento para satisfazer o interesse deste ou daquele grupo social.

No Brasil, a criação de zonas de autarquia está ligada a uma falsa justificação das decisões judiciais (e de poder em geral) com fundamento em argumentos exclusivamente personalistas e em conceitos ou raciocínios naturalizados. Ambos os procedimentos têm o potencial de retirar da esfera pública a possibilidade de debater as razões para decidir e a justificativa do desenho do Estado, tornando ambas completamente imunes ao debate racional e público. Além disso, eles parecem guardar semelhanças com manobras parecidas, noticiadas pela teoria social em outras realidades e contextos.

Weber já dizia, em sua *Sociologia jurídica*, que as várias posições revolucionárias costumam nascer como concepções de direito natural. Tais posições reivindicam como justo, e contra o direito positivo, com fundamento em razões transcendentes, um determinado desenho institucional, que beneficia este ou aquele grupo social. Da mesma forma, Franz Neumann mostrou, com inspiração em Karl Renner, como o direito — mais especificamente o direito de propriedade — servia exclusivamente aos objetivos individuais do proprietário e, sob o influxo da função social da propriedade, passou a ser subordinado aos interesses da sociedade. Desta forma, a naturalização do conceito de propriedade privada em suas feições liberais clássicas, que, aliás, afasta de saída qualquer possibilidade de regulação estatal, serve a um determinado projeto de direito e de Estado e não a outro.

É papel da crítica ao direito explicitar e discutir manobras como essas para garantir que o conflito social se dê em outras bases e para que o direito permaneça aberto para as demandas sociais. Conceber o conflito social como uma disputa entre posições metafísicas ou entre concepções naturalizadas do direito, da figura do juiz e do Estado serve apenas para justificar a visão política daqueles que veem seus adversários como inimigos a serem derrotados. Da mesma maneira, quando o direito se torna mero instrumento para a opressão de classe, quando suas feições são naturalizadas por faltas justificativas, aceitar os termos do direito para regular os conflitos sociais significa capitular necessariamente diante dos poderosos do momento.

Se o direito tem alguma utilidade para as sociedades contemporâneas, ela está em permitir que a disputa social ocorra para além da substância das diversas visões de mundo, as quais podem conviver sem se destruírem mutuamente. A naturalização do direito e das instituições do Estado frustra esse objetivo e pode vir a transformá-los, de fato, em mero instrumento de dominação. Afinal, quem vencer o conflito, nesse caso, seria capaz de impor sua visão do mundo sobre os demais grupos sociais e desenhar o direito e o Estado ao seu bel-prazer.

O problema da falsa justificação, no entanto, será apenas anunciado neste livro. Em escritos futuros, será necessário construir uma crítica da argumentação jurídica que dê mais concretude a este conceito, sempre levando em conta as características da argumentação jurídica em nosso país. O caminho a ser seguido por esta investigação, que precisa identificar critérios para diferenciar um bom argumento jurídico de um mau argumento jurídico, irá partir do juízo ambíguo que Max Weber faz do direito anglo-saxão.

É fato conhecido que Weber oscila em sua classificação desta tradição como racional-formal em função de seu padrão argumentativo não sistemático, da ausência de códigos organizados e de normas gerais claras para regular os problemas sociais, além da formação de uma tradição a partir dos casos julgados (Trubek, 2007). Franz Neumann, em seu *O império do direito*, levanta a hipótese de que esta tradição seria caracterizada pela formação de normas gerais a partir das razões de decidir dos casos judiciais (Neumann, 1986). A rigor, diga-se, se olharmos para os tipos que Weber desenvolveu para compreender o direito, seria possível classificar o direito anglo-saxão como um direito racional e formal, mas de um formalismo *sensível* e não lógico, ou seja, um formalismo em que não há a formação de um sistema (Weber, 1999).

Seja como for, ao menos quando olhado deste ponto de vista,[9] o direito brasileiro pode ser visto como uma variante tanto em relação ao direito anglo-saxão quanto em relação ao direito alemão. Aqui, a presença de códigos, normas gerais, profissionais jurídicos especializados e universidades dedicadas ao direito não produziu um pensamento jurídico conceitual e sistemático, tampouco uma formalização a partir da argumentação que justifica a decisão de casos exemplares.

Além disso, como o leitor terá oportunidade de verificar adiante em detalhes, no Brasil, a argumentação jurídica sistemática ocupa um segundo plano; é de importância secundária o funcionamento de nossas instituições e para a legitimação de nosso direito. Afinal, além da votação por maioria de votos, um modelo que permite que a fundamentação varie de juiz para juiz (o que pode produzir no STF decisões unânimes, mas com 11 fundamentações diferentes), a padronização das decisões dos tribunais se faz por via de ementas e enunciados e não por meio de precedentes que podem ser reconstruídos argumentativamente.

Mas estas são apenas observações sumárias sobre o direito nacional que têm como objetivo situar este livro no contexto de minha reflexão mais

---

[9] De qualquer forma, é possível levantar dúvidas sobre este modo de caracterizar o direito alemão: Theodor Viehweg em seu livro clássico, *Tópica e jurisprudência*, identifica na dogmática alemã um modo de argumentar tópico e não uma racionalidade lógico-conceitual. Ver Viehweg (2008).

ampla sobre estes temas. Para retomar o fio da exposição, cabe dizer que criticar o direito brasileiro, em todos os seus momentos, desde a estrutura do Estado até seus institutos mais concretos como propriedade privada, contrato e família, é uma maneira de combater a dominação ao impedir a naturalização das instituições. Apenas dessa maneira novos problemas e novos interesses poderão encontrar espaço no direito posto; poderão ser expressos por ele e influenciar sua configuração, sempre mutante.

Em uma democracia, o processo de institucionalização deve estar sempre aberto: não pode haver palavra final sobre o sentido do direito, sobre o desenho do Estado e sobre a função do juiz. "O imperfeito é nosso Paraíso", disse o poeta Wallace Stevens em um de seus poemas. De fato, o imperfeito é a morada final do conceito de democracia, do estado de direito e de toda humanidade que nos é possível efetivar neste mundo.

Capítulo 1

Existe direito no Brasil? A cabrocha e o magistrado

> ... I am not going to say anything against your laws until to the best of my ability I have examined them, but I am going to raise doubts about them.
>
> PLATÃO (2006)

1. Quem te viu quem te vê

"Para os amigos tudo, para os inimigos a lei" — não é esse o bordão da comédia jurídica nacional? Diante dessa frase, tão conhecida e repetida, escrever sobre direito no Brasil é uma tarefa ingrata, ainda mais se a intenção do escritor — que não é nem advogado, nem juiz, nem promotor de justiça — for a de levar o assunto a sério e contrapor-se ao senso comum. Afinal, não é verdade que não vivemos em um país sério (especialmente no que diz respeito ao direito)? Portanto, escrever a sério sobre o direito brasileiro equivale a assumir um papel ridículo.

Assim, por fidelidade ao nosso objeto, ao invés de "apontamentos" sobre o Direito brasileiro seria melhor escrever alguns "desapontamentos"... Nessa toada, a melhor providência seria parar por aqui. Já temos denúncias suficientemente violentas e competentes de nosso precário estado de direito para que alguém se incomode em aumentar a quantidade de bile vertida a este pretexto. *Grosso modo*, a concordância teórica nesse campo é quase completa.[10] Inúmeros marxistas, foucaultianos, adeptos das teorias da escolha racional, filósofos, cientistas políticos, sociólogos, historiadores; todos apontam para o desenraizamento da cidadania em nosso território — muitos centrados na prevalência da família e das relações pessoais sobre a impessoalidade do Estado — e, portanto, para a farsa de nosso estado de direito.

Quando falamos em direito no Brasil desde *Macunaíma*, romance de Mário de Andrade, passando por *Casa-grande & senzala*, de Gilberto Freyre, *Raízes do Brasil*, de Sérgio Buarque de Holanda, *Os donos do poder*, de Raymundo Faoro, denúncias sortidas da superestrutura, até a casa e a rua de Roberto DaMatta, chegando, finalmente, ao conceito de favor de Roberto Schwarz, todas as explicações parecem conspirar para a mesmíssima conclusão... A quantidade de autores e argumentos que atestam a indigência de nosso direito intimida e assusta, sugerindo que a questão está definitivamente resolvida.

Seguindo a mesma picada, numa versão um pouco menos pessimista, pode ser que faça sentido falar em negativo do direito brasileiro, visando reivindicar sua construção (quem sabe...), retomando o projeto esboçado por Sérgio Buarque de Holanda nos últimos capítulos de *Raízes do Brasil*. Nesse registro, poderíamos dizer que temos uma ordem jurídica a edificar: é preciso terminar de preencher nossas faltas em relação às instituições que correspondem ao padrão europeu e civilizado de direito e cidadania.

Nos referidos capítulos, Sérgio Buarque retoma o conhecido mito grego de Antígona como ilustração do drama (comédia?) do direito brasileiro. A peça de Sófocles, lida no contexto moderno e ocidental, expõe um conflito entre a pessoalidade da ordem familiar e a racionalidade impessoal do estado de direito (uma irmã quer enterrar o irmão morto contrariando as leis da pólis, em nome do direito natural).

---

[10] As exceções talvez sejam os estudiosos que seguem os caminhos teóricos de Gramsci e Poulantzas. Além disso, diversos historiadores e cientistas sociais têm se dedicado a desvendar o funcionamento de nosso sistema de justiça. Vários deles serão citados ao longo do texto. No caso dos historiadores, a inspiração central parece ser E. P. Thompson.

Trata-se de uma mera ilustração: não encontramos nenhuma cena real de conflito entre as duas racionalidades em suas páginas, nem mesmo um conflito literário... Sérgio Buarque não se arrisca a pensar em uma Antígona nacional, talvez porque, naquela altura, a matéria social figurada não comportasse a hipótese de que o homem cordial[11] tivesse se deparado com uma situação análoga, dotada das mesmas dimensões trágicas. Se for assim mesmo, consideradas nossas preocupações nesse ensaio, cabe perguntar: estaríamos nós no mesmo pé que na década de 1930? Se não, onde está nossa Antígona?

Diante das deficiências de nossas instituições judiciais cantadas em prosa e verso pelas ciências humanas brasileiras, parece que, naturalmente, se segue a conclusão: somos indignos de uma Antígona... Os processos sociais de conciliação dos antagonismos sociais — clientelismo, favor, ou seja lá a teoria escolhida... — solapam qualquer traço de luta de classes e desarmam as estruturas institucionais que poderiam dar corpo a uma eventual encenação do drama grego em solo nacional.

Se, a despeito dos avisos acima, o drama grego fosse efetivamente montado no Brasil, é provável que ele não encontrasse os pressupostos

---

[11] "Já se disse, numa expressão feliz, que a contribuição brasileira para a civilização será de cordialidade — daremos ao mundo o 'homem cordial'. A lhaneza no trato, a hospitalidade, a generosidade, virtudes tão gabadas por estrangeiros que nos visitam, representam, com efeito, um traço definido do caráter brasileiro, na medida, ao menos, em que permanece ativa e fecunda a influência ancestral dos padrões de convívio humano, informados no meio rural e patriarcal. Seria engano supor que essas virtudes possam significar "boas maneiras", civilidade. São antes de tudo expressões legítimas de um fundo emotivo extremamente rico e transbordante. Na civilidade, há qualquer coisa de coercitivo — ela pode exprimir-se em mandamentos e sentenças. Entre os japoneses onde, como se sabe, a polidez envolve os aspectos mais ordinários do convívio social, chega a ponto de confundir-se, por vezes, com a reverência religiosa (...). Nenhum povo está mais distante dessa noção ritualista de vida do que o brasileiro. Nossa forma ordinária de convívio social é, no fundo, justamente o contrário da polidez. Ela pode iludir na aparência — isso se explica pelo fato de a atitude polida consistir em uma espécie de mímica deliberada de manifestações que são espontâneas no "homem cordial": é a forma natural e viva em que se converteu a fórmula. Além disso, a polidez é, de algum modo, organização e defesa ante a sociedade. Detém-se na parte exterior, epidérmica do indivíduo, podendo mesmo servir, quando necessário, de peça de resistência. Equivale a um disfarce que permitirá a cada qual preservar intatas suas sensibilidades e emoções." (Holanda, 1976:106-107)

sociais que o fariam soar como um drama: Antígona encontraria aqui um coveiro amigo que daria um jeitinho de introduzir clandestinamente o corpo de seu irmão nos muros do cemitério, evitando o confronto aberto com as leis da pólis. Tudo isso, pelo preço de uma cervejinha... Condenados à comédia, resta rir de nós mesmos.

Talvez o máximo que poderíamos aspirar em termos de Antígona — forçando muito a analogia — seria a cabrocha de *Quem te viu quem te vê*, de Chico Buarque de Holanda; pressionada a escolher entre o dinheiro e a comunidade do samba, escolhe deixar seus pares e ascender socialmente; coloca-se a serviço das classes altas, deixando para trás seu passado popular e a saudade na alma de seus antigos companheiros. No caso, não se trata de uma escolha que envolva questões jurídicas ou éticas — a comunidade do samba e não o Estado está em questão — e sim da opção entre os extremos da riqueza e da pobreza que marcam nosso país para além do sistema jurídico. Diga-se de passagem que, aparentemente, é difícil encontrar em nossa literatura cenas de conflito entre o indivíduo ou a comunidade e a ordem estatal dignas de nota, ao menos com feição semelhante ao mito grego.

Esse estranho paralelo, apesar de frágil e disparatado, ao menos serve como indício da dificuldade da forma do mito grego. É tarefa árdua encontrar material social para preenchê-la, por assim dizer, "como se deve". Por isso mesmo, peço ao leitor que pelo menos o tolere, caso não queira acolhê-lo sem restrições. Garanto que, pensando nela — a cabrocha —, meu texto renderá mais frutos do que se eu usar como motivo algum conceito teórico abstrato. Eles virão adiante, tenha certeza, mas evocados por pensamentos bem mais agradáveis.

2. O direito que deveria ter sido e não foi?

Será isso mesmo e ponto final? Antes de fechar definitivamente a questão, vamos retroceder um pouco e lançar um olhar rapsódico sobre a tradição de nossas ciências humanas, escolhendo ao acaso alguns pontos de parada com a finalidade de colocar em ato o exercício filosófico da dúvida contra os consensos, sem pretensões de pesquisa. Escolhemos como guia dessa nossa modesta empreitada o conceito de favor de Roberto Schwarz, dando de barato que ele representa uma espécie de súmula dos problemas do liberalismo em terras nacionais[12] e, portanto, um ponto de inflexão necessário para pensarmos o direito no Brasil, conforme discutiremos em seguida.

Antes disso, talvez valha a pena gastar algum tempo com alguns cuidados de historiador e de teórico... O que é direito? É possível falar em direito da mesma maneira em todos os momentos históricos e em todas as formações humanas? Quando o conceito de direito se forma historicamente? Sejamos mais modestos: é possível falar em direito da mesma maneira, desde o nascimento de nosso país até o momento atual? Caio Prado Jr. fornece-nos uma pista:

> Para se compreender a administração colonial é preciso antes de mais nada se desfazer de muitas noções que já se tornaram em nossos dias verdadeiros prejuízos, mas que no momento que ora nos ocupa começavam apenas a fazer caminho nas ideias contemporâneas e nos sistemas jurídicos em vigor; e em particular, ignorava-as por completo a administração portuguesa. Assim a de "funções" ou "poderes" do Estado, separados e substancialmente distintos — legislativo, executivo e judiciário; assim também esferas paralelas e diferentes das atividades estatais; geral, provincial, local. Ainda, finalmente, uma diferenciação, no indivíduo, de dois planos distintos, de origens diferentes e regulados diversamente: o de suas relações externas e jurídicas, que cabem no Direito, e o do seu foro íntimo — a crença religiosa com seu complexo de normas e práticas que ela obriga: o código moral e sacramental —, regulado pela Religião. A divisão do Homem, como dizia Lacerda de Almeida, em dois seres distintos, o cidadão da República e o fiel da Igreja. Todas estas noções se consideram hoje "princípios científicos", o que quer dizer, dados absolutos, universais. Rejeitá-los

---

[12] No mesmo sentido, ver a "Introdução" em Grinberg (2002).

na prática, na regulamentação constitui perante a "ciência jurídica" moderna um "erro"; da mesma natureza e tão grave como seria o do arquiteto que planejasse uma construção sem atenção às leis da gravidade. Mas o fato é que não era assim entendido então, naquela monarquia portuguesa do séc. XVII de que fazíamos parte. Considere-se isto hoje um "erro", fruto da ignorância ou do atraso, como dirá o progressismo; ou, como julgo mais verdadeiro, um certo "momento histórico" (...) (Prado Jr., 1999:298-299)

Prado Jr. introduz um problema fundamental para o estudo do direito no Brasil: a discussão da especificidade da formação nacional relacionada com a incorporação das instituições jurídicas liberal-burguesas oriundas da Europa. O autor alerta que é impossível interpretar a administração colonial com base nessas "noções", pois as mesmas ainda estavam iniciando sua disseminação pelos ordenamentos jurídicos do mundo: a monarquia portuguesa as desconhecia completamente. Portanto, é necessário descobrir em que momento essas "noções" se formam efetivamente em solo europeu, como elas migram para o território nacional, como é seu processo de enraizamento (ou não) e, finalmente, em que momento elas passam a ser pertinentes para interpretar a realidade nacional.

Além disso, parece imprescindível indagar se essas mesmas "noções" podem ser utilizadas no Brasil sem quaisquer mediações, ou seja, é preciso investigar se a absorção desse ideário e desses institutos jurídicos não se deu conforme adaptações que permitiram sua aclimatação em solo estranho. Nesse sentido, o foco estaria em buscar a especificidade do direito brasileiro e não suas faltas em relação ao padrão europeu (um padrão que nem padrão pode ser direito, se aceitarmos o pressuposto de que cada país tem certa forma de direito e de Estado...). É possível falar em estado de direito ou em direito *tout court*, exatamente no mesmo sentido, quando tratamos do Brasil, França, Inglaterra e Alemanha, para ficarmos em apenas três exemplos?[13]

---

[13] Para uma análise comparativa erudita e extensiva, ver Heuschling (2002), além de Jouanjan (2001) e Neumann (1986).

Longe de nós tentar resolver essas questões aqui, mas fica o problema. Na verdade, ficam os problemas: superada a questão da origem do direito, resta decidir sobre sua configuração, afinal, como diz um crítico feroz de nosso estado de direito, Roberto DaMatta:

> Nosso passado patriarcal, tutelar, formado por hierarquias das casas-grandes e dos sobrados, alimentado pelo parasitismo social da escravidão, tem criado muitos obstáculos a certos aspectos da modernidade, como o ideal da igualdade perante a lei, mas não se pode negar que criamos uma modernidade brasileira, construída a partir dos nossos valores e experiência histórica. (DaMatta, 2003:15)

Pode-se dizer que alguma coisa se formou afinal. Quem sabe um direito qualquer? Quem sabe, após os diversos regimes autoritários pelos quais nosso país passou, depois de um processo de intensa industrialização e urbanização, sem falar na promulgação da Constituição de 1988, parte de nosso passado patriarcal já tenha sido dissolvido e seja plausível chamar de estado de direito alguns procedimentos e normas que a sociedade brasileira incorporou no seu cotidiano. Pensar o contrário também é possível, mas, enfim, é assim que funciona a vida nas ciências humanas. Deixando de lado a divagação, adiante com a carroça: como diz Gilberto Freyre na "Introdução à 2ª edição" de *Sobrados e mucambos*:

> Ao declínio do poder político do particular rico — poder de que fora sede cada casa-grande ou sobrado mais senhorial, mais importante ou mais nitidamente patriarcal em seus característicos — correspondeu o aumento de poder político público, encarnado por órgãos judiciais, policiais ou militares ou simplesmente burocráticos do governo monárquico e, depois do republicano, não raras vezes instalados em antigas residências patriarcais como em ruínas de fortalezas conquistadas a um inimigo poderoso: desses que, mesmo depois de vencidos, se fazem notar pelas sobrevivências ou aparências seu antigo poder. (Freyre, 2003:57)

No contexto de *Sobrados e mucambos*, a decadência do patriarcado marcaria o processo da implantação das estruturas impessoais do Estado e do mercado no Brasil, instaurando uma racionalidade nova com tendência a dissolver aos poucos o domínio da racionalidade familiar, afetiva, pessoal. Atropelando um pouco a marcha dos argumentos, poderíamos levantar a hipótese de que o processo de modernização brasileiro, como qualquer outro, seria também marcado pela formação das referidas estruturas do Estado e do mercado, capazes de produzir os indivíduos adequados para sua reprodução.

O desencantamento do mundo weberiano — pertinente, nesse registro, para a análise de nossa realidade — é o diagnóstico da dissolução das sociedades tradicionais que deságua na multiplicidade das esferas sociais, cada qual marcada por um tipo de racionalidade na ação de seus agentes. A totalidade valorativa das sociedades tradicionais é substituída pela formação de esferas de valor relativamente autônomas (Weber, 1974, 2004).

Deste ponto de vista, os indivíduos modernos não podem ser compreendidos senão levando-se *também* em conta sua produção a partir das necessidades institucionais de Estado e mercado. Isso não significa que eles sejam completamente definidos por tais estruturas, mas que as práticas estratificadas tenham um papel central na definição dos indivíduos enquanto tais.[14]

Não parece razoável supor que a sociedade brasileira teria passado completamente ilesa pela implantação do regime capitalista em seu território e pela formação e consolidação do Estado nacional. O indivíduo moderno teria ficado indefinidamente truncado em terras brasileiras, postergada sua formação — quem sabe — até o fim dos tempos? Diferente perspectiva seria perguntar como esse indivíduo efetivamente se formou e quais suas peculiaridades — projeto de extração schwarziana sim senhor, mas de um schwarzianismo heterodoxo; afinal, não consta que o autor — salvo engano — use "indivíduo" como categoria em suas análises.

Resta saber se o favor resolve tudo de uma vez por todas ou se precisa ser calibrado conforme as mudanças inexoráveis na topografia de nossa

---

[14] Ver Honneth (2003a, 2003b), Taylor (1997), além de Lukács (2003).

história... E quem sabe chegue um dia o momento de abandonar o conceito de *favor*; afinal, conceitos também caducam como velhinhas simpáticas. Ao contrário delas, caducos e soltos por aí sem qualquer assistência, eles podem nos fazer dizer desvarios sem par, caso manipulados sem o devido cuidado, especialmente no que se refere às condições históricas que determinam e informam seu poder de figuração.

Tomando enunciados como "o direito no Brasil não existe", somos obrigados a dizer que, em nossa opinião, falando dessa altitude — que ameaça transformar tudo o que se diz em um delicioso, porém pernicioso blá-blá-blá retórico —, não parece razoável afirmar "não existe direito no Brasil", seja pelo que aqui já foi dito, seja pelo que vem adiante. Cabe sim explicar o direito que efetivamente se formou em nossas terras e zelar por seu funcionamento (se for o caso, é claro, pois sempre haverá quem lamente o fato).[15] Direito brasileiro: quem te viu quem te vê? Ajuntemos mais algumas evidências...

3. *A talk to cradle bovines*

Retomemos a questão a partir do conceito schwarziano de favor... Em *As ideias fora do lugar*, Schwarz faz menção ao direito quando discute o abolicionismo e sua função no Brasil. Em nosso país, a manutenção do regime escravista era defendida com argumentos fundados no direito de propriedade de feições lockeanas: a Abolição seria uma afronta ao direito de propriedade, fato reconhecido pelo Estado nacional, que indenizou os donos de escravos pela perda de sua propriedade. Em outro momento, Schwarz cita o discurso exemplar de Bernardo Pereira de Vasconcelos, que defende a ideia de que "a África é que civilizaria o Brasil". A escravidão era justificada e louvada por ter permitido que a elite nacional enriquecesse e fosse aprender os princípios da civilização na Europa.

---

[15] É evidente que o Direito brasileiro não está acima de críticas, muito pelo contrário. É preciso pôr em evidência suas enormes distorções, mas sem desconsiderar suas características, hoje em muito diversas de momentos anteriores de nossa história.

> Sim, a civilização brasileira de lá veio, porque daquele continente veio o trabalhador robusto, o único que sob este céu (...) poderia ter produzido, como produziu, as riquezas que proporcionaram a nossos pais recursos para mandar seus filhos estudar nas academias e universidades da Europa, ali adquiriram os conhecimentos de todos os ramos do saber, os princípios da Filosofia do Direito, em geral, e do Direito Público Constitucional, que impulsionaram e apressaram a Independência e presidiram à organização consagrada na Constituição e noutras leis orgânicas, ao mesmo tempo fortalecendo a liberdade. (Schwarz, 1990:41)

Noutro ponto, nosso autor afirma que a militância legalista dos abolicionistas teve efeitos realmente revolucionários no Brasil, provavelmente por ter instaurado um conflito social real no seio da sociedade brasileira, colocando em funcionamento a forma direito como mediadora das divergências no interior das elites.[16] Como explica Valentim Facioli (2002:17), em síntese precisa:

> ...muitas dessas ideias "novas e modernas" quando postas em relação com a realidade escravista brasileira, vistas de hoje, parecem produto da mente e da prática social de gente cínica ou desvairada, ou ambos. Mas só parecia isso, porque, de fato, elas aqui funcionaram ambígua e contraditoriamente, ora servindo para a defesa e justificação dos interesses das frações e classes sociais dominantes, ora sendo utilizadas por intelectuais dissidentes (jornalistas, escritores, professores etc.) para fazer a crítica desses mesmos interesses. Assim, esse efeito de incongruência e desvario era um dado da própria realidade, da estrutura e práticas sociais, e não apenas das ideias, pois o país semicolonial aparecia mal formado, descompassado e desequilibrado em seu processo emperrado de modernização conservadora.

---

[16] A importância e a ampla repercussão da militância abolicionista por intermédio do direito e dos tribunais imperiais foram tratadas por Grinberg (1994) e Mendonça (2001).

Retomando o fio do argumento, todos os trechos de Roberto Schwarz que mencionamos apontam para um peculiar funcionamento do direito e das teorias sobre o direito no Brasil. Entre suas manifestações, temos: a defesa da escravidão com fundamento em argumentos liberais e, ao mesmo tempo, a afirmação da função civilizatória da mesma escravidão por permitir que os brasileiros aprendessem direito na Europa; o que favoreceu a afirmação e o enraizamento da forma direito em nosso país. Ao contrário do que poderia esperar uma análise marxista usual, os efeitos revolucionários estão na implantação da forma direito e não em sua negação. Num certo sentido, portanto, o direito aqui seria contemporâneo da Revolução Francesa.

Como discutiremos, E. P. Thompson traz argumentos interessantes para pensar o sentido mais global da incorporação do direito liberal no Brasil, mesmo para os que defendem que tudo isso se trata, na realidade, de uma conversa para boi dormir ou, no caso inglês, *a talk to cradle bovines*. Pode ser que nossa incorporação do direito como *mediação social específica*, portanto, compreendido como um conjunto de representações e, *nota bene*, de *práticas*, possa ter trazido novidades insuspeitas para pensar a dinâmica de nosso processo social, a exemplo do que aconteceu na Inglaterra:

> O direito era também uma retórica: definia a imagem que certos elementos da classe dominante faziam de si mesmos, uma imagem profundamente interiorizada. Que se possa encontrar juízes corruptos, uma *gentry* que desviava o direito para seus próprios fins, não muda nada quanto a esse fato fundamental. Sem dúvida, o exercício da lei era iníquo e obedecia aos interesses de classe. Mas os governos constitucionais e a retórica da lei tinham penetrado tão profundamente nas atitudes e no estilo da *gentry* que, embora esta última se encontrasse submetida a uma pressão muito forte dos movimentos plebeus, tinha a escolha entre destruir sua própria imagem e abandonar suas posições tradicionais (representações ideológicas e sistema de práticas ao mesmo tempo), produto de 250 anos de existência, recorrendo à imposição direta da força, ou aceitar uma modificação daquela estrutura de

dominação e tentar manter suas posições de poder nesse novo quadro. Havia ao menos duas correntes dentro da classe dominante: uma que tendia ao exercício direto da força, como, por exemplo, aquela que se exprime em Peterloo em 1819, e outra decidida a salvar as formalidades constitucionais, ainda que à custa de modificações importantes no papel da classe dominante. Tentei demonstrar em Senhores e Caçadores, que o direito é uma mediação específica e um terreno de oposição de classes e não um simples instrumento ideológico a serviço da dominação da classe dominante. (Thompson, 2002:209-210)

Novidades insuspeitas? Um parêntese: (pergunto eu a mim mesmo) quantas análises já não mostraram que o direito exerce o papel de mediador dos conflitos entre as classes? A lista seria grande. A questão é: por que essas análises ainda não informaram uma teoria qualquer sobre o Brasil? Por que não influem, num nível mais abstrato, sobre a interpretação de nosso país?

Retomando o fio do argumento: sem tentar justificar teoricamente o paralelo Brasil/Inglaterra, usando-o apenas como motivo para a divagação, parece razoável supor — ainda que sem comprovação empírica — que o funcionamento do direito no Brasil, considerado o duplo grau de alienação a que ele submetia nossa realidade[17] — direito implantado

---

[17] A ideia de "duplo grau de alienação", cujo autor é Roberto Schwarz, pede explicação (e também crítica, mas não há espaço aqui...). Em poucas palavras — se é que isso é possível —, trata-se do seguinte: as ideias importadas, consideradas "em seu lugar", ou seja, no solo em que nasceram, funcionam como ideologia, servindo à reprodução do capitalismo, ao informar a ilusão necessária de que este sistema é a única possibilidade histórica de sociabilidade possível. O caráter ideológico dessas ideias passava, já na época de sua importação, por um processo de crítica intensa. Ocorre que essa crítica não aportou por aqui e isso não foi um "erro", não se deveu à ignorância de nossos pensadores: foi um procedimento determinado pelas características do solo local, que não permitia importações cruas. Resultado: importamos as ideias estrangeiras sem sua crítica, afirmando positivamente seu valor de face, a contrapelo do debate em solo original. Aqui o primeiro grau da alienação. Em segundo lugar, importadas dessa forma, as ideias passam a assumir funções diferentes em solo nacional, posto que sua importação se dá sem consideração dos limites e pressupostos das categorias alienígenas: aqui o segundo despiste. O resultado é que confrontar as ideias importadas em funcionamento no Brasil com sua crítica original acaba por resultar em disparates, posto que elas aqui se enraizaram exercendo função diversa. Para dar conta delas, é preciso percorrer dois caminhos de volta. O primeiro movimento é compreender

em solo nacional na versão liberal-burguesa canônica, subtraída de sua crítica (que de há muito evidenciava que o barco da *Rule of law* vinha fazendo água na Europa, veja *O 18 Brumário...* de Karl Marx[18]) — produziu tanto efeitos regressivos e conservadores — a defesa da escravidão com argumentos liberais-iluministas — quanto efeitos revolucionários e emancipatórios, desencadeados, *v.g.*, pela militância dos advogados abolicionistas que colocaram em funcionamento uma ordem jurídica até então meramente formal, destituída da função de mediar conflitos sociais.

Segundo Roberto Schwarz, em formulação já clássica em nossas ciências humanas, o *favor* é o conceito-chave para compreender relações sociais no Brasil: a cidadania não é considerada um direito de todos, mas sim um privilégio concedido e controlado pela classe dominante. Há dificuldade em se constituir uma esfera pública regulada por normas impessoais: o clientelismo político permanece ativo como "uma relação de trocas de favores políticos por benefícios econômicos", uma relação entre os poderosos e os ricos (Martins, 1994:29).

O Estado é encarado como uma agência promotora de lucros privados, compartilhada por um pequeno grupo de brasileiros, que estabelecem entre si uma complexa rede de relações, organizada para a manutenção de sua posição dominante. Nosso liberalismo não nasceu de forças liberais igualitárias oriundas da sociedade civil, mas foi implementado pelo Estado, ocupado pelas oligarquias. Por esta razão, sua lógica sempre foi excludente sem a criação de um Estado instituidor de direitos (Faoro, 1994:72). Nosso Estado "exclui da cidadania não apenas o escravo, mas os setores negativamente privilegiados, aqui e na Europa, sem escândalo

---

seu funcionamento no local de origem e examinar o enraizamento em solo nacional, identificando a originalidade da função que exercem. Mas isso ainda não significa desmontar a ideologia; é um passo metodologicamente prévio, por assim dizer. Num segundo movimento, é preciso tomar as ideias como elas realmente são aqui e, a partir dos potenciais emancipatórios inscritos no real, proceder a sua crítica, com tal ajuste de foco. Esta explicação inspira-se diretamente em Arantes (1988).

[18] Temos em Facioli (1990) uma hipótese inventiva sobre a falta de repercussão do marxismo no Brasil no século XIX devido ao que o autor denomina "bloqueio" positivista das ideias de Marx. Suas análises procuram desdobrar alguns argumentos de Roberto Schwarz, retomados com novas determinações em Facioli (2002).

ostensivo" (Faoro, 1994:81). As reformas implementadas foram sempre orientadas de cima para baixo e com o intuito de preservar posições (Holanda, 1976:133):

> na sociedade brasileira, a modernização se dá no marco da tradição, o progresso ocorre no marco da ordem. Portanto, as transformações sociais e políticas são lentas, não se baseiam em acentuadas e súbitas rupturas sociais, culturais, econômicas e institucionais. O novo sempre surge como desdobramento do velho... (Martins, 1994:30)

O herdeiro da Coroa portuguesa proclamou a independência do país, os senhores de escravos aboliram a escravidão: a sociedade brasileira não pode ser explicada com a utilização direta dos modelos de pensamento construídos na Europa. (Martins, 1994:30)

> As palavras mágicas, Liberdade, Igualdade e Fraternidade sofreram a interpretação que pareceu ajustar-se melhor aos nossos velhos padrões patriarcais e coloniais, e as mudanças que inspiraram foram antes aparato do que substância. (Holanda, 1976:134)

É preciso enfrentar a questão do favor como mediação (quase) universal para avançar nas análises sobre o direito brasileiro.[19] Aparentemente, essa forma de caracterizar as relações sociais tornou-se uma espécie de chavão, citado como se fosse evidente para todos os momentos históricos e para todas as situações concretas. A categoria precisa ser urgentemente historicizada para que fiquem mais claros seus limites cognitivos. Não parece razoável supor que o favor funcionasse sempre no mesmo registro durante todo o século XIX e todo o século XX, adentrando incólume o século XXI, sem qualquer necessidade de revisão.

---

[19] Para evitar confusões, fique claro que não vou examinar nesse texto se por "mediação" podemos entender a mesma coisa em E. P. Thompson e em Roberto Schwarz, tarefa necessária, posta a ampla influência dos dois autores sobre as ciências humanas brasileiras, mas que não cabe neste curto espaço.

Se pudermos falar em favor sem mais em todas estas hipóteses — o que nos parece absolutamente implausível —, não haveria outro remédio senão nos conformarmos com uma abordagem do direito que o conceba como forma vazia; na versão marxista vulgar, uma mera superestrutura a serviço da dominação de classe.[20] O princípio da legalidade como corolário ideológico do estado de direito serviria apenas para ocultar — sob a forma direito — o real funcionamento da sociedade de classes, ou seja, a realidade da exploração do trabalho pelo capital.

Por essas e por outras, concebido sem as devidas modulações, o conceito de favor constitui um obstáculo teórico intransponível para qualquer teoria que vise pensar o direito brasileiro. A juridificação[21] irremediável do funcionamento do Estado e da sociedade brasileira depois da Constituição de 1988 coloca na ordem do dia investigações como esta.[22] A partir deste momento histórico, o direito passa a estar no centro de qualquer análise de nossa sociedade.

Usando o duplo registro efeitos conservadores/efeitos revolucionários, citado, podemos dizer que a Constituição de 1988 atualizou o país com as exigências de previsibilidade do capitalismo em fase de expansão global, mas também abriu espaço institucional para a emergência de incômodas — e em larga medida extemporâneas, ao menos era assim que elas soavam diante do uníssono neoliberal de outrora — demandas redistributivas e igualitárias (das quais foi produto, diga-se de passagem) que muitas vezes assumem a forma inusitada de ação judicial ou pelo menos se apresentam como necessariamente mediadas pela forma direito.

---

[20] Observemos que Franz Neumann em *Rule of law*, obra publicada em 1937, procura outros caminhos para pensar o direito no interior da tradição marxista como o fizeram depois Gramsci e Poulantzas.

[21] Uso o termo aqui para dizer que o direito tem regulado cada vez mais as relações sociais a partir de critérios impessoais. Isso não significa, evidentemente, que as normas sejam sempre efetivas, ou seja, que funcionem de fato. Para uma análise do conceito de judicialização, ver o capítulo 5.

[22] Sobre o sentido da juridicização no Brasil, especialmente no que se refere à política, ver Vianna (1999) e Sadek (2001), além dos textos clássicos e pioneiros: Faria (1988, 1993).

Poderíamos ousar dizer, a conferir, que a *rule of law*[23] parece assumir o lugar de regra de que o favor passaria agora a ser uma exceção. Luiz Werneck Vianna e outros autores, em *A judicialização da política e das relações sociais no Brasil*, mostram como o Poder Judiciário tornou-se depositário de demandas populares, devido a seu amplo acesso aos grupos marginalizados via ação judicial, demonstrando que as previsões de José Eduardo Oliveira Faria em *O Brasil pós-Constituinte* — escritas, aliás, no calor da hora — estavam corretas (Faria, 1989). Resta saber se esse aumento na mediação do conflito social via direito[24] apontado por Vianna pode ser interpretado como índice da adesão dos grupos marginalizados e das outras forças políticas do país à ordem constitucional, movimento absolutamente necessário, segundo Faria, para que se criasse alguma estabilidade em nosso ordenamento jurídico.

Evidentemente, toda a história constitucional do Brasil a partir de 1988 deveria ser examinada em detalhe para sustentar esta afirmação, mas não faltam indícios de que ela seja verdadeira, a começar pelo *impeachment* de Fernando Collor de Mello — presidente da República afastado do cargo sem rupturas institucionais —, passando pela greve dos petroleiros de 1994[25] e chegando até as recentes cassações e condenações judiciais de

---

[23] Nesse texto empregamos preferencialmente o termo *rule of law* ao invés de estado de direito, pois pretendemos ressaltar que o conceito de direito inclui, além do aparelho estatal, práticas sociais mediadas pelas normas jurídicas que não passam necessariamente pelos órgãos do Estado e, portanto, são reguladas por critérios nascidos na esfera pública e não na esfera privada. Sigo aqui o exemplo de Franz Neumann que defendia, já em 1937, um conceito de direito descentrado do aparelho estatal, concebido como uma forma de sociabilidade abrangente. O uso do termo *rule of law* por Neumann, na contramão da tradição alemã, berço do conceito de estado de direito (*Rechtstaat*), liga-se à sua crítica radical a esta mesma tradição, marcada por um Estado forte e autoritário, desprovido de um polo de oposição ancorado na sociedade civil.

[24] Insisto, a mediação do direito não significa necessariamente acesso aos tribunais: há outros meios de solução dos conflitos diferentes do Poder Judiciário, que também fazem parte de nosso sistema de justiça e compõem o campo semântico do conceito de "direito" e "acesso à justiça". A esse respeito, ver Galanter (1993), Sadek (2001) Haddad, Sinhoretto e Pietrocolla (2003). Franz Neumann faz uma discussão pioneira a respeito deste tema, mostrando como a materialização do direito demanda uma nova concepção de separação de poderes e, portanto, uma nova maneira de pensar a distribuição da justiça, descentrada do Poder Judiciário tradicional.

[25] Para uma análise da greve e sua importância, ver Rodriguez (2003). Em minha opinião, a greve dos petroleiros marca um momento crucial de afirmação da racionalidade jurídica diante da ação ilegal dos grevistas, que se colocaram numa posição de con-

lideranças políticas tradicionais, identificadas com as práticas mais paroquiais e corruptas da sociedade brasileira. Todos esses conflitos, de ampla repercussão institucional e social, foram solucionados com a mediação do direito.

Além disso, sempre segundo Faria, o que em 1988 era o discurso oficial da esquerda brasileira, a pregação da utilização da Constituição como meio para obter a destruição da sociedade capitalista, tornou-se um discurso marginal. A pregação da desobediência proletária, que abria espaço para a prática de ações ilegais pelos movimentos populares, está em processo de retração, ainda mais num momento histórico como o atual, em que o maior partido de esquerda do Brasil acaba de assumir a Presidência da República.

Avançando um pouco a marcha das ideias — só para levantar mais uma questão —, parece razoável afirmar que a formação da *rule of law* em terras nacionais estaria se consolidando num momento em que a ação soberana dos Estados, se exercida em determinado grau, é empecilho para

---

fronto aberto com uma decisão do Tribunal Superior do Trabalho. A desobediência teve como consequência a condenação do sindicato a pagar uma vultosa indenização por perdas e danos, que teria inviabilizado seu funcionamento caso não tivesse havido o perdão legal da dívida. Em minha análise, este fato pode ser lido como uma espécie de alerta para que os movimentos sociais desenvolvam suas estratégias de ação levando em conta a mediação jurídica. Atualmente, colocar-se contra o direito pode ter um custo muito alto; tanto materialmente quanto do ponto de vista da legitimidade do movimento social perante a sociedade. Se o objetivo for fazer uma revolução como ruptura violenta da ordem estabelecida, nada a opor, afinal, diante do fato de uma revolução, restam as opções de pegar em armas ou correr das balas. Mas é preciso lembrar, com Saint-Just, que as revoluções nascem de um estado agudo de degeneração das instituições: "As revoluções são menos um acidente das armas que um acidente das leis. Há muitos séculos a monarquia nadava no sangue e não se dissolvia. Mas há uma época na ordem política em que tudo se decompõe por um germe secreto de consunção, tudo se deprava e degenera; as leis perdem sua substância natural e se enfraquecem; então, se algum povo bárbaro se apresenta, tudo cede a seu furor e o Estado é regenerado pela conquista. Se não é atacado pelos estrangeiros, sua corrupção o devora e o reproduz. Se o povo abusou de sua liberdade, torna-se escravo; se o príncipe abusou de seu poder, o povo é livre. A Europa, que pela natureza de suas relações políticas ainda não tem que temer um conquistador, experimentará por muito tempo apenas revoluções civis. De alguns anos para cá, a maioria dos impérios mudou de leis, e o resto mudará dentro em breve." (Saint-Just, 1989:17) Caso não seja (ainda?) este o caso, talvez seja mais eficaz e legítimo imaginar outras estratégias de luta social.

a expansão capitalista em escala planetária — uma espécie de racionalização irracional do direito brasileiro — que se apresenta, em certa medida, como o avesso das expectativas jurídicas do mercado mundial ao abrir espaço para o controle político da gestão dos meios de produção. Para fazer outra ironia — agora uma ironia objetiva — nesse momento histórico, ter um direito autônomo em funcionamento — ou seja, um direito que seja mais do que figurante na construção de um ambiente sadio para os negócios — significa opor soberania a imperialismo capitalista.

Todas estas observações em tom de ensaio visam apenas a ressaltar que é preciso sair dos impasses em que certa versão de crítica — e mesmo de análise do direito — coloca à teoria. Como pensar o direito brasileiro em sua substância diante de nossa tradição que tem visto o Estado apenas como mero instrumento de dominação de classe? Como pensar o direito a partir de uma tradição de pensamento de esquerda quase completamente avessa ao estudo do direito e do Estado, vistos como mera ideologia de classe? Aqui a coincidência parcial com algumas análises foucaultianas é notável: o direito é mera repressão?[26] Em suma, como pensar o direito e o Estado se, à esquerda e à direita, ambos são concebidos como mera técnica a serviço do poder?

Tantas críticas ao conceito de favor não devem deixar de lado o seguinte: em minha opinião, a ideia do favor como mediação (quase) universal nunca se prestou a servir de fundamento para ataques unilaterais ao direito brasileiro. Muito ao contrário, trata-se de uma construção evidentemente irônica, que reúne em si elementos díspares, representativos do que há de mais particular e paroquial na sociedade brasileira, o favor, apresentado de braços dados com a universalidade liberal da *rule of law* e sua impessoalidade essencial. A categoria do favor, se bem compreendida e considerados seus limites históricos e cognitivos, pode ser um instrumental teórico adequado para dar conta de nossas contradições, mas nunca um critério para fundar maniqueísmos.

---

[26] Sobre este ponto, ver o excelente Fonseca (2002).

4. Conceitos girando em falso

Recentemente, diversos historiadores têm mostrado como o direito exerceu funções de mediador relativamente neutro dos conflitos no Brasil, mesmo em momentos bastante remotos de nossa história, o que permite reavaliar estas visões pessimistas e meramente negativas do estado de direito brasileiro. A influência central para todos estes trabalhos parece ser E. P. Thompson, especialmente *Senhores e caçadores*, que analisa a lei de cercamento dos campos inglesa.[27]

Essas análises ainda não chegaram a um grau de abstração suficiente para que se possa ter uma visão global da formação do direito e das funções que ele exerceu em cada momento histórico. Mesmo assim, o estado inicial desse notável movimento historiográfico — que esperamos não cesse de render frutos cada vez mais numerosos — abre novas perspectivas para o pensamento sobre o direito no Brasil. As evidências historiográficas já reunidas por esse grupo de historiadores começam a tornar implausíveis as afirmações tradicionais sobre a inexistência do direito no Brasil.[28]

Conceitos de há muito repetidos começam a patinar e, talvez, levar nosso direito a sério deixe de soar tão patético. Podemos finalmente nos desincumbir da tarefa de pensar, como quer Roberto DaMatta, qual a configuração da versão de direito moderno que efetivamente se formou em nosso país. Nesse diapasão, fica na ordem do dia a necessidade de avaliar teoricamente a capacidade cognitiva de categorias como "esfera pública" e "democracia deliberativa",[29] bem como as teorias que situam tais conceitos no centro de suas preocupações, consideradas, muitas vezes, sem muita justificativa, como enxertos alienígenas e de mau gosto — estéreis e inviáveis por definição —, por desconsiderarem a real configuração dos

---

[27] Nesse sentido, Pena (1999).
[28] Alguns exemplos destes trabalhos: Grinberg (1994, 2001, 2002) e Mendonça (1999, 2001). Outro trabalho bastante interessante, que não trata diretamente do direito, mas tece diversas considerações sobre a função do Estado no Brasil durante a década de 1930, é Gomes (1998). Em Rodriguez (2003), especialmente no título "O Brasil e seu direito liberal falhado", há uma tentativa inicial de abordar essas questões.
[29] Ver Habermas (1995).

interesses e estruturas presentes em solo nacional, ou seja, o nosso não direito brasileiro.[30]

5. O abismo entre lei e realidade

Direito formado e em funcionamento, mas não isento de críticas. A questão é: as críticas parecem ter efetivamente mudado de tom (e é preciso que mudem, diria eu). A condenação completa — e sem direito a recurso — do direito brasileiro tem passado em cobranças por sua efetivação, na própria linguagem dos movimentos sociais. Nosso sistema político tem sido constantemente confrontado com as promessas contidas na Constituição Federal de 1988: a distância entre a lei e a realidade informa os discursos e a ação política no direito no Brasil, o que significa, de certa forma, a aceitação implícita da mediação do direito na discussão da esfera pública.

É evidente que construções argumentativas como essa podem assumir o tom de ameaça — "ou o Estado realiza o que prometeu ou a ordem será rompida" —, movimento que nega a mediação dos procedimentos democráticos e prega a ação direta. O argumento é possível e plausível (não posso negar que eu mesmo, não poucas vezes, sinta vontade de estapear — bem estapeado — uma meia dúzia de três ou quatro), mas parte de um pressuposto que se coloca fora das regras democráticas. Afinal, para que seja possível dizer com algum grau de plausibilidade que o Estado deve cumprir *imediatamente* o que prometeu — caso contrário o pau vai comer — pressupõe-se que a "promessa" contida na lei tem sempre um único sentido e que esse sentido é inequívoco e livre de disputa. Mais ainda, que sua realização é possível sem passar por mediações institucionais e administrativas.

Ora, nem sempre ficam claras na lei quais são as "promessas" a serem cumpridas. As interpretações podem variar e, dependendo do caso, cada agente social indagado as entenderá à sua maneira, cabendo às instituições

---

[30] Sobre o conceito de não direito ver Neumann (1986) e Rodriguez (2004:53-73). O uso do termo não direito em Mendez, O'Donnell e Pinheiro (2000) soa mais retórico do que conceitualmente rigoroso.

administrativas e judiciais lidar com o problema de construir mecanismos de tomada de decisão que deem conta desta pluralidade de pontos de vista e interesses. Romper com o processo de luta pelo sentido do direito é romper com a mediação política e isso não é coisa trivial, como já disse o jacobino Saint-Just, citado acima (Saint-Just, 1989).

Mais do que isso, é preciso pensar caso a caso o abismo entre lei e realidade. Para ficar apenas em dois exemplos: o escândalo da falta de regulamentação de artigos da Constituição Federal, como o inciso I do art. 7º (que visa a instituir garantias contra a dispensa arbitrária por parte do empregador) ou o inciso XXII do mesmo artigo (que previu a criação de um adicional à remuneração para atividades penosas), não pode ser comparado com a falta de garantia adequada do direito à saúde.

Nos dois primeiros casos, a regulamentação resolveria o problema do ponto de vista legal, criando um direito subjetivo que poderia ser reclamado diretamente junto ao Poder Judiciário (é claro, restaria resolver o complexo problema do acesso à justiça...). Já a efetivação do direito à saúde depende estreitamente de fatores variados, dentre os quais a própria disponibilidade de recursos para gastos com saneamento básico, educação, além de gastos ligados à saúde em sentido mais estrito. No primeiro caso, a crítica, em forma de direto no queixo, tem mais chance de atingir em cheio o adversário. Já no segundo, há que se trabalhar melhor os *jabs* de direita e de esquerda.

É muito fácil, ainda mais no caso brasileiro, tomar nas mãos um miserável qualquer e esfregá-lo nas fuças do direito e do Estado, cobrando deles, imediatamente, casa, comida, educação, saneamento, vestuário etc. É claro que o procedimento pode se justificar em certos casos, afinal, diante do desespero, não cabe fazer teoria. O problema é transformar esse procedimento em estrutura de pensamento e permitir que ele oculte as difíceis e muitas vezes comezinhas mediações institucionais e administrativas necessárias para resolver esse tipo de problema em nível coletivo.[31]

---

[31] Veja-se que, dependendo do caso, a afirmação do direito individual contra a lógica orçamentária e econômica é garantida e efetivada pelo Poder Judiciário: *v.g.*, há muitos pacientes que obtêm do Estado brasileiro (ou seja, do contribuinte brasileiro) o pagamen-

É muito difícil para quem está acostumado (como eu mesmo) a sonhar em alto grau de abstração aceitar a racionalidade própria da política — e por conseguinte das instituições — assumindo como sua a tarefa de pensar em níveis menos abstratos soluções para os problemas. Na verdade, isso seria pedir demais. Mas parece razoável exigir, de qualquer um, que leve em conta esta espécie de questão e que a tome como determinação necessária do pensamento sobre a sociedade, reconhecendo o papel central daqueles que lidam com esse tipo de coisa. A menos que estejamos diante de um formalista em sentido estrito. Neste caso, felicidades e passar bem: vá pensar outras coisas!

A tarefa de diminuir as desigualdades sociais brasileiras, escândalo que acompanha o país desde sempre, seja em momentos de prosperidade econômica, seja em momentos de crise (espero, sinceramente, que, daqui a alguns anos, eu não seja obrigado a acrescentar: independentemente do partido que ocupe o governo federal), não será resolvida a golpes de princípio. A miséria, obra-prima de autoria nacional, variável relativamente independente da ação imperialista de quem quer que seja, permanece intocada.[32]

---

to de viagens para Cuba com a finalidade de tratar retinose pigmentar (ver julgado do STJ, RESP 353147 e inúmeros outros, sobre o mesmo tema, dos Tribunais Regionais Federais); o mesmo aconteceu com o fornecimento de medicamentos para Aids não albergados pelo sistema de saúde brasileiro (inúmeros casos julgados pelo Supremo Tribunal Federal). A questão é: os problemas econômicos, orçamentários e administrativos envolvidos na universalização do direito à saúde — no limite, a efetividade dos direitos sociais em geral — não podem ser equacionados indivíduo a indivíduo. A solução oferecida pelo Judiciário nestes casos pode fazer sentido individualmente, mas não pode ser transformada em regra geral. A efetividade dos direitos sociais relaciona-se com a quantidade de recursos disponíveis para a implementação de políticas públicas e seu controle orçamentário, bem como com determinações ligadas à quantidade de capital que um país localizado na periferia do capitalismo pode obter no contexto da atual divisão internacional do trabalho, insuficiente para construir e sustentar um estado de bem-estar social nos moldes europeus; para não falar dos entraves internos à distribuição de renda que nos acompanham desde sempre (Rodriguez, 2003, especialmente o capítulo "Direitos sociais"). A contradição entre direitos sociais como o direito à saúde e a lógica econômica é um epifenômeno da contradição radical entre direito e capitalismo e só poderá ser resolvida em definitivo com a supressão da propriedade privada dos meios de produção (Rodriguez, 2004), sem exclusão da necessidade de eficiência administrativa para a implementação de políticas públicas. Nesse sentido, o conceito de "propriedade privada" precisa ser rediscutido a partir da constatação de sua funcionalização pelo direito estatal (Renner, 2001).
[32] Ver Barros, Henriques e Mendonça (2000).

Resolver esse tipo de problema é mais do que uma questão de "vontade política" (e mesmo de disponibilidade de recursos, seria possível argumentar, pois os recursos podem ser mal gerenciados); trata-se também de uma questão institucional e, por que não dizê-lo, gerencial. Parece razoável supor que, mesmo em uma ordem socialista, será preciso movimentar recursos de um lugar para outro, fazer opções de gastos públicos e pensar em políticas que sejam eficazes para resolver problemas sociais específicos. A não ser que voltemos ao estado tribal: nesse caso, uma teoria socialista correspondente evitaria completamente esse tipo de discussão. Excluindo esta hipótese, questões como esta, aparentemente tão comezinhas diante dos grandes temas humanos, passam em problemas centrais da agenda de qualquer força política interessada em governar.

6. As peculiaridades dos ingleses

Voltando à vaca fria abstrata: outro Edward Thompson despertou em nós algumas ideias sobre o direito brasileiro nesta mesma toada, quem sabe oferecendo uma chave para pensar o sentido mais global de nossa ordem jurídica. Sem espaço para uma argumentação extensa, fiquemos apenas com algumas breves observações. Nosso autor mostra que, como fica claro na citação de *As peculiaridades dos ingleses* acima, na Inglaterra, as revoluções aconteceram no marco da ordem, sem rupturas abruptas. Thompson acrescenta: os marxistas vivem sob o fantasma das revoluções francesa e russa, como se fossem esses os únicos exemplos dignos do nome, e não conseguem captar a radicalidade de outros movimentos históricos, igualmente agudos em termos de mudanças sociais, como o caso inglês:

> O modelo de desenvolvimento capitalista que Marx construiu em *O capital* está amplamente fundado sobre o caso particular da Revolução Industrial na Grã-Bretanha. Porém, no que se refere aos aspectos po-

líticos do modelo, ele foi influenciado — e, depois dele, os marxistas o foram num nível ainda maior — pela experiência francesa, mesmo que, como demonstra o esquema cronológico abaixo, a evolução dos países seja extremamente diferente. O modelo "francês" apresenta uma série de crises bem caracterizadas — com uma verdadeira revolução burguesa modelo de imposição hegemônica (...) — enquanto o modelo "inglês" se caracteriza por uma dominação contínua de uma burguesia fundiária (*gentry*) que se transforma e se alia ao capital industrial (...). A tipologia fundada sobre o exemplo francês, à qual desde Lênin se acrescenta a experiência russa de 1917, tende a insistir sobre as rupturas e as fraturas no interior do processo. Esse modelo, que se difundiu pelo mundo em toda tradição marxista, é particularmente nítido em certas formas recentes dessa tradição. Isso oferece uma tipologia bastante esquemática da revolução, da formação das classes e da ideologia de classe, que derivam de uma visão de história na forma de rupturas e de confrontações. O segundo modelo é mais duvidoso. Temos efetivamente uma ruptura ou uma fratura, mas são, de algum modo, uma ruptura e uma fratura ambíguas... (Thompson, 2001:204-205)

Transportando estas afirmações para o solo nacional, ainda que de uma maneira selvagem — e ampliando o alerta para além dos marxistas —, é razoável supor que a dimensão real da radicalidade de determinadas mudanças sociais no Brasil exija um ouvido mais sutil, capaz de captar os semitons de nosso processo social, especialmente o papel de nossas instituições, conforme seu grau de enraizamento em cada momento histórico considerado. Mas não esperemos uma *Cavalgada das Walkírias* de nosso estranho país: a versão brasileira da decapitação de Luís XVI não terá sido tão espetacular, mas nem por isso se revelaria menos radical caso consideremos, com o devido cuidado, o tom e o volume em que executamos a sinfonia de nossa história.

7. À espera do Messias

Mais ainda: no campo da teoria, nossa espera vã por um Kant do favor, para voltar a uma feliz expressão de Roberto Schwarz, talvez não seja assim tão patética. Cito:

> O favor, ponto por ponto, pratica a dependência da pessoa, a exceção à regra, a cultura interessada, remuneração a serviços pessoais. Entretanto, não estávamos para a Europa como o feudalismo para o capitalismo, pelo contrário, éramos seus tributários em toda linha, além de não termos sido propriamente feudais — a colonização é um feito do capital comercial. No fastígio em que estava ela, Europa, e na posição relativa em que estávamos nós, ninguém no Brasil teria a ideia e principalmente e força de ser, digamos, um Kant do favor, para bater-se contra o outro. De modo que o confronto entre esses princípios tão antagônicos resultava desigual: no campo dos argumentos prevaleciam com facilidade, ou melhor, adotávamos sofregamente os que a burguesia europeia tinha elaborado contra arbítrio e escravidão; enquanto na prática, geralmente dos próprios debatedores, sustentado pelo latifúndio, o favor reafirmava sem descanso os sentimentos e as noções que implica. O mesmo se passa no plano das instituições, por exemplo com burocracia e justiça, que embora regidas pelo clientelismo, proclamavam as formas e teorias do estado burguês moderno. Além dos naturais debates, este antagonismo produziu, portanto, uma coexistência estabilizada — que interessa estudar. Aí a novidade: adotadas as ideias e razões europeias, elas podiam servir e muitas vezes serviram de justificação, nominalmente "objetiva", para o momento de arbítrio que é da natureza do favor. Sem prejuízo de existir, o antagonismo se desfaz em fumaça e os incompatíveis saem de mãos dadas. (Schwarz, 1992)

A crítica radical da ordem familiar e a gloriosa inauguração da versão brasileira do imperativo categórico, que permitiria fundar uma moral autônoma para além da hierarquia de nossa ordem social, podem já ter sido feitas sem tanto estrondo — mas não com menor eficácia, algo sub-repticiamente, à socapa e à sorrelfa, como dizem os penalistas — no mesmo registro mansinho em que costumam se desenvolver nossas rupturas. Isso soa razoável, caso consideremos que, na matéria social brasileira, ao contrário do que se supunha, a proporção entre *rule of law* e favor vem se invertendo, de há muito, em favor do primeiro dos termos. Por assim dizer, tem mais menta do que dendê em nossa caldeirada de raças;[33] o dendê compreendido como o equivalente ao momento arbitrário do favor — em razão de seu sabor agudo e incisivo — incorporado ao denso molho que borbulha nesse caldeirão em que todas as raças cozinham — e não poucas vezes se pelam.

Quem sabe o Kant do favor já não esteja entre nós? Uma leitura enviesada da obra de alguns de nossos clássicos pode emprestar-lhes novos sentidos... Por exemplo, ao invés do homem cordial, podemos colocar mais peso, na leitura de *Raízes do Brasil*, na defesa do estado de direito em seus dois últimos capítulos... *Sobrados e mucambos* ficaria no centro e *Casa-grande & senzala* na periferia:

> É impossível defrontar-se alguém com o Brasil de Dom Pedro I, de Dom Pedro II, da Princesa Isabel, da campanha da Abolição, da propaganda da República por doutores de *pince-nez*, dos namoros de varanda de primeiro andar para a esquina da rua, com a moça fazendo sinais de leque, de flor ou de lenço para o rapaz de cartola e de sobrecasaca, sem atentar nestas duas grandes forças, novas e triunfantes, às vezes reunidas numa só: o bacharel e o mulato. (Freyre, 2003)

Continuando a arrumação, poderíamos substituir nossa amada cabrocha por um solene magistrado... Ou melhor, substituí-la não, pois isso seria no mínimo de muito mau gosto. Melhor será colocá-la em seu devido lugar: na galeria, onde ela escolheu ficar, ou quem sabe na pista, caso ela resolva retornar para os braços de sua comunidade e dos amores antigos...

---

[33] Sobre a importância da menta para a cozinha inglesa, ver Orwell (2000).

Na pior das hipóteses, este rearranjo de nosso cânone tem amplo potencial de fornecer referências provocantes para pensar a comédia jurídica nacional em toda a sua complexidade. E talvez isso nos permita lidar de maneira mais consequente com teorias sobre o direito e com o direito brasileiro em si mesmo, sem que nos descuidemos da materialidade que informa e determina sua construção e incorporação.

♦♦♦

...e tenho fé que ainda encontraremos nossa Antígona: basta pesquisar um pouco mais e um pouco melhor. A comédia de nosso direito, afinal, irá revelar-se um verdadeiro drama, agora, sem qualquer ironia. Pensando melhor, eliminar a ironia pode nos deixar desarmados. É melhor mantê-la, por assim dizer — sem abandonar o registro culinário em que estamos conversando —, na medida adequada para não ressecar a farofa.

8. Pautas de pesquisa

Ao afastar (ou pelo menos suspender até que se prove o contrário) o veredito de irrelevância sobre o direito brasileiro, abre-se um mundo novo diante do pesquisador. Talvez seja razoável mudar o tom a partir de agora e viver o drama de nosso direito com toda a intensidade, a começar pelas pautas de pesquisa que se insinuam no horizonte. Pois as perspectivas são amplas. Além de revisitar os clássicos das ciências humanas brasileiras para compreender o lugar ocupado pelo direito, há diversas outras possibilidades de pesquisa centradas, por exemplo, na verificação empírica da adequação entre a norma jurídica e a realidade que podem incluir investigações sobre a gênese e as mudanças de função e configuração de nossas instituições.[34]

---

[34] Ver, como exemplo, Cunha (2003), Machado (2004), Mattos (2006) e Mendes (2004).

O trabalho de dogmática jurídica[35] também tem muito a ganhar com esta mudança de visão sobre o direito brasileiro, pressuposto para o diálogo entre as disciplinas jurídicas tradicionais e as demais ciências humanas. Afinal, não é possível estabelecer troca de conhecimentos entre pesquisadores que não reconhecem a relevância de seus respectivos objetos de estudo.

A dogmática jurídica brasileira permanece em grande parte alheia ao trabalho desenvolvido pelas demais ciências humanas, autocentrada num formalismo que ignora o que ocorre nas demais esferas sociais. Para a dogmática tradicional, é como se as normas jurídicas pudessem funcionar sem levar em conta problemas políticos e econômicos. Nessa perspectiva de análise, o direito, soberano e autossuficiente, procura dar conta de todos os problemas, desrespeitando a racionalidade própria das demais esferas sociais.[36] Apenas o trabalho interdisciplinar será capaz de redimensionar as questões e pensar as relações entre as esferas sociais de modo mais sofisticado. A manutenção da pureza da dogmática jurídica é um desserviço

---

[35] A pesquisa dogmática, *grosso modo*, concentra-se na classificação e sistematização das normas jurídicas. Sobre o conceito de dogmática jurídica ver Aarnio (1999). Sobre a relação entre dogmática jurídica e as demais ciências humanas no Brasil, ver Nobre (2003). Alguns exemplos de trabalhos dogmáticos que procuram caminhos diferentes: Martins-Costa (2000), Macedo Jr. (1998), Machado (2005), Püschel (2005) e Rodriguez (2003). Ver também a coletânea *Dogmática é conflito: uma visão crítica da racionalidade jurídica* (2012) que reúne textos de José Rodrigo Rodriguez, Flávia Portella Püschel e Marta Rodrigues Assis Machado.

[36] Ver nota 22. Avançando um pouco na discussão, voltando ao exemplo do direito à saúde: de uma perspectiva estritamente formalista, a saúde é um direito fundamental e, portanto, um juiz, confrontado com um pedido judicial que vise a garantir que o Estado forneça um remédio qualquer a um indivíduo específico, deve julgar a favor do requerente. Mas e se o Estado não tiver recursos para comprar o medicamento? Ora, o orçamento público destina verbas específicas para cada gasto, conforme critérios estabelecidos pelas leis do país. Não havendo previsão orçamentária, o Estado poderá desrespeitar a lei orçamentária e comprar o remédio mesmo assim? E se o pedido versar sobre um remédio que não tiver sido aprovado pelas autoridades nacionais, ou seja, que ainda é considerado impróprio para o consumo? Nesses casos, sempre complexos e delicados, a racionalidade do direito precisa abandonar sua ilusão de autossuficiência formalista e tornar-se mais complexa, incorporando os problemas de justiça material para que o estudioso e o operador do direito não sejam levados a tomar decisões esdrúxulas ou simplesmente inexequíveis. Sobre a racionalidade da decisão judicial e sua relação com a materialização do direito, ver Rodriguez (2002, 2004).

que os pesquisadores têm prestado à compreensão do direito brasileiro e do país.

Num nível mais abstrato de trabalho intelectual, podemos pensar em reflexões sobre as feições originais do estado de direito brasileiro — sua formação e devir[37] —, além de discussões teóricas sobre a adequação de aparelhos conceituais gestados nos países centrais para a análise do direito na periferia capitalista.[38]

Outro campo de pesquisas por explorar é a discussão sobre os efeitos do direito sobre a distribuição de renda no Brasil (ver item *O abismo entre lei e realidade*). A avaliação das políticas públicas desta perspectiva poderia ajudar a explicar por que permanecemos um dos países mais iníquos do mundo, além de poder ajudar a criação de mecanismos institucionais que visem a reverter este quadro.

9. Personagens em cena: constituintes e constituídos

Cabe insistir num ponto: para o bem e para o mal, a Constituição de 1988 é o marco de referência para qualquer discussão sobre o direito no Brasil. Ela representa uma possibilidade real de mudança no padrão de institucionalização que vigorou em nosso país por pelo menos um século. Esse padrão caracterizou-se pela ruptura institucional constante, por iniciativa das elites (tivemos nada menos que seis Constituições ao longo

---

[37] Ver os trabalhos citados na nota 4 e os demais textos deste livro.
[38] Nesse sentido, este ensaio, bem como Neves (1996, 2004) e Villas-Bôas Filho (2009). Observe-se que Villas-Bôas Filho, partindo de pressupostos teóricos bastantes diferentes dos meus, aponta para um diagnóstico muito semelhante ao aqui exposto: "O exemplo fornecido pela história recente do Brasil parece apontar para uma clara sedimentação das instituições democráticas de direito o que, nos termos da teoria dos sistemas, consistiria justamente na autonomização dos sistemas que, segundo Luhmann, operariam confinados regionalmente: sistema político e sistema jurídico. Desse modo, a ideia de que as crises institucionais (...) seriam, em última análise, endógenas e inexoráveis à realidade social dos países que compõem a periferia do sistema mundial, pode ser problematizada ou, pelo menos, remetida para outro plano, qual seja: pode ser considerada como um problema imposto pela própria modernidade." (Villas-Bôas Filho, 2009:15)

do século XX: 1934, 1937, 1946, 1967, 1969 e 1988), com a finalidade de implementar mudanças políticas e econômicas que fizessem frente às demandas nascidas da luta de classes, sem permitir que esta pressão levasse a mudanças significativas nas posições de poder.

A pressão política nascida da sociedade civil, muitas vezes mediada por grupos dissidentes no interior das elites e protagonizada por atores políticos específicos, forçou diversas rearticulações entre os donos do poder. O reconhecimento legal da possibilidade de que novos personagens entrassem em cena no sistema político brasileiro na condição de pessoas capazes de *reivindicar direitos* tem sido elemento central para enfraquecer o padrão de mudança social "de cima para baixo", resultado de acordos negociados entre as elites e impostos ao restante da sociedade.

A partir da década de 1930, momento em que a classe operária assume a condição de protagonista *legalmente reconhecido*[39] do processo político, pode-se ler as mudanças institucionais como resultantes *também* da ação da sociedade civil, processo constantemente interrompido por regimes ditatoriais (talvez por causa disso mesmo).

O processo político muda de figura no momento em que a classe operária passa a ter voz na esfera pública — constitui-se como agente legalmente competente para figurar o processo social — e torna-se capaz de debater e influenciar a tomada de decisões sobre os rumos da sociedade. A atividade de reivindicar direitos sociais que alteram a distribuição da riqueza social deixa de ser vista como economicamente irracional ou ilícita e passa em cotidiano institucional. A partir da década de 1930, a classe operária não pode mais ser tratada como mero objeto da ação política. Ao receber uma voz por meio do reconhecimento jurídico, transforma-se em agente na formação do sentido das práticas políticas, jurídicas e econômicas.

Quem desejar neutralizar a ação dos movimentos sociais num quadro como esse será obrigado a romper a normalidade institucional para supri-

---

[39] Sobre a importância do reconhecimento jurídico da atividade sindical, ver Santos (1979, 1998) e Rodriguez (2003).

mir os direitos civis, impedindo a ação livre de indivíduos e grupos. Com o estado de direito em funcionamento, não é possível controlar a ação reivindicatória dos movimentos sociais junto aos três poderes do Estado, seja por meio da eleição de representantes e mobilização política para pressionar o Legislativo ou por meio de reivindicações dirigidas aos órgãos públicos do Executivo — e a participação em sua gestão quando prevista em lei —, além da proposição de ações perante o Poder Judiciário.

Num contexto em que a liberdade de associação é garantida sem requisitos discriminatórios, é impossível manter o processo de reconhecimento político de novos atores sob o controle dos poderosos. Abre-se espaço para que novos personagens entrem em cena sem a autorização de ninguém, bastando para isso cumprir os critérios democraticamente estabelecidos em lei. Também não é possível controlar a atuação desses novos agentes. Sua ação pode voltar-se para a reivindicação de mudanças no padrão de funcionamento das instituições, inclusive com alteração do modo de distribuição da propriedade sobre o capital entre as classes sociais.

A pressão redistributiva que este processo de livre reconhecimento político detona terá desdobramentos os mais diversos, podendo ser encarada como um aspecto relevante para explicar as inúmeras rupturas institucionais que sofremos ao longo do século XX.[40] Afinal, além de abrir espaço para ações destinadas a alterar a distribuição da riqueza pela via institucional, o reconhecimento legal de novos agentes os constitui como instância necessária de legitimação das decisões políticas devido à sua importância para as eleições, bem como para outros foros de participação na gestão do Estado — como órgão, conselhos, agências reguladoras etc. —, além de seu impacto como participantes da esfera pública.

Diante do fraco enraizamento do estado de direito no Brasil, este processo pode ter contribuído para levar as elites a realizarem essas tan-

---

[40] A formação do corporativismo brasileiro é vista por alguns autores como uma resposta das elites à crise de legitimidade que enfrentaram diante do aprofundamento da questão social, ou seja, a pressão distributiva protagonizada pela classe operária. Nesse sentido: Waisman (1982), Stephan (1978), O'Donell (1975), Vianna (1974:137) e Gomes (1998:521-522).

tas rupturas institucionais. Com tal procedimento, foi possível diminuir a pluralidade de agentes atuantes na esfera política, tornando mais fácil manter o capital nas mãos de um pequeno grupo de brasileiros. A supressão do antagonismo social serve à manutenção das desigualdades sociais, impedindo a luta redistributiva pela via da política e do direito.

O processo de abertura democrática do final da década de 1970 também pode ser lido na chave do conflito político. O aumento da complexidade social, cujo impacto na esfera política foi o reconhecimento de novos agentes dotados de uma voz legalmente reconhecida, torna cada vez mais difícil a tomada de decisões de cima para baixo. Há cada vez mais atores e, portanto, são cada vez mais complexas as negociações, barganhas e procedimentos de deliberação que se pretendam legítimos perante a esfera pública.

A Constituição de 1988 é um marco fundamental deste processo. O processo constituinte contou com intensa participação da sociedade civil em todos os níveis, resultado da efervescência política dos últimos anos de ditadura militar.[41] Esta não foi uma Constituição imposta de cima para baixo. A participação de diversos atores foi fundamental em sua promulgação, inclusive a pressão popular no período final da abertura (Silva, 2003).

A ideia de convocação de uma Assembleia Nacional Constituinte foi lançada ainda em 1971 na chamada *Carta de Recife*, em reunião do Movimento Democrático Brasileiro (MDB).[42] Durante a década de 1970, outras iniciativas do MDB tiveram como mote a demanda por uma Assembleia Constituinte. Em 1981, a Ordem dos Advogados do Brasil (OAB) toma posição a favor da Constituinte no Congresso Pontes de Miranda em Porto Alegre.

A convocação da Assembleia Nacional Constituinte em 1985 foi um dos pontos culminantes do processo de abertura, impulsionada por um

---

[41] Ver Michiles (1989).
[42] MDB, partido criado pela ditadura, juntamente com a Aliança Renovadora Nacional (Arena), para compor um sistema bipartidário artificial que visava legitimar o poder dos militares. Apesar dessa origem, o MDB passou a atuar como importante foco de resistência à ditadura.

amplo movimento de massas a favor das eleições diretas no Brasil chamado de "Diretas Já". Vários fatores contribuíram para que a abertura se realizasse, como a influência internacional da política pelos direitos humanos de Jimmy Carter e a ação de parte do exército, e do MDB, a favor da democratização.[43] A intensa atividade política daquela época foi importante para levar o governo do presidente José Sarney a convocar a Assembleia Nacional Constituinte.[44]

Além disso, para além de sua gênese, a Constituição instaurou práticas marcadas pela mediação do conflito social via estado de direito, contribuindo para criar a tendência de formação de um novo padrão de reprodução institucional no Brasil. Estamos vivendo sob uma ordem constitucional capaz de impor limites efetivos à ação dos poderes da República e que tem permitido que sejam tomadas medidas judiciais eficazes contra atos ilícitos, inclusive quando praticados pelos poderosos.

Não há como negar que a ação da sociedade civil brasileira seja limitada e em muitos casos incipiente, conforme o tema e o período histórico considerado. Mas é preciso reconhecer que ela está longe de ser nula ou desimportante, como mostra a literatura sobre os movimentos sociais brasileiros.[45] Além disso, o decréscimo da atividade reivindicatória por parte dos agentes políticos e o esvaziamento da política como instância de luta social não são problemas exclusivamente nacionais. São questões comuns a qualquer regime democrático.

Outros agentes importantes no processo de enraizamento da forma direito no Brasil são os poderes Legislativo e Judiciário, além de órgãos como o Ministério Público. Uma história das instituições que inclua todos estes atores ainda está por ser escrita.

Como discutido (ver "*A talk to cradle bovines*"), há algum tempo no Brasil intensas crises políticas e econômicas têm sido resolvidas pelas insti-

---

[43] Ver análise em Silva (2003).
[44] Para uma exposição panorâmica do processo, ver Rodriguez (2003); sobre os novos movimentos sociais desta época, veja-se o estudo clássico de Sader (1995).
[45] Ver Sader (1995), Cardoso (1994), Dagnino (1994, 2003) e Telles (1994). Para uma discussão das teorias sobre os movimentos sociais americanas, europeias e brasileiras, ver Gohn (2002).

tuições e não com sua ruptura. Quinze anos de normalidade institucional não são garantia de que este padrão tenha continuidade no futuro, mas o fato de que, em larga medida, os movimentos sociais tenham assumido a Constituição como elemento constitutivo de sua ação, que os três poderes estejam funcionando sem ignorar a existência do direito, que agentes públicos tenham sido responsabilizados pelos atos ilícitos que cometeram com certa regularidade são fatores positivos que levam a crer no enraizamento do que estamos chamando de "novo padrão de reprodução institucional".

Mantê-lo e aprofundá-lo é também papel dos pesquisadores que podem contribuir para redimensionar a imagem do direito perante a sociedade ao realizar, divulgar e debater trabalhos de pesquisa livres dos prejuízos do senso comum. E tudo começa com uma decisão teórica fundamental: levar nosso direito a sério. Ignorar ou responder de outra maneira a esta questão tem como resultado reafirmar o senso comum sobre o direito brasileiro. Trata-se de uma opção possível: ver continuidade onde vejo rupturas; repetição onde vejo tendências e conformar-se com o lamentar a incapacidade de nosso país para construir instituições estáveis e eficientes.

As evidências levam a crer que esta é uma interpretação equivocada, mas como se trata de compreender o Brasil e não de explicá-lo, sempre haverá dúvidas. Só não cabe negar importância ao tema com argumentos sumários, condenações sem base empírica e afirmações retóricas. A densidade intelectual da reflexão sobre o direito no Brasil já exige bem mais do que isso do pensamento.

Capítulo 2

Como decidem as cortes brasileiras?
Sobre argumento de autoridade e justificação

1. A torrente de julgados

Desde o primeiro dia em que pisei em um fórum, ou melhor, já nas salas da Procuradoria do Estado, onde fui estagiário da Procuradoria de Assistência Judiciária (hoje substituída pela Defensoria Pública), aprendi a usar algumas expressões que me intrigam até hoje. Ao falar de jurisprudência era (e ainda é) comum que advogados, juízes, procuradores e promotores asseverem: "é *copiosa* a jurisprudência no sentido de...", ou "é *torrencial* a jurisprudência a favor de...", ainda, "é *pacífica* a jurisprudência no sentido...".

Vamos parar um minuto para pensar nessas expressões usadas de forma automática pelos profissionais de direito brasileiros. Os adjetivos "copioso", "torrencial" e "pacífico" não soam estranhos ao serem ligados ao substantivo "jurisprudência"?[1] Se pensarmos em jurisprudência, por exemplo, nos

---

[1] A definição do que seja jurisprudência, como qualquer conceito teórico, é objeto de muita discussão. Vou utilizar o termo em seu sentido mais usual, ou seja, há jurisprudência quando casos julgados formam um padrão que serve de referência para a decisão de casos futuros. A jurisprudência trata, portanto, de padrões decisórios que,

termos dos precedentes da *Common Law*, não faria sentido utilizar esta forma de adjetivação. Um precedente existe ou não existe, ou seja, ou há um caso que serve de norte para a solução de casos semelhantes a ele ou não há.[2] O mesmo se poderia dizer se houver um padrão decisório praticado por um determinado tribunal em relação a casos semelhantes.[3] Nestas duas hipóteses, qual seria a necessidade de falar e citar a "jurisprudência" de forma "torrencial", "copiosa" ou dizer que ela é "pacífica"? Bastaria fazer referência ao caso ou ao padrão interpretativo para solucionar a questão.

Pode haver discordância entre os intérpretes a respeito da pertinência do caso invocado como precedente para o julgamento do problema concreto, ou seja, pode-se discordar sobre o sentido e o âmbito de aplicação de um determinado padrão decisório. No entanto, não parece razoável falar em uma profusão "copiosa" de precedentes jorrando de modo "torrencial", mas "pacífico", todos no mesmo sentido, a ponto de ser capaz, como um rio caudaloso, de mover navios transatlânticos, alterar o curso de ilhas fluviais gigantes ou de influenciar o entendimento de juízes irascíveis.

Este uso da palavra "jurisprudência" foi a inquietação inicial que motivou o desenvolvimento de uma pauta de investigações que já rendeu frutos em três pesquisas empíricas realizadas pelo Núcleo Direito e Democracia/Cebrap-SP de 2008 até hoje.[4] O objetivo deste texto é apresentar algumas

---

como veremos, podem ser justificados de maneiras diversas. O objetivo deste texto é refletir a partir deste senso comum ao qual Warat se refere como "senso comum dos juristas". Ver Warat (1982).

[2] Sobre a interpretação de precedentes na tradição anglo-saxônica, ver Dworkin (1999).

[3] No Brasil, os tribunais costumam editar "súmulas" ou "enunciados" que são orientações interpretativas para problemas jurídicos específicos enfrentados por eles. São asserções que indicam tipos de caso e a solução adotada pelo tribunal, numeradas e datadas.

[4] As pesquisas a seguir incluíram a leitura de decisões de tribunais superiores brasileiros e a análise de sua argumentação, em especial, o modo de citar casos e de utilizar a palavra "jurisprudência". A última delas ainda está em curso. As duas primeiras foram financiadas pelo Ministério da Justiça por meio do projeto *Pensando o Direito* organizado pela Secretaria de Assuntos Legislativos e a última pela Fapesp e pelo CNPq: *Igualdade de Direitos entre Mulheres e Homens* (2009); *Processo Legislativo e Controle de Constitucionalidade: as fronteiras entre direito e política* (2010) (ver site: <http://portal.mj.gov.br/main.asp?View={329D6EB2-8AB0-4606-B054-4CAD3C53EE73}>) e *O direito visto por dentro (e por fora): a disputa pela interpretação da lei Maria da Penha e da*

reflexões sobre o resultado dessas pesquisas no que diz respeito especificamente à qualidade da argumentação jurídica dos tribunais superiores. Não farei aqui uma discussão exaustiva de todos os resultados obtidos, pois isto me desviaria de seu foco. Remeto o leitor aos relatórios de pesquisa que descrevem em detalhes os procedimentos utilizados e os resultados obtidos.[5]

As pesquisas citadas buscaram, entre outras coisas, descobrir como pensam de fato os juristas brasileiros, mais especificamente os juízes dos tribunais superiores. Afinal, a tarefa central destes tribunais é, justamente, padronizar a opinião do Poder Judiciário a respeito de problemas jurídicos controversos, ou seja, de criar e organizar a "jurisprudência".

A maneira pela qual os tribunais exercem este poder deve estar no centro da discussão sobre o sistema político brasileiro, mais especificamente, sobre os temas da segurança jurídica e do ativismo judicial. Não vou tratar deles diretamente aqui, mas a descrição do funcionamento da racionalidade jurisdicional feita a seguir tem consequências claras sobre ambos, como mostraremos na parte final deste texto.

Nesse sentido, este texto também dialoga com o atual debate sobre a reforma do Poder Judiciário. A discussão do tema tem estado mais centrada em questões gerenciais que apontam para a necessidade de aumentar a celeridade e a produtividade do Judiciário, do que o problema da qualidade intrínseca da prestação jurisdicional. O tema da racionalidade da atuação dos juízes tem estado fora desta pauta. Ao final deste texto, ficará claro como tal fato é negativo para a discussão do tema.

♦♦♦

Na primeira parte deste texto serão feitos alguns esclarecimentos conceituais cujo objetivo é indicar a importância da pesquisa empírica a respeito

---

Legislação Antirracista (2011, em andamento). Participei também em 2010, na condição de pesquisador, de uma investigação sobre a quantificação do dano moral, coordenada por Flavia Portella Püschel, que incorporou as mesmas preocupações e cujo relatório ainda não foi publicado.
[5] Ver nota 39.

da racionalidade jurisdicional e sua relação com a produção do saber no campo da teoria do direito. Argumentarei que nem a pesquisa em direito nem a pesquisa em ciências sociais têm prestado atenção na racionalidade jurisdicional. A pesquisa empírica em direito raramente se volta para a fundamentação[6] das decisões jurisdicionais. A maioria das pesquisas empíricas existentes na literatura brasileira e mundial raramente procura investigar as razões para decidir oferecidas pelos juízes, mais especificamente, as variantes interpretativas existentes.

Para deixar tal diagnóstico mais claro, proponho a utilização do conceito de modelo de racionalidade jurídica[7] e faço breves considerações sobre sua relação com o modo de pensar tradicional na teoria do direito. Além disso, apresento o conceito de *zona de autarquia* e mostro sua utilidade para a pesquisa empírica e para a teoria do direito.

Na segunda parte do texto faço uma caracterização geral da racionalidade jurisdicional no Brasil e sustento que ela está marcada pela utilização de *argumentos de autoridade* em casos difíceis e pela pobreza argumentativa em casos fáceis. Para esta forma de argumentar o objetivo não é demonstrar a correção de uma tese jurídica qualquer, mas simplesmente tomar uma decisão, mesmo sem oferecer razões de decidir à altura da complexidade do caso. Nos casos difíceis, ou seja, aqueles em que o os tribunais ainda não têm uma opinião homogênea e que, portanto, geram debates entre os juízes, a estratégia é invocar tantas autoridades quantas possíveis para sustentar a opinião do juiz, considerado sempre como indivíduo e não como voz de uma instituição dotada de uma racionalidade própria.

A partir desta descrição geral, afirmo que a jurisdição brasileira funciona com base em argumentos de autoridade e, especialmente nos casos controversos, em função da agregação de opiniões individuais. A justificação das decisões articula as razões pelas quais o indivíduo que a re-

---

[6] Vou utilizar o termo "fundamentação" para designar qualquer forma de argumentação que pretenda explicitar as razões pelas quais alguém tomou uma decisão e reservarei o termo "justificação" para designar a fundamentação que segue padrões sistemáticos. Sobre a influência do conceito de sistema no pensamento jurídico ocidental, ver Losano (2008, 2010).

[7] Ver adiante a explicação do uso que farei deste conceito.

digiu foi convencido desta ou daquela solução e são irrelevantes para o resultado final do julgamento. As decisões colegiadas são decididas por votação sem que haja a redação de uma decisão oficial da corte. Por esta razão, denomino a jurisdição brasileira de *justiça opinativa* e afirmo que sua legitimidade está mais ligada ao funcionamento institucional do Poder Judiciário como um todo do que à racionalidade de sua argumentação ou ao carisma individual dos juízes.

Levanto a hipótese de que sua forma de argumentar possa ser explicada em parte pelo fato de que os debates entre os juízes sejam públicos.[8] A função dos juízes no Brasil é dar uma opinião fundamentada diante dos casos, debatidos a portas abertas, às vezes diante de uma plateia, e não encontrar a melhor resposta para eles a partir de um raciocínio sistemático.

Por esta razão, os julgados escritos publicados pelos tribunais são o registro cronológico e textual dos debates ocorridos e não um texto coerente, redigido de forma ordenada, que tenha como objetivo articular argumentos dogmáticos de forma clara, tendo em vista seu papel na criação de jurisprudência e na legitimação racional do direito. Este ponto é importante para nossa análise: o julgamento no Brasil não tem como objetivo produzir um texto, que é mero efeito colateral dele.

Ainda nesta segunda parte, a partir desta descrição, discuto a importância de se pensar o direito no Brasil sem tomar a tradição estrangeira como modelo normativo. O Brasil faz parte da tradição do direito ocidental, mas seu direito tem características próprias que devem compreendidas em sua configuração específica. Pensar desta forma é a tônica dos novos estudos do campo do direito e desenvolvimento (*Law & Development*) e da tradição dos estudos pós-coloniais, que servem de inspiração para este trabalho.

A terceira parte deste capítulo é dedicada a analisar com detalhes a argumentação de três casos considerados exemplares de meu diagnóstico. Seu objetivo é construir uma visão mais acurada da racionalidade do direito brasileiro e sugerir pautas para pesquisa que passem a tomar os con-

---

[8] No caso do STF e outros tribunais superiores, os julgamentos têm sido transmitidos ao vivo por uma rede de televisão, a TV Justiça.

ceitos da teoria do direito não como a expressão da essência do direito, mas como estímulo para realizar investigações empíricas.[9]

Finalmente, na parte final deste texto, afirmo que a racionalidade do direito brasileiro identificada na terceira parte não deve ser vista como um conceito cristalizado, mas como objeto de uma disputa. Sugiro que o Brasil está vivendo um processo de questionamento da argumentação por autoridade em razão de uma crescente judicialização das demandas sociais,[10] cujo marco temporal é a Constituição de 1988. Além disso, discuto as implicações deste conflito e do padrão de legitimação das instituições para o desenvolvimento do direito brasileiro.

Ainda nesta parte, mostro como este processo, que denomino de *luta pela justificação*, tem gerado uma pressão crescente por mais transparência e acesso ao processo de tomada de decisões do Poder Judiciário, pressão essa que é amplificada pela crescente visibilidade deste poder na mídia nacional. Esta pressão também nasce de outra fonte: a universidade.

Todo este processo tem como pano de fundo o processo de democratização brasileira, iniciado há mais de 30 anos, que tem nas instâncias jurisdicionais um de seus capítulos menos conhecidos. Afinal, tanto a pesquisa em direito quanto e pesquisa em ciências sociais têm ignorado a dimensão da justificação das decisões como objeto de pesquisas e se contentado em discuti-las em função de seus efeitos, mas não quanto à qualidade de seu padrão argumentativo.

2. Justificação das decisões e zonas de autarquia

Para identificar o problema que me interessa neste texto, ou seja, as características empíricas da racionalidade jurisdicional no Brasil, vou trabalhar com o conceito de "modelo de racionalidade jurídica" (MRJ) para diferenciar a racionalidade do direito brasileiro da reflexão que se pode fazer

---

[9] Sobre este ponto, ver Galligan (2006).
[10] Para uma análise do conceito de judicialização, ver o capítulo 5.

sobre ela.[11] Chamo de "modelo de racionalidade jurídica" o conjunto de raciocínios utilizados para resolver casos concretos a partir do direito posto, ou seja, do material jurídico à disposição do juízo.

Este conjunto de raciocínios pode ser investigado como objeto empírico, ou seja, a partir de uma hipótese sobre as características do MRJ de um determinado direito, pode-se pesquisar sociologicamente como o Judiciário argumenta de fato para decidir casos. Além disso, o modelo de racionalidade judicial pode ser visto como instrumento didático para ensinar estudantes de direito a operar o ordenamento jurídico. O professor de direito, ao entrar em uma sala de aula, irá ensinar a seus alunos como funciona o direito de um país tendo como pressuposto um determinado modelo que ele acredita descrever bem tal funcionamento.

O MRJ pode ser visto também como objeto de investigação filosófica, ou seja, pode-se refletir sobre qual seria a melhor forma de organizar o raciocínio jurídico para solucionar casos concretos e avaliar justificativas específicas. Neste caso, o MRJ terá um sentido de dever ser, ou seja, será apresentado como a melhor forma de se fundamentar as decisões de acordo com algum critério. Claro, neste caso, trata-se de uma visão mais distante da racionalidade efetiva do direito, das preocupações meramente empíricas. Um professor ou um pesquisador preocupado com a empiria não podem pensar desta forma. O modelo de racionalidade judicial com o qual trabalham precisa pretender ser uma boa descrição da racionalidade de um determinado ordenamento jurídico para uma eventual avaliação crítica da realidade, que parta de determinados pressupostos filosóficos, não se desenvolva no vácuo, desligada das instituições.[12]

De outra parte, a atuação dos juízes é fundamental na configuração da racionalidade do direito, afinal, sua prática constitui e permite inferir a presença de um ou mais modelos de racionalidade judicial pressupostos às suas decisões. A pesquisa em direito, para que não se torne completamente desligada da realidade do direito, deve comparar os modelos de racionali-

---

[11] Para uma discussão mais completa deste problema, ver o capítulo 4.
[12] Ver a seguir uma descrição mais detalhada deste ponto.

dade judicial em disputa no campo teórico com dados empíricos sobre a atuação em concreto dos juízes. Apenas desta forma será possível pretender que haja algum grau de correspondência entre conceito e realidade.

É evidente que se pode criticar qualquer modelo de racionalidade jurídica, por exemplo, em nome de sua adequação às características do direito posto, da sua capacidade de legitimar o direito e assim por diante. Tais críticas podem ser relevantes para se pensar em reformas institucionais e reformas no ensino do direito. Também é evidente que pode haver mais de um modelo em funcionamento em um mesmo ordenamento jurídico, a despeito de poder ser desejável para a legitimidade do direito que todos os juízes fundamentem suas decisões da mesma maneira. Este será um ponto importante de nossa análise logo adiante. Mas o fato é, como mostra Dworkin,[13] há vários MRJ em disputa, cada um com uma visão diferente sobre o significado da fundamentação das sentenças e, portanto, sobre a função do juiz e sobre o conceito de estado de direito.

A pesquisa em teoria do direito e em ciências sociais não costuma se preocupar com os problemas que estamos discutindo. Boa parte dos teóricos do direito pretende, sem oferecer evidências empíricas, que seu MRJ seja também uma boa descrição da realidade do direito ao qual se referem. De outra parte, as pesquisas em ciências sociais não costumam se preocupar com a dimensão interna, da justificação das decisões, deixando de lado o problema dos modelos de racionalidade judicial. A racionalidade interna do direito ainda é um campo pouco explorado pela pesquisa empírica.[14]

É interessante observar que a capacidade de descrever empiricamente a realidade da atuação da jurisdição é postulada por diversos grandes autores de teoria do direito,[15] que não costumam oferecer evidências em-

---

[13] Examino este ponto com mais detalhes no capítulo 4.
[14] Há pesquisas empíricas sobre o Judiciário no mundo anglo-saxônico, mas elas não costumam levar em conta o aspecto interno do direito, ou seja, os modelos hermenêuticos, o que se repete no Brasil. Para uma crítica do problema nos Estados Unidos, ver o último capítulo de Tamanaha (2009). Não há panorama equivalente para o direito brasileiro. Para uma crítica a este tipo de pesquisa a partir de outra tradição, ver o início de Luhmann (1983).
[15] Robert Alexy é uma exceção. Em sua *Teoria dos direitos fundamentais*, ele procura mostrar empiricamente, a partir da jurisprudência da corte constitucional alemã, que

píricas daquilo sobre o que estão falando. Por exemplo, em *O império do direito*, Ronald Dworkin organiza o livro a partir de apenas um punhado de casos de alguns tribunais de segunda instância. Em *O conceito do direito*, de Herbert L. Hart, é ainda menor a importância dos casos para demonstrar a capacidade descritiva de seu modelo de racionalidade judicial.[16]

Este modo de proceder da teoria do direito tem uma explicação teórica. Durante muito tempo, boa parte das investigações nesse campo partia do pressuposto de que seria possível obter respostas para os conflitos jurídicos com a utilização de um método único capaz de produzir resultados unívocos. Hans Kelsen mostrou que é impossível aplicar o padrão científico das ciências naturais ao estudo do direito, mais especificamente, ao ato de julgar casos concretos. Sempre haverá várias respostas possíveis para um mesmo problema jurídico[17] e o juiz precisa escolher entre estas possibilidades.

Para a teoria jurídica contemporânea, tal escolha deve ser justificada a partir de determinados padrões de racionalidade,[18] mas não há acordo entre os pesquisadores e operadores do direito sobre qual deva ser esse padrão. Há várias posições em disputa, cada uma delas reivindicando ser mais adequada para lidar com os problemas jurídicos contemporâneos, quadro que se repete tanto na teoria quanto nas argumentações jurisdicionais propriamente ditas.

De qualquer forma, fica claro que, ao se ler uma determinada teoria da racionalidade jurisdicional, não se pode simplesmente pressupor que ela seja adequada para descrever o funcionamento real do Poder Judiciário. Ocorreu um descolamento entre a defesa normativa de um modelo de racionalidade jurídica e seu poder de descrever o funcionamento real

---

sua concepção de argumentação é uma boa descrição e um bom modelo normativo. Claro, ele poderia ser criticado por utilizar apenas casos sobre direitos humanos de uma corte superior e não dar conta de outros assuntos e de outros organismos jurisdicionais. Ver Alexy (2008).

[16] No caso de Hart, seria interessante comparar seus escritos mais abstratos com livros como *Causation in the law*, escrito com Tony Honoré, em que há extensas discussões sobre casos concretos.

[17] Ver o último capítulo de Kelsen (1979).

[18] Para uma discussão mais longa sobre este ponto, ver Rodriguez (2002).

das instituições. Guardadas as devidas proporções, é como se a lei da gravidade tivesse sido desacreditada pelos cientistas e todos precisassem voltar aos laboratórios para tentar entender por que os corpos permanecem sobre a superfície da Terra sem afundar ou subir pelos ares.

Diante da falta de pesquisas empíricas sobre o assunto, em especial no Brasil, é muito difícil mudar o padrão da pesquisa no campo da teoria do direito. Até que esse quadro mude, seremos todos obrigados a escrever teorias pressupondo que elas sejam uma boa descrição do direito como ele é. Afinal, não dispomos de dados empíricos organizados sobre a racionalidade jurisdicional. E não se pode abrir mão de falar em abstrato sobre modelos de racionalidade judicial, por exemplo, para o objetivo cotidiano de ensinar direito a iniciantes.

De qualquer forma, é preciso deixar claro que, diante do estado atual da pesquisa em teoria do direito, este é um procedimento problemático que pode ter efeitos ruins sobre nosso conhecimento do direito. Caso não fique clara a precariedade de qualquer afirmação global sobre modelos de racionalidade judicial empíricos, o leitor ou o ouvinte pode ser levado a acreditar que está diante de uma descrição do funcionamento da racionalidade jurisdicional incontroversa e bem fundada.

Além disso, corre-se outro risco grave. Muitos alunos de direito brasileiro estão aprendendo o que seja a racionalidade jurisdicional a partir de teorias como a de Hart, Alexy ou Dworkin, que não têm qualquer ligação com nossa realidade institucional. Ao se depararem com julgados reais proferidos por nossas cortes, os alunos podem ser levados a crer que os juízes brasileiros agem de maneira equivocada por não seguirem modelos de racionalidade judicial pensados para explicar e intervir normativamente sobre outras realidades. O tamanho deste risco ficará mais claro adiante.

Isso não significa, de forma alguma, que tais modelos não devam ser estudados no Brasil. Também não significa que eles não possam servir para criticar a realidade brasileira em nome de outras possibilidades. Este texto mesmo irá realizar este movimento mais adiante. O problema é fazer isto antes de dar conta positivamente do que ocorre no Brasil, utilizando normativamente modelos estrangeiros como critério para avaliar uma realidade que, por não se encaixar em seu modo de ver o direito, tenderá a ser considerada como essencialmente equivocada. As conclusões de análises que procedem desta forma podem resultar em afirmações do tipo "os juízes brasileiros não sabem argumentar juridicamente", "os juízes brasileiros não fundamentam suas sentenças" ou, mais simplesmente, "não existe direito no Brasil". Este texto nasceu também do incômodo do autor com esse tipo de avaliação equivocada de nossas instituições.[19]

Faremos uma descrição da racionalidade jurisdicional no Brasil logo a seguir. Antes disso, é importante esclarecer que a pesquisa em direito pode relacionar MRJ e empiria com o fim de criticar as práticas institucionais reais. Ela não precisa ser apenas a descrição empírica da realidade, mas pode ser também uma avaliação crítica da mesma. Para caracterizar este procedimento intelectual, vou me utilizar do conceito de *zona de autarquia* para apontar a possibilidade de realizar tais avaliações.[20] Vejamos.

Na concepção ocidental do termo, estado de direito significa a imposição de limites ao poder soberano e ao poder privado. Ninguém pode agir licitamente sem fundamento em uma norma jurídica ou em uma norma social que autorize diretamente uma determinada conduta ou crie um espaço de autonomia dentro dos limites impostos pelo direito de determinado ente soberano. Pode-se dizer que haja um estado de direito quando toda ação possa ser justificada a partir de uma norma criada ou não pelo Estado e, neste último caso, reconhecida por ele.

Denomino *zona de autarquia* o espaço institucional em que as decisões não estão fundadas em um padrão de racionalidade qualquer, ou seja, em que as decisões são tomadas sem fundamentação.[21] Uma observação importante: será rara a ocasião em que os organismos de poder afirmem simplesmente "Decido assim porque eu quero" ou "Decido desta forma

---

[19] Ver capítulo 1.
[20] A avaliação crítica das instituições, no sentido que a Teoria Crítica dá ao termo, segue outro padrão, que pressupõe o que estou dizendo, mas vai além. Para fazer uma crítica das instituições neste sentido é preciso avaliar o conteúdo das instituições tendo em vista a radicalização da democracia. Para este ponto, ver o capítulo final de Rodriguez (2009) e o já citado capítulo 4.
[21] Sigo aqui de perto a formulação do capítulo 4.

porque é a melhor coisa a se fazer". É de se esperar que esteja presente alguma forma de *falsa fundamentação* cujo objetivo seja conferir aparência racional a decisões puramente arbitrárias.

Uma zona de autarquia, portanto, existe na ausência de fundamentação, ou seja, de uma justificação em que a autoridade levanta pretensões de validade fundadas em normas jurídicas,[22] as quais, quando necessário, podem ser sustentadas sem contradição. Não se pode sustentar racionalmente A e não A ao mesmo tempo; não se pode recusar, racionalmente, a justificar uma asserção proferida quando alguém se põe a questioná-la; também não se pode, racionalmente, desqualificar o interlocutor que demanda por minhas razões ou impedir que outro faça o mesmo, desde que cumpra os requisitos dos procedimentos que preveem oportunidades em que é possível falar diante da autoridade.

A existência de zonas de autarquia no interior de uma ordem jurídica, cujo discurso de legitimação seja marcado pelo conceito de estado de direito, ajuda a evidenciar os setores, os espaços em que tal discurso funciona como mero instrumento de dominação. Sob a aparência de direito, portanto, podem ser tomadas decisões meramente arbitrárias, ou seja, que não se pode reconstruir racionalmente. Cabe à pesquisa vigiar as autoridades para que isto não ocorra.[23]

3. A pessoalidade da jurisdição brasileira e o estado de direito

Como eu disse, o uso do termo "jurisprudência" no Brasil é um bom indício do padrão de funcionamento de nosso direito. Note-se que o tipo

---

[22] Aqui uma nuance é necessária: pode haver ordenamentos jurídicos em que os juízes possam decidir sem fundamento em normas jurídicas e modelos hermenêuticos que defendam esta possibilidade. Neste caso, estaríamos nos afastando da concepção ocidental e moderna de direito, ponto de vista no qual estou fundando, neste texto, a possibilidade de se fazer crítica. Crítica, no sentido em que estou trabalhando aqui, significa cobrar do direito o padrão da racionalidade com o qual ele afirma que trabalha, ou seja, cobrar da instituição formal as promessas que ela fez e não cumpriu. Seria perfeitamente possível criticar o direito concebido visto desta forma a partir de outras concepções de direito.

[23] Retomo aqui em outro registro a análise que fiz em Rodriguez (2006).

de estratégia que mencionei é utilizado tanto por advogados quanto por juízes, promotores, procuradores, professores e alunos de direito, ou seja, este modo de pensar e lidar com a "jurisprudência" está disseminado pelas bancas de advocacia, faculdades, universidades e tribunais do país. Talvez não especificamente o uso das expressões que citei, mas sim a racionalidade subjacente a elas. Mas que racionalidade seria esta?

Um ponto salta aos olhos logo de início: a disputa judicial travada nestes termos pode ser tudo, menos racional. Quando um advogado empilha casos numa petição (várias "jurisprudências"), todos, evidentemente, são a favor de seu cliente; também quando empilha a opinião de outros juristas que estudaram e escreveram sobre o tema (a doutrina) para a mesma finalidade, ele não está, certamente, buscando convencer o juiz pela força do argumento. O jogo em curso é outro: ele está tentando impressioná-lo e aos cidadãos[24] por sua erudição e pela suposta extensão de seu domínio sobre a doutrina. Além disso, tratando-se de argumentação por autoridade, quanto maior o número de autoridades, maior a força do argumento. De acordo com esta forma de pensar, uma posição é tanto mais correta quanto mais pessoas concordarem com ela.

Não se trata, neste caso, de encontrar o argumento mais favorável para seu cliente e, em seguida, mostrar como outros casos e doutrinadores já argumentaram no mesmo sentido, tudo com o fim de demonstrar que a decisão reivindicada é a decisão correta à luz do direito posto.[25] Trata-se, na verdade, de persuadir o juiz e os cidadãos com a citação de autoridades — e quanto mais autoridades melhor — de que a solução para o caso só pode ser uma: aquela veiculada naquela demanda específica.[26]

---

[24] O juiz quando decide, dirige-se às partes, aos advogados, a seus colegas juízes, mas também aos cidadãos em geral. Desde que o Poder Judiciário deixou de ser subordinado ao Executivo, ele estabeleceu uma relação independente com a esfera pública. Seu objetivo é chegar a boas decisões para casos concretos conforme o direito e, nestes termos, deve desenvolver sua argumentação. Sobre este ponto, ver Kirchheimer (1961).

[25] Sobre este modelo de argumentação, ver Dworkin (1999) e Günther (2004).

[26] Marcos Nobre denomina o modo de argumentar em que as respostas estão dadas antes que a investigação se inicie de "modelo do parecer". Em seu texto, ele faz uma avaliação crítica da pesquisa em direito no Brasil. Ver Nobre (2003). Meu ponto neste

Uma argumentação jurídica que apele para argumentos racionais, ou seja, que possa ser referida como "justificação", não pode seguir este padrão. Ela tem o dever[27] de apresentar a si mesma como a melhor solução para o caso à luz do direito posto. Qualquer argumentação judicial racional terá sempre um aspecto instrumental — deve ser bem-sucedida em convencer seu interlocutor — e um aspecto não instrumental — qual seja, a pretensão de demonstrar que ela é a melhor solução para o caso à luz do direito posto. E é claro que pode haver argumentos puramente instrumentais sendo veiculados de fato em uma instância jurisdicional qualquer. Da mesma forma, em um jogo de futebol, alguém tentar marcar um gol com as mãos e ser bem-sucedido na tarefa, como Maradona, jogador da Argentina, na final da Copa do Mundo de 1986. Mas tanto em um caso quanto no outro o procedimento será contrário às regras que presidem a partida ou o procedimento judicial.

Fica claro, portanto, que nem todos os meios argumentativos são admitidos pelo direito ocidental. Na tradição romano-germânica, tal limitação se faz com a imposição de alguns ônus argumentativos.[28] Por exemplo, impõe-se aos juristas a utilização de um modelo de raciocínio inspirado no conceito de sistema.[29] A decisão do caso e a argumentação do advogado têm o ônus argumentativo de demonstrar que são a melhor solução

---

texto é diferente, mas complementar. Estou criticando a racionalidade da operação do ordenamento jurídico brasileiro e sua relativa indiferença em relação ao padrão de argumentação dos juízes, professores e advogados. A crítica do texto de Nobre atinge mais diretamente a doutrina brasileira, ao modo de operar dos professores, que pretendem se diferenciar dos juízes por falarem em nome de supostas "verdades" do direito. Minha preocupação é identificar as operações mentais, os raciocínios que subjazem ao funcionamento da "lógica do parecer".

[27] De onde vem este dever? O que faz com que um sistema jurídico não funcione em padrões puramente instrumentais? Falarei adiante sobre este problema.

[28] Seria possível verificar empiricamente quais são os ônus argumentativos presentes em um determinado ordenamento jurídico pesquisando-se as decisões judiciais quanto a seu modelo de argumentação. Para obter maior abrangência em pesquisas deste tipo, talvez possa ser interessante utilizar os métodos da linguística de *corpus* para que se possa quantificar a ocorrência de determinados marcadores textuais e relacioná-los a uma tipologia de modelos de argumentação. Esta é uma possibilidade de pesquisa ainda não explorada no campo do direito.

[29] Para uma investigação extensa e muito convincente sobre a influência do conceito de sistema sobre o pensamento jurídico, ver Losano (2008).

possível para o mesmo à luz das normas jurídicas, utilizando-se de um raciocínio sistêmico. É lícito utilizar para este fim a produção doutrinária dos professores de direito,[30] mas para fins de justificar a reconstrução sistemática das normas jurídicas e não como opinião de uma "autoridade". O argumento vale por ser uma boa reconstrução do sistema e não porque foi veiculado por este ou por aquele autor.

Pode-se também impor aos juristas a utilização de uma argumentação de tipo textualista, ou seja, os casos deverão ser solucionados por meio de raciocínios lógico-formais em que o texto da norma é central. De acordo com esse modelo, que não se confunde com o modelo sistêmico, a atividade do jurista seria apenas subsumir casos concretos a normas gerais.[31]

É importante dizer que, nesse registro, a racionalidade utilizada por um advogado em uma peça judicial será sempre estratégica, mas não pode ser *puramente* estratégica. Seu dever será, em todo e qualquer caso, defender as posições que favoreçam os interesses de seu cliente, daí seu caráter instrumental. No entanto, em um estado de direito, seus argumentos não podem ser *puramente* estratégicos, pois, como mostramos acima, precisam respeitar determinado padrão para serem considerados adequados; padrão este que se expressa em ônus argumentativos impostos a todos aqueles que pretendam argumentar juridicamente.

Uma argumentação fundada em argumentos de autoridade tem um perfil muito diferente. Ela não tem o dever de demonstrar a coerência entre leis, casos e doutrinadores que cita. Com efeito, ela não se sente limitada por nenhum ônus argumentativo. Seu único compromisso é com a eficácia em convencer o destinatário, podendo-se utilizar para este fim qualquer argumento, qualquer elemento, qualquer estratagema. O que importa é a obtenção de uma solução, de uma decisão e não o padrão argumentativo que a fundamente.

Neste tipo de argumentação, a pessoa que toma a decisão e a decisão em si mesma são mais importantes do que o raciocínio desenvolvido para

---

[30] Falaremos mais longamente sobre esta questão adiante.
[31] Ver o capítulo 4 e Rodriguez (2011b).

se chegar nela. Ao argumentar, a pessoa da autoridade expõe os motivos pelos quais foi convencida de determinada solução jurídica. Se o caso for simples e não gerar controvérsia entre cidadãos e autoridades, sua justificação será extremamente sucinta, mais centrada no resultado do que em sua justificação.

Em casos cuja decisão resulte de votações unânimes, a fundamentação tenderá a assumir tais feições. De outra parte, se estivermos diante de casos que gerem controvérsia, haverá a invocação de autoridades para corroborar a posição do responsável por tomar a decisão. De qualquer forma, o objetivo da autoridade não é, nesse registro, argumentar em nome da melhor solução possível para o caso, mas sim apresentar as razões pelas quais formou sua *opinião pessoal* sobre qual deva ser a melhor solução para o caso. Esta nuance é fundamental para compreendermos o que se passa no Brasil.

Desta maneira, fundamentar uma decisão no Brasil significa, na maior parte das vezes, exatamente isso: expor uma opinião pessoal. No entanto, é preciso observar que a opinião pessoal não é, por outro lado, pensada como um fato isolado. Ela se relaciona e disputa o espaço com outros pontos de vista, como veremos. Ao interagir com as demais posições, especialmente nos tribunais, o resultado é sua relativa despersonalização. Mas tal interação não se dá no registro de uma argumentação racional sistematizante e sim por meio da agregação de opiniões nos tribunais em que tudo se passa como na apuração de votos em uma eleição majoritária.

Antes de prosseguir, é útil fazer alguns esclarecimentos. Primeiro, a prática cotidiana da argumentação jurisdicional sugere haver hoje uma pluralidade de modelos de racionalidade jurídica em disputa. Não há garantia alguma de que o padrão decisório de um determinado ordenamento jurídico seja racional ou que prevaleça apenas um modelo de argumentação. As sociedades disputam várias possibilidades de arranjo entre o desenho das instituições e modelos de racionalidade jurídica até que, eventualmente, dentre esses vários modelos de racionalidade, um deles se torne hegemônico.[32] Mas vale dizer que, no Brasil, ao menos na superfície

---

[32] Para este ponto, ver o capítulo 4.

do debate, modelos que defendam posições puramente instrumentais têm pouco espaço na teoria do direito e na prática dos operadores do direito.[33]

Claro, a falta de um padrão incontroverso para avaliar a racionalidade das decisões pode ter efeitos negativos sobre a legitimação do direito se os cidadãos perceberem esse fato da seguinte maneira: cada juiz decide os casos como bem entender, por motivos meramente arbitrários. Esse risco existe de fato. Mas a falta de uma instância de validação última para os modelos de racionalidade judicial (a natureza das coisas? Deus? um conceito incontroverso de direito e estado de direito?) faz com que este risco esteja sempre presente e seja, a rigor, inevitável.[34] No entanto, como veremos logo adiante, esta discussão tem pouca relevância para o funcionamento do direito brasileiro contemporâneo.

Segundo ponto: a argumentação com base na autoridade não está ligada, necessária ou exclusivamente, à autoridade da lei.[35] Há áreas do direito em que o textualismo é mais forte, ou seja, em que a lei aparece como referência central para a argumentação: por exemplo, o direito penal e o direito tributário.[36] Em outras áreas, argumentos textualistas aparecem menos, como no direito constitucional e no direito do trabalho.[37] No Brasil, tanto a lei, quanto os princípios, os casos julgados e os conceitos doutrinários podem funcionar como autoridade, sozinhos ou combinados.[38]

---

[33] Todas as pesquisas citadas na nota 39 deste texto preocuparam-se em identificar argumentos fundados em elementos externos ao direito na fundamentação das decisões. As análises consideraram argumentos externos ao direito todos aqueles que, expressamente, faziam menção a algo que não fosse uma norma jurídica (lei, princípio, norma criada pela autonomia provada, norma social reconhecida pelo direito). O resultado foi inexpressivo estatisticamente. Não há juízes ou teóricos realistas no Brasil, tampouco adeptos da versão mais radical do *Law & Economics* (aquela que defende que os juízes decidem de fato e devem decidir sempre com fundamento em raciocínios de eficiência econômica).
[34] Ibid.
[35] Para este ponto, ver o capítulo 3.
[36] Sobre o direito tributário, há a interessantíssima análise de Greco (2010).
[37] Diante da falta de pesquisas empíricas sobre o grau de formalismo de cada campo do direito, baseio-me aqui em minha percepção sobre os mesmos.
[38] No capítulo 3, caracterizo o formalismo brasileiro como marcado, principalmente, pela naturalização dos conceitos dogmáticos, ou *naturalização conceitual*, esta também uma modalidade de argumentação com base na autoridade.

Terceiro ponto: instituições que funcionam sob um padrão centrado em argumentos de autoridade não são, necessariamente, autoritárias. Podem funcionar, por exemplo, em bases participativas. Mas isso não garante que a racionalidade da decisão seja sistemática. Participação e racionalidade sistemática são coisas diferentes. Mesmo uma autoridade que aja de forma unilateral pode estar preocupada em se informar sobre as diversas opiniões a respeito do problema. Por essa razão, ela pode abrir a oportunidade de que todos os interessados falem diante dela.

Para este fim, podem ser utilizados mecanismos institucionais como audiências públicas, conselhos consultivos, pareceres de especialistas, admissão de *amici curiae* etc. Por intermédio deles, os cidadãos podem ter a oportunidade de serem ouvidos pela autoridade para tentar convencê-la de suas razões. Além disso, ao explicitar suas razões de decidir, tais instituições submetem a si mesmas ao controle da esfera pública. Pode-se criticá-las, discordar delas e cobrar posicionamentos semelhantes em casos semelhantes, mesmo que sem a existência de raciocínios sistemáticos na fundamentação. É possível criar padrões decisórios mesmo sem justificação nos padrões dogmáticos tradicionais. Afinal, a sistematização pode ser feita a partir dos casos e não das leis. É possível afirmar que determinados argumentos, levados em conta em um caso específico, devam ser levados em conta em todos os casos semelhantes. Mas como veremos, no Brasil, para que um esquema como este pudesse funcionar, seria necessário implementar o dever de que os tribunais elaborassem um voto único vencedor.

Como se vê, mesmo com a participação de terceiros no processo decisório, a autoridade não perde seu caráter pessoal. Ela mantém o controle subjetivo sobre a decisão e porta-se como um indivíduo que precisa ser convencido e não como o representante de uma instituição cuja função é investigar o direito posto para encontrar os melhores argumentos jurídicos para solucionar o caso e justificar sua decisão racionalmente. A decisão será proferida principalmente em seu nome e não em função de um padrão argumentativo considerado adequado ao caso.

Por isso mesmo, na justificação serão apresentadas suas razões para decidir, ou seja, as razões pelas quais ele se convenceu, pessoalmente, desta ou daquela solução para o caso, sem que seja necessário seguir um padrão argumentativo uniforme. No Brasil, dentre estas razões, como mostraremos mais concretamente, prevalece a invocação de outras autoridades que, supostamente, argumentam no mesmo sentido do juiz que proferiu a sentença.[39] Além disso, para compreender bem o que vem a seguir, é preciso fazer a seguinte distinção: os terceiros podem trazer argumentos, isto é, razões que o juiz deve considerar para tomar a melhor decisão à luz do direito, ou podem simplesmente manifestar sua opinião. No primeiro caso, eles respeitam os ônus argumentativos do debate jurídico e no outro não.

Ora, uma argumentação que não se fundamente principalmente em argumentos de autoridade deve apresentar-se como convincente por si só, independentemente da pessoa que a proferiu ou de qualquer outra autoridade ou pessoa que, eventualmente, concorde com determinado modo de pensar. Ela deve ser justificada independentemente da pessoa que articula os argumentos, ou seja, deve representar a melhor solução possível para aquele caso — o melhor direito, a solução mais adequada —, esteja ela presente no texto da lei ou tenha sido obtida por intermédio de algum outro modelo de racionalidade judicial. Prevalece no Brasil a articulação de opiniões acompanhadas da citação, sem contextualização ou análise, de uma série de "jurisprudências" e "doutrinas" a título de argumento de autoridade.

Uma forma de argumentar marcada pela racionalidade está preocupada com sua generalização possível em casos futuros; está preocupada com

---

[39] Todo discurso, segundo a *Retórica* de Aristóteles, tem elementos de *éthos, pathos* e *logos*. Estamos afirmando apenas que a argumentação jurisdicional em um estado de direito no sentido ocidental deveria se caracterizar pelo predomínio de argumentos racionais, ou seja, do *logos*. Se empiricamente isto não ocorrer, isso significa que este padrão de legitimação não está presente ou funciona mal. Veja-se: "As provas de persuasão fornecidas pelo discurso são de três espécies: umas residem no caráter moral do orador; outras, no modo como se dispõe o ouvinte; e outras, no próprio discurso, pelo que este demonstra ou parece demonstrar. Persuade-se pelo caráter quando o discurso é proferido de tal maneira que deixa a impressão de o orador ser digno de fé. (...) Persuade-se pela disposição dos ouvintes quando estes são levados a sentir emoção por meio do discurso, pois os juízos que emitimos variam conforme sintamos tristeza ou alegria, amor ou ódio. (...) Persuadimos, enfim, pelo discurso, quando mostramos a verdade ou o que parece verdade, a partir do que é persuasivo em cada caso particular. (...)" (Aristóteles, 2005:96-97).

a formação de padrões decisórios positivados a partir da atividade dos tribunais. Por isso mesmo, a autoridade encara como seu dever *individual*, a despeito da assinatura que apõe à decisão, falar *também* em nome da instituição. Claro, é de um indivíduo que estamos tratando sempre, com seus limites e suas idiossincrasias.[40] É ele quem vai reconstruir o sistema. No entanto, em argumentações racionais, esse indivíduo precisa atuar de forma descentrada e justificar seus argumentos de maneira impessoal. O elemento que descentra a autoridade é, justamente, o conjunto de ônus argumentativos com os quais ela deve arcar para proferir uma boa decisão, ou seja, o modelo de racionalidade judicial seguido por ela. No caso de argumentações por autoridade, a formação de padrões decisórios se dá a partir das razões subjetivas para decidir.

É claro que uma autoridade pode esconder, por detrás de justificativas aparentemente impessoais, nominalmente fundadas na justiça, interesses puramente egoístas. No entanto, do ponto de vista institucional, isto é absolutamente irrelevante. Se houver um padrão aceito para avaliar a racionalidade das decisões, ou seja, se for possível discernir uma boa justificativa de uma má justificativa em função de um modelo de racionalidade judicial, uma ação como esta não terá efeito algum. Uma solução "egoísta" considerada racional, segundo o critério de um modelo de racionalidade judicial aceito em determinada ordem jurídica, não gera prejuízo para a legitimação do direito. A decisão não será, no fim das contas, "egoísta", mas bem justificada, mesmo que a motivação íntima do juiz seja seu egoísmo. Com efeito, pode-se dizer o mesmo da argumentação de um advogado, de um promotor, de um procurador, de um professor ou de um aluno de direito etc.

Coisa muito diferente seria argumentar, logo de saída, em nome próprio, construindo, por meio de uma série de expressões, um *éthos* centrado em sua autoridade e na autoridade de doutrinadores ou da "jurisprudência", mas não na racionalidade intrínseca de sua decisão. Se pensarmos em função da previsibilidade da ação da autoridade, decisões tomadas dessa forma dependem mais das pessoas que ocupam a posição de autoridade

---

[40] Sobre este ponto, ver Rodriguez (2002).

do que de padrões decisórios que orientem a instituição para além das pessoas. Portanto, sua estabilidade ao longo do tempo tende a variar com as mudanças dos juízes individuais.

Novamente, é importante dizer que mesmo em um modelo de racionalidade judicial característico do estado de direito no sentido ocidental, pode haver uma combinação de fatores pessoais e impessoais no processo de tomada de decisão. Porque o direito não pode ser completamente matematizado, nem os sujeitos completamente padronizados, sempre haverá espaço para decisões variadas sobre um mesmo assunto, característica que favorece a adaptação das normas a casos novos que não param de surgir.

Na terceira parte deste texto serão apresentados três casos exemplares que ilustrarão o que afirmo aqui.[41] A pessoalidade da jurisdição brasileira ficará mais clara quando analisarmos os textos desses julgados. No entanto, é importante ressaltar que um aspecto fundamental deste problema ficará fora de nossa análise. O texto escrito dos julgados de segunda instância, em minha opinião, não pode ser compreendido em si mesmo, fora da performance pública que a instituição tribunal protagoniza. O estudo do texto tem um interesse muito limitado para a compreensão da atuação das instâncias jurisdicionais, pois ele consiste apenas no registro dos debates realizados, no caso do STF, diante de câmeras da TV Justiça com transmissão ao vivo para todo o país.

À exceção de alguns votos que são apresentados por escrito, os julgados contêm a transcrição direta dos debates registrados ao vivo e na ordem em que ocorreram, sem texto final que organize a argumentação. As cortes brasileiras não se reúnem para redigir sua decisão de maneira ordenada em um texto coerente, acompanhado dos eventuais votos dissidentes. Por isso mesmo, parece razoável afirmar que a fala pública dos juízes é constitutiva da racionalidade da jurisdição nacional e precisa ser levada em conta por futuras análises de sua atuação. A reflexão que se desenvolve no campo da análise do discurso sobre a fala pública dos políticos pode, eventualmente,

---

[41] Não vou analisar aqui decisões de juízes de primeiro grau, o que constitui um limite claro deste texto. Parece razoável supor que tais decisões também se caracterizem pela utilização de argumentos de autoridade, mas esta é uma hipótese a ser comprovada.

fornecer algumas pistas para o analista.[42] Tal característica dos tribunais brasileiros reforça nosso diagnóstico da pessoalidade de nossa jurisdição.

O movimento realizado por este texto que procura compreender positivamente o padrão de funcionamento da jurisdição brasileira é relativamente inédito na literatura sobre o direito e sobre as instituições jurisdicionais. Alguns estudiosos apontaram a dificuldade de analisar o direito nacional com base em modelos teóricos estrangeiros,[43] mas nenhum deles pensou positivamente sobre este problema com o objetivo de identificar o que há de específico no direito deste país, tarefa que anunciei há sete anos e que estou tentando realizar agora.[44]

4. A racionalidade da jurisdição brasileira: um olhar para a empiria

4.1 Características gerais da argumentação e a variante estrutural

A estrutura textual utilizada na argumentação por autoridade é sempre muito parecida: elabora-se uma tese, de saída, a partir de uma autoridade qualquer (legislação,[45] doutrinador, caso julgado). Em seguida, são invocadas autoridades para corroborá-la, pouco importando a coerência entre elas, ou seja, a coerência entre as leis, casos julgados ou citações de doutrina utilizados. Por fim, é proposta uma solução para o caso como se ela fosse absoluta-

---

[42] Veja-se, por exemplo: Piovezani (2009).
[43] Ver Marcelo Neves e Orlando Villas-Bôas Filho, que mostram a necessidade de utilizar com cuidado o modelo sistêmico luhmanniano para compreender o Brasil sem indicar uma solução para o problema, ou seja, sem produzir reflexões positivas sobre as características do direito nacional, exceto, no caso de Neves, sobre sua incapacidade de atingir os padrões europeus. Ver Neves (1996, 2006); Villas-Bôas Filho (2009). Ressalte-se a divergência entre os autores: Marcelo Neves afirma que o Brasil não constituiu um sistema jurídico nos termos de Niklas Luhmann, e Villas-Bôas Filho pontua que esta afirmação é radical demais, posto que nosso país sofreu um processo de modernização capitalista que o faz muito semelhante a outros países ocidentais. Eu disse o mesmo que Orlando, com outra fundamentação teórica, no capítulo 1.
[44] Ver capítulo 1.
[45] Em nossas pesquisas empíricas localizamos a citação de legislação estrangeira, sem efeito no Brasil, para fundamentar decisões judiciais. Ver os relatórios citados na nota 40.

mente óbvia, por ter sido, justamente, sustentada por praticamente "todos", todas as autoridades relevantes sobre o assunto. Uma argumentação que é pura manipulação, no sentido pejorativo da palavra, das fontes de direito.[46]

Há dois níveis de irracionalidade em jogo nas decisões dos tribunais: há a irracionalidade de cada juiz e a irracionalidade do tribunal como órgão coletivo. O modo como todos usam o argumento de autoridade também é uma consequência do como se estrutura a decisão coletiva nos tribunais, isto é, como uma votação por maioria, ao invés de haver a formação de uma verdadeira decisão coletiva.

O demandante não apela para a racionalidade do órgão decisório — que, como veremos, também não costuma justificar racionalmente suas decisões —, ou seja, não pede a ele que argumente sobre os pontos invocados em seu pedido. Procura apenas direcionar, a golpes de autoridade, a opinião do juízo. À invocação da autoridade corresponde um modelo *opinativo* de decidir que aposta mais no poder simbólico da jurisdição do que na necessidade de que ela se legitime racionalmente diante das partes na ação e da esfera pública mais ampla.

É interessante notar que o juiz, quando decide, ou seja, quando exerce sua autoridade, também invoca autoridades em profusão para demonstrar que sua posição é a única correta. As cortes brasileiras citam, com muita frequência, doutrinadores e teóricos do direito (além de "jurisprudências") sem reconstruí-los em uma linha de argumentação racional, ou seja, sem explicar o porquê de cada autor (ou caso) ser relevante para a solução final, de acordo com sua reconstrução sistemática das fontes de direito. Se somarmos a isso a falta de organização dos argumentos nos julgamentos colegiados (sobre a qual falaremos a seguir) o quadro fica bem mais complexo e interessante.

---

[46] Uma pesquisa linguística interessante que poderia ser feita seria quantificar o número de ocorrências, num mesmo processo judicial, de expressões como: "É evidente que...", "É curial observar que...", "Salta aos olhos que...", além dos citados "copioso" e "torrencial" ou expressões semelhantes. Tais expressões são absolutamente comuns na linguagem jurídica cotidiana e evidenciam a construção de argumentos que se apresentam como pertinentes ao caso em razão de sua autoridade e não de sua racionalidade.

A fim de facilitar nossa conversa a partir de agora, vou falar de *invocação de autoridades* para me referir ao modelo de raciocínio jurídico empiricamente dominante no Brasil, e *jurisdição opinativa* para falar das características de nosso Poder Judiciário, que é resultado e fator de reprodução deste modo de pensar. A jurisdição opinativa não decide em função de argumentos, não é constrangida por eles, posto que, como veremos, os fundamentos de suas decisões sempre ficam em aberto. A rigor, a argumentação individual dos juízes pode variar e é irrelevante para o funcionamento da jurisdição que decide por mera *agregação de opiniões*.[47]

O caráter opinativo de nossa jurisdição fica mais claro quando examinamos julgamentos colegiados, por exemplo, os do STF, em que vários juízes, ou seja, várias autoridades devem opinar sobre o mesmo caso. Mesmo nos casos em que há unanimidade no julgamento, ou seja, em que os 11 juízes do STF decidem no mesmo sentido, todos eles fazem questão, especialmente em casos de grande repercussão pública, de externar sua opinião.[48]

O resultado disso é um manancial de argumentos, doutrinadores, leis, casos etc., que torna praticamente impossível reconstruir a argumentação do tribunal de maneira racional e unificada.[49] É possível reconstituir, claramente, estilos de julgar individuais, juiz a juiz, mas não há um padrão claro e discernível para o julgamento da corte tomada

---

[47] Esta informação é importante para orientar a prática judicial mais cotidiana e o ensino do direito. Por exemplo, um advogado terá mais chance de produzir bons argumentos no Brasil se deixar de lado raciocínios dogmáticos sofisticados, preocupados com a articulação sistemática das normas e se concentrar em reunir autoridades para sua tese de base para soar mais convincente e persuasivo. Parece razoável afirmar, portanto, que é contraproducente ensinar e praticar um pensamento dogmático com características sistemáticas no Brasil, exceto como uma posição crítica em relação às instituições como as conhecemos.

[48] Não há espaço aqui para demonstrar extensivamente este diagnóstico. Ver o relatório da pesquisa *Processo Legislativo e Controle de Constitucionalidade: as fronteiras entre direito e política*, coordenada por José Rodrigo Rodriguez e Marcos Nobre, realizada para a Secretaria de Assuntos Legislativos do Ministério da Justiça no contexto do Projeto Pensando o Direito, cujo relatório foi publicado no site do Ministério da Justiça. Ver também o texto Vojvodic, Cardoso e Machado (2009), que pôs a questão desta forma pela primeira vez no Brasil.

[49] Ver nota 38.

como um todo. Tal padrão, de fato, é desnecessário, pois a corte decide por agregação de opiniões sem elaborar uma fundamentação unificada de sua argumentação.

Não vou discutir agora por que isso ocorre. Levantarei uma hipótese mais adiante. É certo que a falta de tempo hábil para que o STF dê conta de sua pauta de julgamentos contribui para este estado de coisas. No entanto, o fenômeno parece ser mais profundo do que esta questão gerencial sugere. Mas seja como for, uma das consequências disso, ou seja, a relativa irracionalidade de justificação das decisões, fica sempre patente.

Em casos em que há divergência, os fundamentos para a decisão variam, de juiz a juiz, em especial nos casos de maior repercussão. É comum que cada um dos juízes, mesmo para concordar com o relator, ofereça um fundamento específico para a decisão em jogo, sem que o tribunal seja capaz de construir um texto coerente para amarrar todos estes argumentos. É possível apenas identificar, em uma proposição sucinta e telegráfica, não argumentativa, qual foi a solução oferecida ao caso, por exemplo, "a reedição de medidas provisórias por mais de uma vez é inconstitucional". E quanto menos controverso o caso, mais sucinta será a fundamentação, afinal, as opiniões são convergentes.

Por isso mesmo, de modo absolutamente coerente, o tribunal não organizará a decisão de maneira unificada. Limitar-se-á a publicar todas as opiniões dos juízes em conjunto e sem hierarquia, incluindo a transcrição dos debates ocorridos na sessão de julgamento, intercalados com os votos apresentados por escrito, que são elaborados com antecedência. O documento resultante, quase sempre longo, desorganizado e difícil de manusear, é um retrato fiel do processo decisório do STF em que vence o caso aquele que convencer individualmente mais juízes. Os demais tribunais brasileiros repetem o mesmo padrão.

É interessante notar que, a despeito da pessoalidade da argumentação jurisdicional, não há no Brasil a celebração carismática de juízes individuais como representantes desta ou daquela solução para um determinado problema jurídico. Posto que a argumentação não é relevante para a decisão final que, como se verá a seguir, resulta confusa e incoerente quando tomada como um todo, as opiniões acabam se anulando e se equivalendo sem hierarquia: um juiz, um voto. Talvez por isso sintam-se compelidos a invocar mais autoridades para reforçar a sua por intermédio da citação de doutrina e de casos julgados, mas quase sempre sem reconstruir sistematicamente o direito brasileiro.

Falamos de personalismo na jurisdição brasileira, mas se trata de um personalismo com características peculiares. Os juízes argumentam em nome próprio, oferecem sua opinião, mas o fazem revestidos da autoridade da instituição, que prevalece no final das contas. A votação no colegiado coloca a eventual fundamentação de cada juiz em segundo plano, bem como sua individualidade, despersonalizando em parte o resultado final do julgamento. Argumentos e opiniões de todo tipo podem ter sua relevância no curso da discussão entre os juízes e podem até ser essenciais para a decisão final. É uma pesquisa a ser feita investigar se o debate entre juízes tem como efeito a aprendizagem coletiva e cooperativa sobre o caso, com reflexo na decisão final.

Mesmo que este processo ocorra, o modelo de organização de nossos tribunais relegaria essa dinâmica para o segundo plano e a deixaria oculta nos debates, sem resultar em um texto organizado. Como já dissemos, a decisão se dá pela agregação de opiniões e o texto do voto é um mero registro dos debates. Não há nada que obrigue os tribunais a redigirem voto oficial da corte que se caracterize pela organização e pela argumentação racional. E para que tal coisa fosse possível, seria necessário mudar o modo como a decisão é tomada em nossos tribunais.

4.2 Três casos exemplares

Farei agora uma análise de três casos julgados por diferentes cortes brasileiras. A escolha dos casos pretende ilustrar os argumentos desenvolvidos até aqui, os quais, como já dissemos, procuram dar sentido aos dados empíricos sobre decisões judiciais coletados nas pesquisas que realizamos. O primeiro deles é uma decisão unânime do Tribunal Superior do Trabalho

(TST), proferida em 2005, a respeito da concessão de auxílio-creche a homens. No segundo caso, o Supremo Tribunal Federal (STF) discute a constitucionalidade de regras que alteram a contagem de votos em ano de eleição. Julgada em 1990, a decisão teve impacto nas regras da primeira eleição presidencial após a redemocratização brasileira. Por fim, o terceiro caso, julgado em 2006 pelo Superior Tribunal de Justiça (STJ), tratou do dano moral ambiental coletivo.[50]

Três cortes diferentes decidem sobre matérias diferentes em momentos históricos distintos. Apesar disso, os três casos indicam a prevalência do modelo de racionalidade jurisdicional que chamei de "invocação de autoridades" e da atuação de uma "justiça opinativa" que decide por agregação de opiniões. Mesmo quando não há debate entre os magistrados, como acontece no caso julgado pelo TST, a opinião pessoal e a ausência de contextualização das referências que fundamentam o voto são a marca estruturante da decisão. As pesquisas que coordenei reforçam esta impressão, a despeito de não abarcarem a totalidade dos tribunais superiores brasileiros.[51]

A análise dos votos seguirá o seguinte movimento: análise da racionalidade de decisão colegiada unânime (Caso 1); decisão em que as autoridades invocadas são os próprios ministros que julgam o caso (Caso 2); decisão em que há multiplicidade de fontes de autoridade (Caso 3).

Para comprovar com mais contundência o que afirmo neste texto, seriam necessárias pesquisas empíricas mais detalhadas sobre a argumentação dos advogados, promotores, juízes, procuradores etc. a partir da formação de um *corpus* textual representativo. Infelizmente, este tipo de pesquisa não é comum em nenhum país do mundo, também em razão de seus custos, que seriam muito elevados.

Não conheço análises linguísticas de grande alcance que se preocupem em examinar a maneira pela qual os juízes fundamentam suas decisões. Normalmente, esse tipo de estudo é feito por juristas, focado em casos

---

[50] Agradeço a Bianca Tavolari pela ajuda na seleção dos casos e na redação de parte de sua reconstituição.
[51] No total, foram pesquisadas cerca de 3 mil decisões do STF, STJ, TST e TJ-SP.

exemplares selecionados por eles.[52] Em países em que o sistema de precedentes funciona de fato como referência para a operação do sistema, tal procedimento pode funcionar bem como retrato da instituição. No Brasil, em que os casos julgados cumprem outro papel, estudos como estes se fazem mais necessários para que se compreenda como as cortes funcionam de fato.

Importante deixar claro que os exemplos analisados abaixo cumprem o papel de indícios e têm como objetivo apontar a importância da questão para propor a exploração deste campo de pesquisas. A pouca quantidade de pesquisas realizadas nesse campo ainda não permite extrair dos dados interpretações de largo alcance com segurança.

4.2.1 O auxílio-creche para homens no Tribunal Superior do Trabalho (TST)

O Recurso de Revista nº 5200-40.2003.5.22.0003 decidiu, por unanimidade, reformar decisão do Tribunal Regional do Trabalho (TRT) acerca da quebra de isonomia entre homens e mulheres contida em norma coletiva que regulou os critérios de concessão do auxílio-creche. Segundo a norma coletiva (ACT 2002/2003), teriam direito ao auxílio-creche as mães, os viúvos e pais solteiros ou separados que tivessem a guarda dos filhos. Os homens que não preenchessem esses critérios, ou seja, os (i) casados, (ii) solteiros sem a guarda dos filhos, (iii) separados sem a guarda dos filhos, não poderiam ser titulares desse direito. Um funcionário da Empresa Brasileira de Correios e Telégrafos (ECT) ajuizou ação alegando discriminação e quebra de isonomia por parte da norma coletiva.

Esse caso se diferencia dos demais que serão analisados a seguir, uma vez que só há o voto do relator e a descrição de que os ministros da 4ª Turma do TST votaram por unanimidade. O modo de publicização do acórdão não nos deixa saber se houve discussão entre os ministros ou

---

[52] Por exemplo, Ronald Dworkin em *O império do direito* caracteriza a racionalidade das cortes anglo-saxônicas a partir de alguns casos que, segundo ele, seriam característicos de sua maneira de julgar.

se cada ministro se pronunciou apenas de forma telegráfica, por meio da fórmula "Voto com o relator". A análise estará restrita ao único voto, proferido pelo ministro Ives Gandra Martins Filho. O acórdão tem seis páginas no total.

Páginas	Estrutura do acórdão	Citação de doutrina em texto corrido	Autores citados na doutrina	Citação de jurisprudência em texto corrido	Autores citados na jurisprudência
1	Ementa e resumo dos argumentos	Meia página em 1	Edith Stein		
2	Relatório				
2-6	Voto do ministro-relator Ives Gandra Martins	1 página em 4	Edith Stein		

Em seu voto, o ministro-relator se vale da interpretação do texto constitucional para avaliar se houve ou não quebra de isonomia (art. 5º, *caput*, Constituição Federal). Argumenta que não se trata de quebra de isonomia, mas de diferenciação legítima diante do "desgaste maior da mulher trabalhadora" (p. 3). A fim de justificar o fundamento da diferenciação entre homens e mulheres, o ministro recorre à filósofa judia e santa da Igreja Católica Edith Stein:

> Para **EDITH STEIN** (1891-1942), destaque feminino no campo filosófico (fenomenologista), três características se destacam na relação homem-mulher: **igual dignidade**, **complementariedade** e **diferenciação** (não só biológica, mas também anímica). Cada um dos sexos teria sua **vocação primária e secundária**, em que, nesta segunda, seria colaborador do outro: a vocação primária do homem seria o domínio sobre a terra e a da mulher a geração e educação dos filhos (*"A primeira vocação profissional da mulher é a construção da família"*). Por isso, a mulher deve encontrar, na sociedade, a **profissão adequada** que não a impeça

de cumprir a sua vocação primária, de ser *"o coração da família e a alma da casa"*. O papel da mulher é **próprio e insubstituível**, não podendo limitar-se à imitação do modo de ser masculino (cfr. **Elisabeth Kawa**, "Edith Stein", Quadrante – 1999 – São Paulo, pgs. 58-63).

Nesse diapasão, levando-se em consideração a máxima albergada pelo **princípio da isonomia**, de **tratar desigualmente os desiguais na medida das suas desigualdades**, ao ônus da **dupla missão**, familiar e profissional, que desempenha a mulher trabalhadora, corresponde o **bônus** da **jubilação antecipada** e da concessão de **vantagens específicas**, em função de suas circunstâncias próprias, como é o caso do **auxílio-creche**.

Assim, *"in casu"*, o objetivo da norma coletiva da Reclamada não foi criar uma vantagem salarial para os empregados que possuíssem filhos em idade de frequentar creche, para fazer frente às despesas respectivas, mas sim de **facilitar a prestação dos serviços dos empregados que estivessem diretamente envolvidos com o cuidado dos filhos pequenos**, franqueando-lhes o custeio das despesas com creche. Não há, pois, quebra do princípio da isonomia em face de a norma coletiva ter deixado à margem de sua abrangência os seus empregados homens que não cuidem sozinhos de seus filhos pequenos.

Nessa linha, os empregados da Reclamada que não preencham as condições estabelecidas no instrumento normativo não têm direito à percepção do auxílio-creche, devendo ser respeitada a vontade coletiva em face da **autonomia negocial** das Partes acordantes.

Assim sendo, **CONHEÇO** da revista, nesse aspecto, por violação do **art. 7º, XXVI, da CF.** [grifos originais]

A longa transcrição nos mostra que a ideia de vocação primária de homens e mulheres está na base da decisão tomada por Ives Gandra. Como a mulher tem de "construir a família" e "ser o coração da família e alma da casa", sofre maior desgaste no trabalho do que o homem e, portanto, tem direito a receber o auxílio-creche. Na contramão da maioria dos julgados trabalhistas a respeito de questões de gênero,[53] o argumento se vale de caracterizações naturalizantes do papel da mulher na sociedade.

O importante aqui é perceber que a escolha da autora não foi justificada. E, na ausência de justificativas, a escolha é fruto de opinião do ministro. Como tal, a decisão poderia ser completamente distinta se fosse outro o relator do caso. Há apenas menção à sua autoridade ("destaque feminino no campo filosófico (fenomenologista)"), mas não se sabe o contexto em que a autora tratou do papel da mulher ou mesmo por que as categorias trazidas pela autora seriam adequadas para decidir a respeito da concessão de auxílio-creche. Citado de forma isolada, o argumento de Edith Stein ganha ares de verdade, apesar de a concepção essencialista e biologizante do papel da mulher ter passado por diversas críticas ao longo do século XX. A invocação da autoridade estrutura o voto da seguinte forma: "Se Edith Stein diz X, logo X".

A unanimidade em torno da decisão revela dois aspectos da racionalidade decisória dos juízes. O primeiro é a ausência de discussões sistematizadas a respeito das justificativas que fundamentam as decisões. Se os ministros estão de acordo no resultado final da decisão (placar), não é necessário debater os caminhos argumentativos que levam até ela. Mas essa forma de decisão ocorre apenas em casos considerados fáceis ou de "baixa voltagem política".[54] E aqui chegamos ao segundo aspecto: não se tratava de caso único e difícil, com ampla repercussão na mídia e no espaço público. Em casos assim, não é necessário invocar múltiplas autoridades ou mesmo desenvolver o argumento de forma alongada. A descrição sucinta da opinião basta por si mesma.

---

[53] A conclusão de que um processo de desnaturalização da categoria da mulher estaria em curso nas decisões judiciais foi um dos resultados obtidos pela pesquisa *Igualdade de Direitos entre Homens e Mulheres*, realizada pelo Núcleo Direito e Democracia do Cebrap no âmbito do Projeto Pensando o Direito (SAL/MJ). O relatório está disponível em: <http://portal.mj.gov.br/main.asp?View={329D6EB2-8AB0-4606-B054-4CAD3C53EE73}>.

[54] Na pesquisa *Processo Legislativo e Controle de Constitucionalidade: as fronteiras entre direito e política* diferencio casos de alta, média e baixa voltagem política com o objetivo de detectar variações no perfil argumentativo das decisões. Veja-se relatório de pesquisa publicado no site do Ministério da Justiça, série "Pensando o Direito".

O TST decidiu, portanto, que a norma coletiva não feria a isonomia prevista na Constituição.

4.2.2 O processo eleitoral no Supremo Tribunal Federal (STF)

Em 1990, o Partido dos Trabalhadores (PT) ajuizou Ação Direta de Inconstitucionalidade (ADI) para questionar a constitucionalidade da Lei nº 8.037/1990. A lei previa modificações aos artigos 176 e 177 do Código Eleitoral ao incluir novas regras para tratar dos erros do eleitor no momento de manifestar seu voto. Como o eleitor escrevia na cédula o nome do candidato, bem como o nome e o número do partido em que desejava votar, ocorriam situações em que manifestava seu voto por partido distinto do candidato mencionado, em que o número do partido não correspondia ao número indicado ou mesmo em que mais de um candidato era assinalado para apenas um cargo eletivo. Na maioria dos casos de incongruência, as regras previstas na lei decidiam pela validade do voto no candidato e não no partido. O questionamento do PT foi estratégico: o art. 2º da lei previa vigor imediato das modificações, apesar de se tratar de ano eleitoral. De acordo com o argumento apresentado, a inconstitucionalidade não residiria propriamente no conteúdo da lei, mas na estipulação de sua vigência, contrária ao art. 16 da Constituição Federal: "A lei que alterar o processo eleitoral só entrará em vigor um ano após sua promulgação".[55] O acórdão tem 57 páginas no total.

A divergência pode ser organizada em torno de três eixos. O primeiro deles trata dos limites da discussão sobre a constitucionalidade: o Supremo deveria se ater à questão da vigência ou analisar no mérito as mudanças propostas na lei? Como veremos adiante, para decidir esse ponto, boa parte dos ministros fará considerações sobre "como vota o brasileiro". O

---

[55] Esta é a redação antiga do art. 16. A Emenda Constitucional nº 4 de 1993 alterou o texto para o atual: "A lei que alterar o processo eleitoral entrará em vigor na data de sua publicação, não se aplicando à eleição que ocorra até 1 (um) ano da data de sua vigência".

segundo é saber se mudanças na contagem de votos integram o processo eleitoral, questão que abarca a discussão do próprio conceito de processo eleitoral. Veremos aqui duas posições defendidas pelos ministros: uma que entende o processo em sentido amplo e que, portanto, integra as mudanças da contagem de votos em seu conceito e outra que defende seu sentido estrito, justificando-o por meio da distinção entre processo eleitoral e direito eleitoral material. O terceiro eixo trata do momento de vigência da lei. À primeira vista, poder-se-ia pensar que a segunda questão determina a terceira (se a contagem fizer parte do processo eleitoral, a lei só poderia entrar em vigor no ano seguinte; se não fizer parte, a vigência seria imediata), mas os votos de alguns ministros não seguem essa lógica.

Antes de ser analisada pelo STF, o PT questionou a legalidade da mesma lei no Tribunal Superior Eleitoral (TSE) que, por sua vez, decidiu pela legalidade e pela vigência imediata das mudanças introduzidas. Esse ponto é de grande importância à análise da organização dos votos no acórdão do Supremo, já que quatro dos sete magistrados que compõem o TSE são também membros do STF[56] e que ambas as decisões ocorreram no mesmo ano. Ou seja, quatro ministros votaram duas vezes sobre o tema: uma vez no TSE e outra no STF. Em 1990, o ministro Sydney Sanches era presidente do TSE, o ministro Octavio Galotti, vice-presidente, e o ministro Célio Borja era juiz efetivo do tribunal eleitoral. Além deles, o ministro Paulo Brossard foi juiz substituto do TSE entre 1989 e 1991. Essa configuração tem direta influência sobre a estrutura dos votos desses quatro ministros: além de confirmarem seus votos anteriores no TSE, citam a si próprios — alguns de forma velada e outros em primeira pessoa — como fonte jurisprudencial. Aqui a autoridade invocada é a da pessoa do próprio juiz e gera a seguinte estrutura de raciocínio: "Se *eu* afirmo X, logo X".

A tabela a seguir organiza a estrutura do acórdão e explicita os recursos argumentativos utilizados por ministro. Como se pode ver, os minis-

---

[56] Essa forma de organização dos tribunais está prevista no art. 118 da Constituição Federal.

tros que fazem referência à doutrina e à jurisprudência são a minoria (três em 11). Nesse sentido, destaca-se o voto de Celso de Mello por ser o mais longo (15 páginas) e por, diferentemente da maioria, citar grande número de doutrinadores (10 autores).

Páginas	Estrutura do acórdão	Citação de doutrina em texto corrido	Autores citados na doutrina	Citação de jurisprudência em texto corrido	Autores citados na jurisprudência
1	Ementa e Certidão de Julgamento				
2-7	Relatório e transcrição dos pareceres da AGU e da PGR				
8-11	Voto de Octavio Gallotti	1 página em 4	Celso Bastos	2 páginas em 4	Voto dele próprio, em decisão do TSE; Voto de Bueno de Souza em processo de registro de partido.
12-13	Voto de Marco Aurélio				
14	Voto de Carlos Velloso				
15-29	Voto de Celso de Mello	6 páginas em 15	Celso Ribeiro Bastos; José Souto Maior Borges; Fávila Ribeiro; Pinto Ferreira; Manoel Gonçalves Ferreira Filho; José Cretella Júnior; Walter Ceneviva; Antonio Tito Costa; José Afonso da Silva; Carlos Maximiliano	1 página em 15	Parecer da Procuradoria Geral da República; Julgamento do STF na ADIn nº 173-6-DF
30-34	Voto de Sepúlveda Pertence	1 página em 5	Cândido Dinamarco; Norberto Bobbio; Niklas Luhmann		
35-39	Voto de Paulo Brossard				
40	Pedido de vista de Célio Borja				

Páginas	Estrutura do acórdão	Citação de doutrina em texto corrido	Autores citados na doutrina	Citação de jurisprudência em texto corrido	Autores citados na jurisprudência
41	Voto de Célio Borja				
42-44	Voto de Sydney Sanches				
45-46	Voto de Aldir Passarinho				
47	Extrato de Ata – adiamento do julgamento				
48-52	Voto de Moreira Alves	1 página em 5	Fávila Ribero; José Afonso da Silva; Erich Danz		
53-56	Voto de Néri da Silveira				
57	Extrato da Ata				

A ausência significativa de referências externas como fonte de fundamentação é encontrada tanto nos votos dos ministros em favor da inconstitucionalidade quanto nos dos que defendem a inconstitucionalidade. Cabe analisar esses posicionamentos de forma mais detida.

Entre os que defendem a constitucionalidade da lei, Paulo Brossard faz um preâmbulo de duas páginas a seu voto, listando todas as mudanças legislativas por que passou o Código Eleitoral. Utiliza mais uma página para se posicionar em relação ao mérito das mudanças propostas para, ao final, afirmar que "não é esta, no entanto, a questão em exame" (p. 38). Apesar de iniciar seu voto dizendo que "a questão ora em julgamento é de evidente importância teórica" (p. 35), vota em apenas um parágrafo:

> Tendo em vista que a Constituição distingue o direito eleitoral, a que se refere o art. 22, I, do processo eleitoral, a que alude o art. 16, parece-me que a norma questionada não é de direito processual, mas de direito eleitoral substantivo. Pelo menos não tenho como inequívoco que o critério impugnado seja de direito processual e não me parecendo evidente e acima de qualquer dúvida razoável a inconstitucio-

nalidade do art. 2º da Lei 8037, de 1990, dou pela improcedência da Ação Direta 354. (p. 39)

O único argumento que fundamenta a decisão é baseado numa distinção conceitual não explicitada pelo ministro. Brossard ainda afirma que vota pela constitucionalidade porque a inconstitucionalidade "não lhe parece evidente".

Também a favor da constitucionalidade, o voto de Célio Borja tem apenas uma página. Ele afirma: "Sr. Presidente, como subscrevi a Resolução que o TSE perfilha materialmente a regra, meu voto, nas circunstâncias, é acompanhando o do eminente Ministro Relator, registrando, porém, que a tese, a meu ver, comportaria outras considerações. É o meu voto" (p. 41).

Aqui não há desenvolvimento de qualquer argumento que justifique o voto — somente a autoridade do próprio ministro, também presente na decisão do TSE, explica o posicionamento. Apesar de deixar claro que seu voto não é a única decisão possível diante da questão, não se sabe o motivo de seu voto ou o motivo de ter refutado as "outras considerações" possíveis.

Em sentido muito parecido, o voto de Sydney Sanches também se apoia na decisão anterior do TSE e no mérito das mudanças propostas pela lei, sem discutir se a contagem de votos faz ou não parte do processo eleitoral:

> O Tribunal Superior Eleitoral debateu também essa questão. E não foi uma decisão fácil. Levou em consideração as peculiaridades nacionais. A Constituição é feita para o Brasil real e não para o Brasil teórico. Assim, com a devida vênia, julgando improcedente a ação, acompanho o voto do Relator e dos demais que o seguiram. (p. 44)

Além de se apoiar em decisão própria, o ministro não faz nenhuma consideração a respeito de qualquer texto legal em análise. Seu voto se baseia na autoridade que confere a si próprio e a sua opinião ("Como juiz, contei muitos votos e assisti a cenas lamentáveis com candidatos que tinham votos anulados porque o eleitor se equivocava na indicação do partido e trocava uma letra na sigla." (p. 44)).

Dentre os que decidiram pela inconstitucionalidade da lei, o ministro Marco Aurélio decide pela integração da contagem de votos no processo eleitoral. Seu fundamento é o título em que se encontram os artigos do Código Eleitoral:

> A conclusão a respeito decorre do próprio Código Eleitoral, do fato de termos os artigos 176 e 177 inseridos no Título que cogita da apuração. E se esses artigos, que compõem a Seção "Da Contagem dos Votos", estão inseridos nesse Título, pelo menos sob minha ótica, dúvidas não pesam quanto à repercussão no processo eleitoral.

O argumento aqui é topográfico (localização dos artigos), ganha ares de evidência e, diante da evidência, parece desnecessário argumentar ou interpretar os conceitos jurídicos em questão.

A tabela abaixo organiza as justificativas (ou a ausência de justificativas) dadas por ministro em seus votos.

Ministros	No caso... As regras de contagem de votos integram o processo eleitoral?	Fundamentos	Consequência Vigência imediata da Lei que propõe as alterações?
Octavio Gallotti	SIM	Entendimento amplo do processo eleitoral, com diversas fases e estágios. / Mudanças casuísticas podem afetar a justa competição entre os partidos.	SIM / Segue sua própria decisão anterior no TSE. As alterações não seriam prejudiciais aos partidos e aos eleitores e, por isso, seriam constitucionais.
Marco Aurélio	SIM	As regras sobre contagem dos votos estão disciplinadas no Título do Código Eleitoral que trata da apuração eleitoral e compõem a Seção "Da Contagem dos Votos".	NÃO / Seria inconstitucional de acordo com o art. 16 da CF/88.
Carlos Velloso	SIM	Entendimento amplo do processo eleitoral, com diversas fases e estágios.	NÃO / Seria inconstitucional de acordo com o art. 16 da CF/88.

Ministro			
Celso de Mello	SIM	Entendimento amplo do processo eleitoral, com diversas fases e estágios.	NÃO
		Definição do processo eleitoral corresponderia ao conteúdo da competência atribuída à Justiça Eleitoral.	Seria inconstitucional de acordo com o art. 16 da CF/88.
Sepúlveda Pertence	SIM	Entendimento amplo do processo eleitoral, com diversas fases e estágios.	NÃO
			Seria inconstitucional de acordo com o art. 16 da CF/88.
Paulo Brossard	NÃO	Distinção entre *processo eleitoral* e *direito eleitoral*, que estaria presente no art. 22, I CF/88 sobre a competência da União para legislar. As mudanças na contagem de votos seriam de direito eleitoral substantivo.	SIM
			A lei é considerada constitucional.
Célio Borja	Não discute	Como subscreveu a Resolução do TSE pela constitucionalidade, mantém sua posição sem qualquer outro tipo de argumentação.	SIM
			A lei é considerada constitucional.
Sydney Sanches	Não discute	As mudanças propostas na Lei seriam consideradas mais benéficas e mais adaptadas à "realidade do Brasil" do que as regras vigentes.	SIM
			A lei é considerada constitucional.
Aldir Passarinho	SIM	Entendimento amplo do processo eleitoral, com diversas fases e estágios.	NÃO
			Seria inconstitucional de acordo com o art. 16 da CF/88.
Moreira Alves	NÃO	Distinção entre *processo eleitoral* e *direito eleitoral*, que estaria presente no art. 22, I CF/88 sobre a competência da União para legislar. As mudanças na contagem de votos seriam normas materiais que se relacionam com as eleições.	SIM
			A lei é considerada constitucional.
Néri da Silveira	NÃO	Distinção entre *processo eleitoral* e *direito eleitoral*. As mudanças não seriam de "natureza adjetiva", ou seja, não seriam parte do processo.	SIM
			A lei é considerada constitucional.

Entre as posições, cabe destacar a do ministro relator, Octavio Galotti, que, apesar de considerar que a contagem de votos integra o processo eleitoral, acaba por decidir pela constitucionalidade da lei, por já ter assim decidido no TSE e por acreditar que as mudanças não são prejudiciais:

Participando de deliberação unânime daquela mesma Corte [TSE], no sentido de aplicar, às eleições que se aproximam, as disposições da citada Lei nº 8.037, considerei que não era constitucionalmente vedada a vigência imediata.

Persevero agora, nesse entendimento, sem ver configurada, nas novas disposições, a surpresa da interferência na correlação de forças políticas, no equilíbrio das posições de partidos e candidatos, nos elementos da disputa e de competição, bem como na quebra de isonomia. (p. 11)

Dentre os ministros que citaram doutrinadores como fundamento de suas decisões, é interessante perceber que Celso de Mello e Moreira Alves fizeram referência aos mesmos doutrinadores (Fávila Ribeiro e José Afonso da Silva) e transcreveram trechos idênticos desses autores, apesar de os ministros defenderem posicionamentos opostos neste julgamento. Esta característica mostra que as citações não são contextualizadas ou mesmo discutidas como parte do argumento da decisão. São tratadas como fonte de autoridade cujo nome bastaria por si só para dar força a qualquer posicionamento.

Entre argumentos de autoridade externos (doutrina) e internos (a própria pessoa do ministro), o resultado final da decisão foi o seguinte:

O art. 2º da Lei nº 8.037/1990 é inconstitucional?	Ministros	Placar
SIM	Marco Aurélio, Carlos Velloso, Celso de Mello, Sepúlveda Pertence, Aldir Passarinho	5
NÃO	Octavio Gallotti, Paulo Brossard, Célio Borja, Sydney Sanches, Moreira Alves, Néri da Silveira	6

4.2.3 O dano moral ambiental coletivo no Superior Tribunal de Justiça (STJ)

O Recurso Especial nº 598.281-MG (julgado pelo Superior Tribunal de Justiça em 2 de maio de 2006) que discute o conceito de "dano moral ambiental" é exemplar tanto pelo uso que faz de doutrina quanto pela forma como lida com os fundamentos para a decisão final tomada.

A decisão do STJ reformou a decisão do Tribunal de Justiça de Minas Gerais para afastar a condenação do município de Uberlândia e da empresa Empreendimentos Imobiliários Canaã Ltda. a pagar uma indenização por dano moral coletivo ambiental. Além do relator, os outros três ministros da turma de julgamento fizeram votos em separado e um deles votou sucintamente, na sessão. No total, o acórdão tem 48 páginas.

A divergência entre os ministros pode ser organizada da seguinte forma. Primeiro, trata-se de saber se a figura do "dano moral coletivo" é admissível no direito brasileiro e qual seu fundamento. Segundo, trata-se de saber se ocorreu dano moral desta espécie no caso em exame. O argumento contra a admissão da figura é o seguinte: o dano moral é um instituto ligado a pessoas físicas, pois, em seu fundamento, está o objetivo de compensar alguém pela dor ou sofrimento experimentado. Os argumentos a favor são mais variados.

Primeiro, além da dor pessoal, é possível compensar dores comunitárias, ou seja, o sofrimento que um grupo de pessoas sente ao ver o meio ambiente degradado, afinal, o meio ambiente faz parte da identidade daquela comunidade. O segundo fundamento, presente no julgado, é a necessidade de prevenir danos futuros e o terceiro, a necessidade de punir todos aqueles que degradam o ambiente. Note-se que estamos falando aqui do dano moral, ou seja, um valor que está para além da indenização pelos danos materiais causados pela ação ilícita. Os fundamentos em questão referem-se a este tipo de dano.

Na tabela seguinte organizo a opinião dos quatro juízes sobre estes pontos. Mas antes de passar a ela, gostaria de fazer algumas observações sobre o modelo de argumentação em todos os votos. Primeiro ponto, das 48 páginas do acórdão, sete delas são dedicadas a apresentar dados do processo e dados do voto, portanto, não contêm nenhum argumento (p. 1, 5, 29, 34, 40, 46, 48). Das 41 páginas restantes, pouco mais de 22 são compostas da citação corrida de textos de doutrina, ou seja, em apenas

19 páginas os juízes tomam a pena para escrever um texto próprio. Destas 22 páginas, distribuídas em quatro votos, aproximadamente oito delas são dedicadas a resumir o processo, portanto, há apenas 14 páginas de argumentação articulada diretamente pelos juízes.

Páginas	Estrutura do acórdão	Citação de doutrina em texto corrido	Autores citados
1	Ementa e certidão de julgamento		
2-4	Relatório		
5-28	Voto de Luiz Fux	13 páginas em 21	Vera Lúcia R. S. Jucovsky, Hugo Nigro Mazzilli, Eduardo Lima de Mato, Ricardo Luiz Lorenzetti
29	Certidão de voto do relator e pedido de vista de Teori Albino Zavascki		
30-33	Voto de Teori Albino Zavascki	1 página em 4	Clayton Reis, Yussef Said Cahali, Rui Stocco, José Rubens Morato Leite
34	Certidão de voto de Teori Albino Zavascki e pedido de vista de Denise Arruda		
35-39	Voto de Denise Arruda	¼ de página em 5	José Rubens Morato Leite
40	Certidão de voto de Denise Arruda e pedido de vista de José Delgado		
41-45	Voto de José Delgado	3 páginas em 5	José Ricardo Alvez Vienna
46	Certidão de voto de José Delgado e pedido de vista de Francisco Falcão		
47	Voto de Francisco Falcão		
48	Certidão de julgamento		

Todos os ministros, ao votar, citaram doutrinadores. O voto de Luiz Fux, relator, tem 23 páginas (p. 5-28), 18 delas dedicadas à citação, em texto corrido, sem comentários, de quatro doutrinadores diferentes. O voto de Teori Albino Zavascki tem quatro páginas (p. 30-33), uma delas dedicada à citação de quatro doutrinadores. O voto de Denise Arruda tem cinco páginas (p. 35-39) com a citação curta de um doutrinador e o voto de José Delgado tem quatro páginas (p. 41-45), com três páginas de citação de um doutrinador. Todas as citações visam a confirmar a posição do autor do voto, expressa logo nas primeiras linhas.

Nenhuma das citações é contextualizada, ou seja, o juiz não informa o leitor sobre a posição daquela citação no debate doutrinário brasileiro. Também não demonstra sua pertinência para o caso e para a reconstrução sistemática do direito relevante para o caso. Neste julgado especificamente, não é citada nenhuma decisão judicial anterior, ou seja, a jurisprudência não é considerada relevante para sua decisão. A propósito, o voto de Francisco Falcão tem meia página (p. 47) e segue a opinião que nega a admissibilidade do dano moral coletivo no direito brasileiro.

A maneira pela qual os ministros introduzem a opinião dos doutrinadores é relevante para nossa discussão. O objetivo das citações é reforçar a tese defendida pelo autor do texto, dando a ela uma aparência de unanimidade.[57] Por exemplo, no voto de Luiz Fux, a citação de um dos autores é precedida da seguinte construção: "Em sede pátria, a doutrina não discrepa do entendimento acima inaugurado no sentido da indenizabilidade por danos morais. Nesse sentido, Hugo Nigro Mazzili (...)" (p. 9).

Segue-se a citação de trechos dos autores meramente justapostos. Em seu voto, Teori Albino Zavascki, algumas linhas após afirmar que "a vítima do dano moral é, necessariamente uma pessoa" e que "o dano moral envolve, necessariamente, dor, sentimento, lesão psíquica", cita quatro autores para reforçar sua opinião, um deles por meio de um extrato que ocupa quase uma página inteira (p. 32-33). O voto de Denise Arruda é explícito em invocar a doutrina nacional na posição de autoridade:

> Entretanto, ainda que a doutrina majoritariamente admita a possibilidade de ocorrência de dano moral ambiental, para que haja responsabilidade patrimonial ou extrapatrimonial, deve esse dano

---

[57] Não vou me posicionar aqui sobre a correção ou não destas avaliações feitas pelos ministros. Mesmo que exista de fato unanimidade de opiniões em alguns casos, isso não garante por si só sua racionalidade em abstrato, tampouco sua aplicabilidade ao caso concreto. Em um registro argumentativo racional, ambos os pontos precisam ser demonstrados.

atingir a esfera subjetiva das pessoas, físicas ou jurídicas, de molde a atingir aspectos de sua personalidade ou honra objetiva, indicando um prejuízo moral apto a ser indenizável. Essa concepção tem sido alterada para admitir o dano moral ambiental, com alcance coletivo e difuso (inciso IV do art. 1º da LACP) de corrente da proteção constitucional (art. 225 da CF). É o que ensina José Rubens Morato Leite (...). (p. 38)

O voto de José Delgado utiliza um procedimento semelhante para apresentar seus doutrinadores para corroborar sua opinião: "Estou de acordo com as razões desenvolvidas pelo Ministro Luiz Fux. Além da doutrinação exposta no voto que apresentou, acrescento o pensamento de José Ricardo Álvares Vienna (...)"

É interessante também observar a "dança" dos fundamentos para a concessão ou não do dano moral coletivo. O recorrente demanda a condenação da outra parte, afirmando que foi ferido um sentimento comunitário e tal lesão exige compensação. O recorrido contra-argumenta dizendo que a figura é inadmissível, pois o dano moral refere-se apenas a pessoas físicas. Conforme o relatório do acórdão, o juiz de primeira instância concedeu o dano moral coletivo, mas sem expor seus fundamentos. O resultado da votação foi contrário à admissão do dano moral coletivo. A ementa do acórdão afirma que a figura do dano moral está necessariamente vinculada a um sofrimento de caráter individual. Mas se examinarmos os fundamentos dos votos, as posições são mais complexas. Cada juiz argumentou de uma maneira diferente da outra. Vejamos a tabela:

Ministros	No caso... Houve dano moral coletivo?	Fundamentos Dor individual	Dor coletiva	Prevenção	Punição
Luiz Fux	SIM		X	X	X
Teori A. Zavaski	NÃO	X			
Denise Arruda	NÃO Por falta de prova do dano		X		

Ministros	No caso... Houve dano moral coletivo?	Fundamentos			
		Dor individual	Dor coletiva	Prevenção	Punição
José Delgado	SIM		X		
Francisco Falcão	NÃO	X			

Note-se que o julgamento teve como resultado o placar de 3 a 2 contra a concessão dos danos morais coletivos. Dos três votos contra, um deles admite a figura em abstrato (ministra Denise Arruda), mas sente falta de prova, no caso concreto, da violação do sentimento da comunidade. Um dos votos vencidos, por sua vez, faz menção a três fundamentos possíveis para o dano moral coletivo, sem tentar compatibilizá-los de alguma forma: os três aparecem justapostos, dois deles na citação de um jurista argentino.

Apesar disso, a ementa, que deveria resumir o argumento do voto, simplesmente vincula o dano moral ao indivíduo, sem fazer menção aos demais fundamentos presentes nos votos. Afinal, não há resumo possível, pois não existe argumentação coletiva, mas apenas o resultado de uma votação. É impossível entender o que se passa no tribunal pela mera leitura da ementa. Além disso, um dos votos contra a admissão do dano moral coletivo o faz apenas para o caso, não porque considera que a figura se aplique apenas a indivíduos e não coletividades. Muito ao contrário, aliás. O resultado do julgamento liga, em uma frase apenas, a solução escolhida a um dos fundamentos mencionados nos votos, sem mencionar ou resumir os argumentos que poderiam afastar os demais.

4.3 Tradição e características nacionais

É importante lembrar que não estou falando aqui das "mazelas" do Poder Judiciário brasileiro, mas de uma característica geral do modo de decidir da jurisdição nacional que determina em parte um modelo de argumentação prevalecente, centrado em argumentos de autoridade. Tal modo de argumentar está democraticamente distribuído entre juízes, advogados, promotores, procuradores e professores de direito: não há ainda uma percepção hegemônica na sociedade brasileira de que esse estado de coisas seja necessariamente ruim.

Portanto, esse modo de proceder não é um "defeito nacional", uma "deficiência" de nosso sistema jurídico, que deveria abandonar necessariamente esse padrão para seguir o exemplo europeu ou norte-americano. Esse modo de analisar a situação, ao pensar o país pela negativa, ou seja, pelo que ele não é, acaba por deixar de lado o essencial, ou seja, compreender o que acontece de fato aqui. Se algum plano de mudança for ser elaborado, ele precisa partir do que está posto e, fundado em argumentos racionais e normativos, propor uma solução diversa que, certamente, irá alterar o modo de exercer o poder pelo Judiciário e, por via de consequência, seu equilíbrio com os demais poderes.

Para argumentar em favor de mudanças não faz sentido indicar um "modelo" estrangeiro como se ele fosse dotado de alguma autoridade sobre nossa realidade. Afinal, como a reflexão mais recente sobre direito e desenvolvimento tem mostrado, não há um padrão único de estado de direito que sirva para todo o mundo.[58] Fazer isso significaria simplesmente reproduzir o padrão argumentativo fundado na autoridade, característico do direito nacional. É preciso levar a sensibilidade pós-colonial para pensar a racionalidade jurisdicional refletindo sobre a peculiaridade das instituições em cada contexto.[59] Como mostrei em outro lugar, há muitos estudiosos que fazem isso com frequência, tentando demonstrar que nosso "direito" na verdade é pouco desenvolvido, pouco sofisticado, falho e imperfeito; não seria sequer um "direito" de verdade, mas um arremedo de alguma coisa que se realizou, plenamente, apenas fora daqui.[60]

---

[58] Ver a crítica de Trubek e Galanter (2007).
[59] Na literatura nacional, a inspiração central é Roberto Schwarz. Ver minha análise no capítulo 1 deste livro.
[60] Ver o capítulo 1. A exceção que confirma a regra é a obra de Tércio Sampaio Ferraz Jr., especialmente *A função social da dogmática jurídica* e *introdução ao estudo do direito: técnica, decisão, dominação* (1988). A despeito de Ferraz Jr. não se colocar como um intérprete da realidade nacional, sua peculiar mistura das teorias de Niklas Luhmann

5. Luta pela justificação: democratização do Brasil e racionalidade jurisdicional

Se o que afirmei for correto, ou seja, se a argumentação baseada na autoridade tem funcionado no Brasil e é característica de nossa tradição, além de ter produzido padrões de segurança jurídica e obediência às normas suficientes para que nosso país funcione relativamente bem, qual seria a justificativa para criticar este padrão? Por que cogitar reformas ou mesmo a mudança completa de nossa tradição institucional? Devemos colocar nossos juízes para ler, aprender e aplicar as teorias de H. L. Hart, Ronald Dworkin ou Robert Alexy?

Não seria mais razoável assumir como normal este padrão irracional de funcionamento de nossa jurisdição e deixar de lado qualquer pretensão de modificá-la? Minha resposta é não, mas é importante desenvolver com cuidado as razões pelas quais eu me posiciono dessa forma. Em especial para evitar a acusação, sobre a qual falei acima, de que critico as instituições brasileiras em nome de um padrão alienígena ou completamente externo à sua tradição. Ao contrário, os elementos para a crítica estão presentes de forma imanente na realidade brasileira.

Minha avaliação mais geral do problema é que estamos assistindo a uma reação a este modo de agir e pensar, fundado na mera invocação de autoridades, ao menos desde a promulgação da Constituição de 1988. A partir desse momento, com o processo de redemocratização do país, seguiu-se um intenso processo de reivindicação de direitos pela sociedade perante o Poder Judiciário com o fim de tornar efetivas as normas constitucionais. A assim denominada "constituição cidadã", que nasceu de um intenso processo de debate na sociedade civil com ampla participação popular em sua confecção,[61] tornou-se referência necessária para a luta dos diversos movimentos sociais.

---

e Theodor Viehweg, em especial sua insistência na retórica como modelo para a racionalidade jurisdicional, se tomada como modelo de racionalidade judicial descritivo, fornece um quadro mais fiel do que ocorre em nosso país do que o restante da literatura sobre o assunto. Ver Ferraz Jr. (1978, 1988).

[61] Michiles (1989).

O processo denominado pejorativamente de "judicialização da política" não tem sido nada além, em grande medida, da apropriação do texto constitucional pela sociedade para fins de reivindicação de direitos.⁶² Esse processo tem sido acompanhado da reflexão, no campo da doutrina, sobre o significado do texto constitucional para todas as áreas do direito. O momento pós-constituinte resultou numa ampla reflexão sobre o sentido da racionalidade jurisdicional no Brasil, o que se pode ver pela publicação de livros sobre a influência da constituição em vários ramos do direito.⁶³

Além disso, também coincide com o momento pós-constituinte a influência crescente de teóricos do direito como Ronald Dworkin e Robert Alexy, especialmente quanto ao debate sobre a distinção entre regras e princípios. A obra dos dois autores tem sido sistematicamente traduzida para o português no Brasil. Além disso, uma quantidade significativa de monografias tem sido dedicada ao tema dos princípios em diversas áreas do direito.⁶⁴ Além dessa via, centrada na razão prática, há juristas que propõem uma racionalidade formalista para nossa jurisdição.⁶⁵ Seja como for, o debate sobre modelos possíveis para a racionalidade jurisdicional está cada vez mais presente no direito nacional e tem se dado apartado de uma avaliação da racionalidade de nossa jurisdição.

Este é um dos capítulos do processo de democratização do Brasil, a luta pela despersonalização da jurisdição; agenda que permanece oculta para estudiosos de ciências sociais e de economia, que abordam o direito de fora, sem levar em conta sua dinâmica argumentativa do ponto de vista

---

⁶² Para uma crítica ao conceito de judicialização da política, ver o capítulo 5.

⁶³ É uma pesquisa a ser feita mapear o impacto da Constituição de 1988 sobre os estudos de direito nacionais em todos os ramos deste campo. No entanto, mesmo uma análise impressionista permite perceber que um número significativo de autores buscou renovar seu campo de estudos a partir da promulgação do texto constitucional. Por exemplo, o desenvolvimento de um grupo de civilistas dedicados ao estudo do que eles denominam de "direito civil constitucional", "novo constitucionalismo" no campo do direito constitucional, além de inúmeras obras sobre princípios constitucionais com impacto sobre diversas áreas do direito. Tais autores ressaltam a importância de raciocínios não textualistas para a operação do direito brasileiro. Ver, por exemplo, Tepedino (2001), Ávila (2010a, 2010b) e Nucci (2010).

⁶⁴ Ver nota anterior.

⁶⁵ Por exemplo, Dimoulis (2006).

de seus protagonistas. Por isso mesmo, toda esta literatura[66] tem sido incapaz de detectar esta movimentação de disputa pelo padrão de justificação das decisões jurisdicionais, processo que será referido como: "luta pela justificação".

A assim chamada "judicialização" da política, combinada com a ação teórica de uma parte dos juristas, tem provocado a abertura do Poder Judiciário e do pensamento jurídico ao escrutínio da sociedade e à necessidade de oferecer justificativas. Cada vez mais a esfera pública dirige a este poder críticas e avaliações de suas decisões, o que pode vir a tornar mais difícil que os agentes sociais se conformem e aceitem argumentos de autoridade como fundamento para decisões judiciais.

O poder personalista e irracional da jurisdição vai dando lugar a uma demanda crescente por justificação, ou seja, uma demanda pela alteração do sentido da fundamentação, que pode vir a ter impacto sobre a definição das características mais gerais da atuação de nossas instituições. O processo ainda está em aberto, mas ele tem potencial para alterar todo o panorama do pensamento jurídico brasileiro, além do padrão de funcionamento de nosso direito.

É importante observar que esta discussão escapa do debate meramente quantitativo que domina a agenda sobre a reforma do Poder Judiciário nos últimos tempos. A reforma é quase sempre compreendida em termos quantitativos, ou seja, relativos à qualidade e à velocidade do proferimento das sentenças, sem qualquer preocupação com sua qualidade intrínseca. A discussão sobre a qualidade da fundamentação das decisões jurisdicionais ainda não está posta na agenda da esfera pública.

6. Qual jurisdição para o Brasil contemporâneo?

Não se trata aqui, como afirmei anteriormente, de criticar o direito bra-

---

[66] Esta afirmação vale também para todos os escritos inspirados em Niklas Luhmann, como mostra Gonçalves (2010).

sileiro em nome de padrões de racionalidade incapazes de compreender a realidade nacional. Qualquer avaliação crítica precisa dar conta do funcionamento real das instituições antes de propor um programa positivo. Para me aproximar deste objetivo e para concluir este texto, vou retomar as análises realizadas aqui para avaliar a funcionalidade atual e as eventuais vantagens de se introduzir modificações no padrão de funcionamento do direito brasileiro.

Para começar, podemos dizer que a fundamentação das decisões judiciais no Brasil é um aspecto menor do funcionamento de nossa jurisdição e, por via de consequência, do padrão de argumentação prevalente neste país. Temos a formação de padrões decisórios, especialmente por meio de ementas e súmulas que não incorporam a fundamentação da decisão dos problemas jurídicos de que tratam. Os acórdãos escritos dos tribunais são o mero registro dos debates, sem preocupação com a coerência da argumentação e sem a redação de uma decisão oficial do tribunal. A decisão é tomada por agregação da opinião dos juízes dos órgãos colegiados e não dá qualquer destaque às razões para decidir.

Esta variável institucional resulta em um padrão de argumentação que tende a ser baseado em argumentos de autoridade. Há pouca incidência de argumentação sistemática, que procure reconstruir racionalmente o sistema para decidir o caso concreto à luz dessa reconstrução. Tal fato fica evidente com o exame do uso que os juízes fazem da doutrina e dos casos semelhantes julgados anteriormente.

Não há no Brasil um sistema de precedentes organizado. A citação de casos, quando ocorre, não busca reconstruir um padrão de argumentação relevante para o caso a ser decidido. Os casos são citados em forma de acúmulo para reforçar a autoridade de quem está proferindo a sentença. É muito difícil encontrar casos que sirvam de referência para todos os juízes no que diga respeito a um mesmo problema jurídico.[67]

---

[67] Remeto os interessados ao texto das pesquisas citadas na nota 40. Recentemente, está é minha impressão pessoal, o STF dá indícios de modificar este comportamento ao dar destaque a alguns casos que provavelmente serão tratados no futuro como "*leading cases*", ainda que não organize seus votos em um texto coerente. No entanto,

Além disso, há citação constante de obras de doutrina, inclusive de autores estrangeiros, para fundamentar as decisões. No STF, por exemplo, o ministro Gilmar Mendes, de formação alemã, costuma citar em profusão, como fundamento de suas sentenças, doutrinadores alemães.[68] Como mostramos com o exemplo de julgado citado acima, as citações tendem a prescindir de análise. Consistem normalmente na transcrição sem comentário de uma série de opiniões que seriam relevantes para o caso, a despeito de não se fazer explicitamente tal demonstração.

Diante desta descrição, fica claro porque este texto sustenta que a jurisdição brasileira é opinativa e julga em função da agregação de opiniões e não com base na fundamentação sistemática e racional. Também fica claro porque é razoável dizer que nossa jurisdição é personalista: ela admite e estimula os juízes a emitirem opiniões e não decisões bem fundamentadas. Lembremos que o personalismo é neutralizado em parte pelo mecanismo de agregação de opiniões. A decisão final resulta de uma votação por maioria que deixa em segundo plano a opinião dos juízes individuais. É interessante perceber que a jurisdição brasileira, portanto, não se funda nem no carisma dos juízes, nem na argumentação racional e sistemática perante os casos concretos.

Quais são as vantagens e as desvantagens de nosso modelo? Há razões para criticá-lo e propor mudanças? Há um padrão ideal de jurisdição que possa orientar uma eventual reforma? Para começar a análise, é razoável dizer, diante de tudo o que foi discutido até aqui, que a justiça opinativa é pouco transparente. Suas razões para decidir não são claras nem são explicitadas pela instituição tribunal. Quem quiser descobrir por que um tribunal qualquer tomou esta ou aquela decisão, especialmente em casos controversos, deverá se entregar a um *tour de force* de alta complexidade para conseguir reconstituir os argumentos de cada juiz a partir da sempre confusa transcrição dos debates e votos. E mesmo após fazer isso, dificilmente chegará a fundamentos coerentes.

---

como não há fundamento único para os "*leading cases*", não é provável que haja mudanças significativas em nosso padrão de julgar em função deste movimento.
[68] Ver a pesquisa já citada *Processo Legislativo e Controle de Constitucionalidade: as fronteiras entre direito e política*.

A despeito disso, pergunto: esta intransparência relativa, ao invés de um problema, não poderia ser encarada como uma virtude? A demanda por transparência está ligada à própria ideia de estado de direito: não deve haver decisão de autoridade alguma que não seja racionalmente motivada. Ao expor os fundamentos da decisão, os órgãos jurisdicionais permitem que as partes e a esfera pública como um todo possam controlar sua racionalidade à luz das normas positivas de um determinado ordenamento jurídico.

É verdade que a justiça opinativa brasileira não cumpre perfeitamente este ideal de transparência, pois suas razões de decidir são incoerentes e ficam truncadas nos votos individuais. No entanto, podemos ter acesso às razões de decidir de cada juiz e, além disso, há mecanismos novos que começam a promover a participação popular no processo decisório, por exemplo, as audiências públicas e o oferecimento de *amicus curiae*. Ainda que estes mecanismos de participação direta sejam incipientes, por meio deles pode-se ampliar a quantidade de opiniões que influem sobre a decisão final, garantindo-se que a votação que culmina na decisão não resulte apenas da opinião de um pequeno grupo de pessoas.

No registro de um modelo centrado na fundamentação das decisões, a participação da sociedade se dá pela via da fundamentação mesma. Diante de uma decisão em concreto, trata-se de saber se o Judiciário levou em consideração todos os argumentos relevantes que estejam em debate naquele momento na esfera pública e, portanto, que podem vir a afetar a decisão final. A decisão deve ser fundamentada de forma complexa e rica, sendo capaz de examinar, acatar ou refutar a maior quantidade possível de interesses e argumentos. Claro, este modelo também pode ser beneficiado por mecanismos de participação direta.

A jurisdição opinativa tem outras virtudes, por exemplo, quando analisada do ponto de vista da separação de poderes. Ao decidir por agregação de opiniões, os tribunais não se comprometem com nenhum fundamento substantivo, apenas com o resultado final. Imaginemos que o STF decida que é admissível a adoção de cotas para negros em universidades brasileiras. Se o padrão de racionalidade atual se repetir nesta decisão hipotética, cada um dos juízes irá fundamentar sua opinião de maneira diferente. O resultado final não permitirá que ninguém afirme que as cotas foram consideradas uma reparação justa à repressão sofrida pela raça negra ao longo da história do Brasil, uma medida adotada em nome da igualdade de oportunidades entre brancos e negros ou, ainda, uma forma de garantir a diversidade cultural nas instituições de ensino superior.

A irrelevância da fundamentação para a decisão final pode contribuir, portanto, para aliviar o peso político da decisão, deixando o espaço aberto para a contínua discussão do tema pela esfera pública. No mesmo exemplo, os grupos e indivíduos que defendem a instituição das cotas sairão vencedores do Judiciário, mas nunca completamente, pois no modelo brasileiro, como vimos, é efetivamente impossível ganhar no nível do fundamento. É razoável supor que ganhar também neste nível teria um efeito simbólico muito significativo sobre a esfera pública. É muito diferente sair vencedor com fundamento em cada um dos três argumentos a favor das cotas citados no parágrafo anterior.

Mais um ponto importante: a questão da segurança jurídica. No modelo da justiça opinativa, há padronização de decisões sem consideração alguma sobre seu fundamento, como já visto. Por isso mesmo, a estabilidade destes padrões depende mais da pessoa dos juízes envolvidos nos julgamentos do que da racionalidade da argumentação. Para decidir em desconformidade ao padrão, não há ônus argumentativo algum, ou seja, o juiz não precisa vencer os argumentos que fundamentam o resultado, pois eles são irrelevantes. Um modelo de segurança jurídica que se assente não nas pessoas, mas nos fundamentos da decisão evidentemente despersonaliza o processo decisório. Adotado um determinado argumento como fundamento da decisão, pouco importará a pessoa do juiz. Para vencê-lo, será necessário argumentar de maneira racional para convencer os demais juízes do tribunal de sua incorreção para o caso.

Para resumir, podemos dizer que o modelo da justiça opinativa não é completamente transparente, mas pode admitir a participação direta de representantes da esfera pública no processo decisório. Além disso, ele deixa aberto o espaço para o debate na esfera pública mesmo após a decisão, pois não gera decisões com fundamento substantivo. Ao mesmo tempo, trata-se de um modelo dependente da pessoa dos juízes.

Um modelo alternativo, que conferisse importância central à argumentação, seria certamente mais transparente, além de admitir também a participação da esfera pública, pela via direta e pela indireta. Suas decisões seriam mais substantivas porque fundadas em uma argumentação mais organizada. Por isso mesmo, a segurança jurídica seria menos dependente das pessoas, por estar ligada às razões para decidir e não à opinião dos magistrados.

Devemos lutar pela justificação e por uma alteração profunda de nosso modelo, ou trata-se de reformá-lo mantendo suas características centrais? Se tomarmos como critério o aprofundamento da democracia e da legitimidade do direito, não poderíamos pensar a combinação de elementos pessoais e racionais como positiva, sem recair em uma concepção fundada em juízes puramente carismáticos ou em um primado da argumentação estritamente racional e sistemática? Ainda, ao invés de pensar em reconstruir o sistema e a racionalidade jurisdicional do zero, empresa que pode estar destinada a falhar logo de saída, não podemos pensar em algumas reformas parciais que possam aumentar a transparência e a congruência de nosso sistema?

Por exemplo, a existência de um voto vencedor único em nosso país mudaria o modo de decidir de nossos tribunais. Esta medida poderia aumentar a congruência entre os julgados ao deixar mais claros os argumentos efetivamente utilizados pela corte, o que poderia diminuir a relação entre a pessoa dos juízes e a solução final adotada. Deixaríamos o registro da mera agregação de opiniões em favor de uma decisão efetivamente coletiva.

Ao lado de uma medida como esta, parece uma boa ideia apostar também em mecanismos institucionais como as audiências públicas e a possibilidade de oferecer *amicus curiae*, além de outros meios de participação direta do cidadão na jurisdição. Tais mecanismos podem permitir tanto a participação direta de mais pessoas no processo decisório, como também podem trazer para a corte uma maior quantidade de argumentos a serem examinados. Desta forma, aumentam as chances de que uma parcela maior da população se sinta contemplada pela sentença, especialmente em casos controversos como o das cotas na universidade.

Neste caso, para que a justiça não assuma feições meramente plebiscitárias, seria necessário que os interessados apresentassem sua posição respeitando as regras do debate jurídico, ou seja, eles teriam de respeitar determinados ônus argumentativos que apontassem para a necessidade de tratar casos semelhantes de modo semelhante.

É provável que o Brasil nunca desenvolva um modelo de racionalidade judicial sistemático que atenda os padrões mais exigentes de teorias europeias.[69] De outra parte, isso não significa que o argumento de autoridade tenha vida eterna em nossa jurisdição. Como já visto, podem ser adotadas medidas que aumentem a racionalidade de nossas decisões sem que para isso seja necessário reconstruir nosso ordenamento do zero em função de padrões de racionalidade que lhe sejam externos. E se este processo se aprofundar, pode ser que daqui a alguns anos outro estudante de direito comece seu aprendizado sem ficar tão incomodado quanto eu com o uso do termo "jurisprudência" em uma das tardes do ano de 1993 nas salas da Procuradoria de Assistência Judiciária de São Paulo.

Por isso mesmo, além de explicitar estes problemas, é necessário pensar em um modelo de racionalidade judicial adequado à nossa realidade que possa servir de ferramenta para a pesquisa, instrumento didático e objeto do debate teórico e filosófico. Afinal, como já vimos, debater o direito brasileiro a partir dos modelos em circulação coloca o estudioso numa posição muito distante da realidade concreta e pode levá-lo a crer que o país tem um direito "defeituoso".

---

[69] Muito provavelmente, os próprios ordenamentos jurídicos locais também não são capazes de atender a tais critérios. É preciso atentar para o fato, ressaltado em vários momentos neste livro, de que tais teorias têm um conteúdo normativo forte e não devem ser tomadas, sem todos os cuidados, como descrições da realidade do direito onde foram produzidas. Por esta razão, é aconselhável tomar as diversas teorias do direito como hipóteses para a pesquisa empírica, a exemplo do que faz Denis Galligan com os escritos de Herbert Hart para concluir que o pensamento de Hart é insuficiente para se compreender o direito contemporâneo. Ver Galligan (2006).

Capítulo 3

Como pensam os juristas?
Sobre formalismo e naturalização conceitual

> *Uma dificuldade é uma luz.*
> *Uma dificuldade insuperável é um Sol.*
>
> PAUL VALÉRY

1. O formalismo como chantagem

Faz tempo que a crítica ao formalismo deixou de ser uma novidade. Há pelo menos um século, estudiosos do direito dos mais diferentes matizes dirigem seus argumentos ao mesmo alvo; ou pelo menos se referem ao alvo usando a mesma palavra.[1] Pode-se afirmar, sem medo do exagero, que, ao longo de mais de 100 anos, a crítica ao formalismo tem se confundido com a história das ideias jurídicas no ocidente. A qualificação "formalista" tornou-se uma ofensa fartamente distribuída; sinônimo de falta de sensibilidade para a realidade social e para a peculiaridade dos casos concretos.

Em razão do acúmulo deste mais de um século de significados negativos, há hoje tantos sentidos para a palavra quanto há críticas orientadas pelo termo. A palavra teve seu sentido esvaziado pelo excesso de uso e,

---

[1] A bibliografia sobre este ponto é imensa. Para uma visão panorâmica da questão, consulte-se Morrison (2006) e Billier e Maryioli (2005, especialmente o capítulo 7) para o pensamento europeu continental, e Horwitz (1992) e Feldman (2000) para a tradição norte-americana.

por isso mesmo, remete a sentidos demais, tornando quase impossível controlar seu campo semântico. Como a palavra "ser" em filosofia ou "poder" em política, é impensável utilizá-la no campo acadêmico sem tomar o cuidado de delimitar cuidadosamente o sentido que se lhe está emprestando. Afinal, como já dito, apesar da vacuidade de seu sentido, "formalista" tem uma inflexão claramente negativa. Tornou-se o insulto favorito daqueles que pretendem apresentar novidades no campo jurídico, que funciona como um aríete, capaz de destruir qualquer obstáculo e abrir caminhos para qualquer argumento. Não raro, aqueles que utilizam a palavra investem mais em qualificar negativamente seus adversários do que nos argumentos que deveriam sustentar a própria posição.

Desta forma, guardadas as devidas proporções, a palavra "formalista" funciona analogamente às palavras "fascista" e "racista". Utilizadas de forma imprecisa no curso de um debate, lançam suspeitas tão graves sobre o destinatário que acabam por criar no auditório uma sensação de constrangimento em dar razão a seus argumentos. Diante de um "formalista" (ou de um "fascista" ou "racista") que siga o figurino da caricatura, somos imperiosamente forçados a escolher qualquer outra posição, seja ela qual for. Afinal, quem sequer pensaria em colocar-se ao lado de um "fascista" ou de um "racista" contra um homem de bem?

Para não cometer injustiças demais nessa breve descrição do uso do termo "formalismo", talvez seja aconselhável adensar um pouco mais a caricatura para ganhar em precisão na descrição do senso comum sobre o termo. Assim, para o senso comum dos juristas críticos, um "formalista" seria alguém que se propõe a resolver problemas complexos a partir de abstrações vazias, procedimento que oculta as peculiaridades dos casos concretos, resultando em decisões insensíveis à singularidade dos mesmos. Consequentemente, ainda de acordo com a caricatura, são formalistas aqueles que colocam a coerência e a completude do sistema jurídico acima de qualquer valor, deixando em segundo plano as consequências sociais das decisões que se devem tomar.

O formalista, ao contrário do filósofo — o amigo da sabedoria, pensador que vive em busca do inaudito, do inédito, do diferente —, ama a tradição, o já sabido e a padronização. Por isso mesmo, seu esforço é reduzir o novo às regras já postas com o fim de zelar pela perfeição (quase estética) do sistema jurídico em detrimento de problemas reais de seres humanos reais. Sem a menor sombra de dúvida, alguém que pense desta maneira merece muito pouca consideração. O problema, como será visto adiante, está na dificuldade de encontrar alguém que se enquadre nessa descrição.

Para piorar a situação, ao menos na cultura jurídica brasileira, não poucas vezes as palavras "formalista" e "jurista" são usadas como sinônimas, deixando sem esperanças de salvação toda uma classe de profissionais supostamente dedicada a sabotar planos de ação bem intencionados levados adiante por governos, empresários, políticos e cidadãos. Nesse registro, os "formalistas" e o direito em geral são obstáculos à realização dos fins socialmente desejados por insistirem, irracionalmente, na certeza de seus raciocínios tão sistemáticos e precisos quanto vazios. E não é só: muitas vezes, o termo "formalismo" é utilizado como sinônimo de "dogmática jurídica",[2] o que complica ainda mais este imbróglio terminológico e ameaça obscurecer para sempre qualquer discussão sobre direito e sobre pesquisa em direito.

O uso de "formalismo" como sinônimo de "jurista" e de "dogmática jurídica" tem o charme de argumentos radicais que não deixam nada nem

---
[2] O termo "dogmática jurídica" é usado para denominar a atividade de interpretar e sistematizar as normas jurídicas, cujo resultado é a obtenção de enunciados de caráter prático e de caráter teórico. Os primeiros destinam-se imediatamente a solucionar os conflitos apresentados às instituições jurídicas, por exemplo: "No direito brasileiro, segundo a legislação em vigor, a transferência da propriedade imóvel se faz por meio do registro público". Os segundos permitem compreender o funcionamento do ordenamento jurídico no que diz respeito à sua estrutura conceitual e, apenas mediatamente, estão ligados a necessidades práticas. Por exemplo: "No direito brasileiro, propriedade privada significa X". Como esses enunciados teóricos podem ser encontrados em textos jurídicos de caráter doutrinário, alguns juristas entendem que os termos "dogmática jurídica" e "doutrina jurídica" se identificam. A função social da dogmática jurídica é formalizar o exercício do poder pela submissão dos órgãos responsáveis pela aplicação das normas a um determinado procedimento intelectual no processo de tomada de decisões. Sobre a dogmática jurídica e seu papel hoje, veja-se o livro *Dogmática é conflito*, que escrevi com Flávia P. Püschel e Marta R. A. Machado (Rodriguez, Püschel e Machado, 2012). Ver também Alexy (2008), Aarnio (1991), Luhmann (1983) e Ferraz Jr. (1978).

ninguém em pé. Eliminam a possibilidade de interlocução: diante deles, não é possível argumentar racionalmente. Restam apenas duas opções: concordar e colocar-se a favor do emissor ou discordar dele e tornar-se seu inimigo. Infelizmente, apesar de tantas contraindicações, os pesquisadores em direito, não apenas no Brasil, continuam a insistir nesse registro caricatural, o que torna seus esforços menos analíticos e mais retóricos.

No entanto, a constância na utilização do termo é representativa em si mesma e não deve ser descartada de pronto por ser identificada com a insistência irracional de pesquisadores mal intencionados. Como veremos, há algo de concreto e real aqui: é preciso compreender o porquê desta permanência antes de abandonar completamente este registro. Por isso mesmo, antes de falar positivamente da pesquisa em direito, objetivo central deste texto, será preciso limpar o terreno para não reproduzir a confusão terminológica do senso comum da crítica ao formalismo.

O ideal para tanto seria contar a história das críticas ao formalismo no século XX e construir uma base sólida para uma *crítica das críticas* ao formalismo e de suas consequências; trabalho que exige a escrita de outro texto, de maior fôlego. Os objetivos deste texto são mais modestos. Levantaremos aqui duas hipóteses sobre a persistência do formalismo para mostrar que essa forma de pensar deve ser combatida não apenas a golpe de teoria, pois está ligada a estruturas institucionais que, ainda hoje, organizam nossa sociedade e aparecem pressupostas à maioria dos raciocínios jurídicos produzidos no Ocidente. Trata-se do princípio da separação de poderes que, como é sabido, representa uma determinada cristalização de relações e posições de poder que é preciso discutir e questionar para compreender adequadamente a permanência do formalismo e seus pressupostos institucionais.

Este quadro se complica se lembrarmos que o pensamento sobre as relações entre direito e desenvolvimento tem deixado a racionalidade interna dos direitos nacionais fora de seu campo de estudos (Tamanaha, 1995), seja porque pensa abstratamente receitas de reforma institucional, seja porque vê o direito apenas como instrumento para efetivar determinados interesses e objetivos (Trubek e Galanter, 2007; Gardner, 1980). Este modo de pensar, que desconsidera a função legitimadora da dogmática e seu papel no controle do poder, termina por afastar este campo de estudos do horizonte, criando um ponto de vista avesso à complexidade das realidades jurídicas locais, caracterizadas pejorativamente como "formalistas". Rompe-se assim uma oportunidade de pensar criticamente estas instituições a par dos advogados juízes e juristas de cada país, pois eles são vistos, pura e simplesmente, como um obstáculo a ser superado para a implantação de projetos de reforma.

Antes de prosseguir, um esclarecimento. Adotaremos aqui um conceito de separação de poderes que pretende dar conta do senso comum sobre o termo e não descer à especificidade das experiências nacionais. Ademais, como dito acima, nossa preocupação é com a separação de poderes como pressuposto institucional do formalismo e não um estudo do problema em si, que demandaria outro ponto de vista e outra bibliografia. Assim, tomaremos como nossa a definição abaixo:

> *A "pure" doctrine of the separation of powers might be formulated in the following way: It is essential for the establishment and maintenance of political liberty that the government be divided into three branches or departments, the legislature, the executive, and the judiciary. To each of these three branches there is a corresponding identifiable function of government, legislative, executive, or judicial. Each branch of the government must be confined to the exercise of its own function and not allowed to encroach upon the function of other branches. Furthermore, the persons who compose these three agencies of government must be kept separate and distinct, no individual being allowed to be at the same time a member of more than one branch. In this way each of the branches will be a check to the others and no single group of people will be able to control the machinery of the State.* (Vile, 1998:14)

♦♦♦

A argumentação deste texto se desdobra em três etapas. Em primeiro lugar, mostraremos que a crítica ao formalismo é o atual senso comum dos teóricos do direito, mas que tal crítica não tem sido capaz de eliminar o formalismo do debate público nem de nossa realidade institucional. Em seguida, mostraremos que, para levar esta crítica até o fim, não basta debater no plano teórico, mas é preciso questionar os pressupostos institucionais que estão ligados à teoria. Mostraremos que criticar o formalismo também é vencer a resistência de juristas e cidadãos em defender identidades e posições de poder que derivam de uma determinada configuração institucional que, no Ocidente, está fundada no conceito de separação de poderes. Em suma, demonstraremos que a permanência do formalismo como modelo de pensamento também é um debate sobre posições de poder ligadas a determinadas estruturas institucionais.

Finalmente, argumentaremos que, para superar o formalismo, é preciso construir não mais uma crítica ao direito e à separação de poderes, mas uma visão positiva do direito que se coloque além das estruturas tradicionais que caracterizam o estado de direito e conceba a racionalidade jurisdicional de outra maneira, atribuindo novos papéis aos agentes de poder e à sociedade.[3] O objetivo desta parte do texto não é construir esta alternativa em detalhes, mas apenas indicar alguns requisitos necessários para levar esta tarefa adiante.

2. Nem todo formalismo é formalista

Sem a análise minuciosa de pelo menos um século de crítica ao formalismo, é difícil defender qualquer argumento de valor geral em face de autores ou tradições específicas. A amplitude do período em questão assusta qualquer analista prudente convidando-o à busca de parcimônia e precisão. Assim, a única maneira de proceder que me ocorre é tomar a formulação da caricatura do formalismo por seu valor de face, na esperança de dar conta do senso comum sobre o termo.

---

[3] Vamos trabalhar com o senso comum sobre o direito e o Estado sem reconstituir a experiência brasileira de estado de direito e relacioná-la com as experiências de outros países. Sobre esse ponto, ver Vile (1998), Heuschling (2002), Neumann (1986), Rodriguez (2004) e Costa e Zolo (2006).

Por isso mesmo, não vou me referir aqui especificamente a nenhum autor ou escola formalista, evitando desconsiderar nuances que críticos mais sofisticados seriam capazes de apontar e que tirariam a força dos argumentos que aduzirei a seguir. Para os fins deste texto, usarei o termo formalismo com dois sentidos diferentes, pois, acredito, é na tensão entre esses dois sentidos que podemos compreender parte da dinâmica institucional brasileira.

Assim, para os fins deste texto, formalismo irá significar:

a) A visão do direito que coloca em seu centro a aplicação mecânica do direito positivo. Entenda-se "mecânica" como a aplicação por meio de raciocínios lógico-formais, ou seja, por meio da subsunção do caso concreto à norma abstrata. Desta forma, um formalista é aquele que vê o direito como caracterizado pela aplicação das regras por subsunção. Para identificar melhor esta posição, irei chamá-la de *legalismo*.

b) Chamaremos também de formalista a visão do direito que pensa suas categorias como dotadas de verdade transcendente ao direito positivo, seja em função de seu enraizamento e origem histórica; seja em razão de seu valor lógico ou racional. Este modo de ser formalista implica a naturalização das categorias dogmáticas e será chamado de *absolutismo conceitual*.

Costuma-se atribuir a juristas com a características apontadas em (b) a qualificação de "dogmáticos" sem mais, o que me parece um equívoco muito grave. Há pelo menos um século, autores dogmáticos de diversos ramos do direito têm defendido a adoção de raciocínios teleológicos em seu campo de saber e buscando pensar o sistema jurídico como um sistema aberto em permanente reconstrução, sempre em função dos novos problemas que se lhe apresentam (Gomes, 1955; Esser, 1961; Luhmann, 1983a; Canaris, 1996). Ao invés de utilizar a enganadora e equivocada expressão "dogmática" para designar esta maneira de ser formalista, parece mais adequado referir-se a ela como *absolutismo conceitual*. Neste caso, o formalismo decorre de se negar o caráter contingente e mutável aos conceitos e raciocínios jurídicos, que variam em função de mudanças no sistema jurídico, ou seja, novas leis e novas decisões das autoridades responsáveis por aplicar as normas jurídicas.

É importante marcar bem a diferença entre *legalismo* e *absolutismo conceitual*, pois, em minha opinião, essa distinção pode ajudar a dar mais nuances ao debate institucional brasileiro, além de ajudar a compreender melhor a diferença entre o direito anglo-saxão e os países de família romano-germânica. Assim, um *absolutista conceitual*, jurista formalista muito comum no Brasil, pode afirmar, sem nenhum problema, que uma nova lei ou uma decisão judicial são contrárias ao direito, por desrespeitarem a verdade transcendente de categorias dogmáticas absolutizadas. Um *legalista* nunca admitiria uma posição como esta. Ele entende que as leis devem ser respeitadas acima de tudo e isso significa aplicá-las literalmente.

Um jurista dogmático não absolutista e não legalista, ou seja, que pense o direito como um sistema aberto, mutável e histórico, pode criticar a mesma lei ou decisão, afirmando que ela destoa da lógica regulatória adotada neste ou naquele campo, advogar sua modificação ou, ainda, mostrar a dificuldade de torná-la compatível com o sistema jurídico posto. Mesmo assim, ele tomará como sua a tarefa de compatibilizar este novo elemento com o sistema existente, pois se trata de um elemento produzido por uma fonte competente. Este modo de praticar a dogmática pensa o direito em função dos problemas jurídicos novos e não de uma visão idealizada do ordenamento jurídico. O raciocínio dogmático não fala em nome de "verdades transcendentes", mas é uma atividade prática que deve levar em conta a necessidade de tornar o sistema operável em face de tradição e da necessidade de inovação diante de casos novos.

Como já mostrou Hans Kelsen (1979), é muito difícil encontrar um caso em que haja apenas uma solução dogmática possível para um problema; novo ou velho. Assim, o dogmático precisa ser um pensador criativo; capaz de inventar soluções novas a partir de um conjunto de elementos dados (as normas produzidas pelas fontes de direito). No limite, o *absolutista conceitual* nega esta característica criativa da dogmática e das autoridades aplicadoras e pensa a atividade jurídica apenas como redução do novo ao velho.

Há uma distinção importante aqui, muito clara para quem trabalha no campo dogmático, mas que, percebi ao longo dos anos, passa completamente despercebida para pesquisadores, inclusive de direito, que não estejam ligados a nenhum campo dogmático específico. Insisto neste ponto: é muito diferente pensar a dogmática como atividade de interpretação a partir de elementos dados e pensar nos absolutistas conceituais que naturalizam conceitos e raciocínios em nome da perfeição lógica, verdade histórica ou racionalidade dos conceitos.

Talvez seja útil citar alguns exemplos, mesmo que caricaturais, para que a distinção fique clara. É anedótico no campo do direito de família brasileiro a persistência de categorias como *filho adulterino* em alguns manuais de direito civil. Depois da Constituição de 1988, que afirmou a igualdade de direitos entre filhos havidos dentro ou fora do casamento, esta categoria dogmática não tem mais nenhuma utilidade e deve ser suprimida, independentemente de sua tradição, que é secular, ou de uma verdade metafísica qualquer. O termo pode continuar a ser usado pela sociedade, pode receber inflexões morais ou quaisquer outras, mas não tem sentido jurídico algum. Mantê-lo é, além de dogmaticamente inadequado, potencialmente lesivo aos filhos havidos fora do casamento, por justificar menções discriminatórias a seu *status*.

Outro exemplo: a jurisprudência em matéria de responsabilidade civil cotidianamente condena o vencido em *danos punitivos*, figura que não existe explicitamente em nossa legislação, mas que é justificada com base em princípios e outros diplomas normativos. Para a visão clássica da responsabilidade civil, só pode haver condenação com base na culpa e seu valor deve ser calculado em função do dano causado. Responsabilidade civil não serviria para punir em nome da prevenção de danos futuros por parte de outros agentes, mas o fato é que ela está sendo usada desta forma. Um dogmático absolutista irá criticar este desenvolvimento jurisprudencial, afirmando que ele fere de morte a racionalidade do sistema e, portanto, deve ser rechaçado. Um jurista dogmático de outro tipo poderá levantar críticas ao Poder Judiciário, mas irá incorporar o problema e a solução adotada no sistema jurídico, reconstruindo-o, inclusive as categorias dogmáticas, para dar conta dele. Assim, em sua definição de responsabilidade civil não poderá mais afastar a função punitiva e deverá ser desvinculada da ideia de culpa (Püschel, 2005, 2007).

Antes de prosseguir, seja-me permitida uma divagação, que me parece relevante para ressaltar a importância de se distinguir *legalismo* de *absolutismo conceitual*. Ao menos no que se refere ao debate atual, parece-me razoável afirmar que o *legalismo* é uma maneira de ser formalista característica dos sistemas de *Common Law*, especialmente nos Estados Unidos (Kennedy, 2001). De outra parte, na família romano-germânica, os formalistas tendem a ser *absolutistas conceituais* e não legalistas (Vicén, 1961).

Esta diferença explica-se por questões históricas. O absolutismo conceitual nos países anglo-saxões referia-se à crença de que a *Common Law* era dotada de uma racionalidade intrínseca, de feições jusnaturalistas, tese que Richard Posner (1981) tentou recuperar quando afirmou que tal racionalidade era a eficiência econômica. Até onde posso compreender, o realismo norte-americano foi uma reação contra esta manifestação de absolutismo conceitual. Seu objetivo era mostrar que a criação do direito dependia dos juízes e não de uma " racionalidade intrínseca" aos casos da *Common Law*. Posner (2007) reviu sua posição, abandonando sua tese anterior, ao se aproximar do pragmatismo filosófico, mas é interessante perceber que o debate sobre o formalismo não desapareceu do direito anglo-saxão.

Ao menos no que diz respeito aos Estados Unidos, este debate renasce com a discussão do papel das leis, fenômeno relativamente novo para esta tradição. No início do século XX, a existência de leis (*statutes*) não era um problema para os sistemas jurídicos de *Common Law*. Elas eram uma fonte de direito de importância menor: estava claro que o papel de criar o direito era dos juízes, na esteira da crítica realista. Com a proliferação de leis, especialmente em razão de políticas de natureza social promovidas pelo Estado (especialmente no campo do antitruste, as medidas de proteção social e outras medidas regulatórias), esta fonte ganha cada vez mais espaço e, com ela, surgem problemas institucionais e teóricos (Calebresi, 1982). Como compatibilizá-las com o poder dos juízes e como incorporá-las na descrição abstrata da *Common Law*?

Retomando o fio da meada, seja qual for sua versão, visões formalistas do direito têm *pressupostos institucionais* evidentes que normalmente ficam fora da discussão entre os teóricos do direito. Tais pressupostos decorrem da ligação interna entre formalismo e legalismo, ou melhor, entre o formalismo e a ideia de que o governo deve ser feito com base em leis e não na vontade arbitrária dos homens. O direito tem sido identificado à subsunção não apenas em razão da miopia ou da teimosia de alguns analistas e operadores do direito, mas porque subsumir é a função do Poder Judiciário no contexto da separação de poderes em sua visão clássica e esta forma de organizar a sociedade é a consolidação de certa maneira de distribuir o poder entre os grupos sociais.

O juiz subsume porque a discussão política, supostamente, já se resolveu no Parlamento: a sociedade já deliberou sobre suas divergências e adotou uma regra de conduta — a lei geral e abstrata — que servirá de referência para solucionar conflitos futuros sobre aquele assunto específico.[4] Quanto a assuntos não previstos pelas leis estatais, é possível criar regras autonomamente por meio de negócios jurídicos, cujo principal exemplo é o contrato. As regras nascidas desta forma, pelo exercício da autonomia privada, também podem ser levadas ao Poder Judiciário e devem ser aplicadas conforme a vontade das partes: as regras criadas pelo Estado devem ser aplicadas conforme a vontade da sociedade representada pelo Parlamento.

Posto isto, podemos afirmar que, olhada do ponto de vista interno ao direito, a subsunção é um método de aplicação das regras jurídicas correlato a uma determinada forma de pensar o direito (como sistema completo e coerente) que, tradicionalmente, permite caracterizar de certa forma a racionalidade própria ao direito. Olhada de fora, a subsunção também tem um significado político, coerente com certa visão da separação dos poderes e ligada a certo modo de ver o Estado e sua relação com a sociedade.

Em suma, ao subsumir, evita-se que a vontade da sociedade, expressa nas leis, seja desrespeitada. Além disso, trata-se de evitar que o Estado sujeite os cidadãos a normas em cujo processo de criação eles não tomaram parte, ainda que por intermédio de seus representantes. O direito liberal, classicamente, afirma que uma pessoa só é obrigada a cumprir as regras que

---

[4] Esta visão, no limite, pode levar à defesa da supressão do poder interpretar as leis pelo Poder Judiciário ou qualquer instância jurisdicional. A realização desta tendência implica uma posição legalista com alto potencial autoritário.

criou para si mesma, ou seja, as regras criadas pelo Parlamento. Toda pessoa é, ao mesmo tempo, súdita e soberana, pois tem o dever de se submeter às regras e participa, mesmo que indiretamente, de sua criação. Por esta razão, o Estado só pode agir e as pessoas só podem ser obrigadas a cumprir as regras se assim for decidido por seus representantes, ou seja, por sua própria vontade. No que diz respeito a normas nascidas da autonomia privada, a vontade estaria claramente ali, posta como fundamento dos contratos.

Certamente, esta não é a única forma de institucionalizar a liberdade. É possível pensar em outros modelos institucionais capazes de garantir a separação entre Estado e sociedade, a despeito da pobreza da imaginação social nesse sentido (Vile, 1998; Neumann, 1986; Unger, 2001a, 2001b). Em seu ensaio sobre Montesquieu, Franz Neumann (1957:142) afirma, enfaticamente, que é preciso abandonar o "peso morto" da separação de poderes para analisar as instituições políticas a contento. Em sua opinião, a essência da separação de poderes está na manutenção da liberdade da sociedade em relação ao Estado, garantida pela possibilidade de que as decisões tomadas por um poder sejam examinadas por outro, e não por uma estrutura rígida de três poderes com funções exclusivas. No fundo, a liberdade é garantida pela possibilidade de revisão das decisões por um órgão diferente daquele que a tomou.

> *While the independent judiciary can be considered the irreducible minimum of the doctrine of separate powers, the separation of administrative and legislative functions not only does not guarantee freedom, but hampers the utilization of the state's power for desired social ends. The power of the state is unified while a division of labor may and always will lead to a distinction between the various functions of the state, based on expedience not on dogma. Liberty is not threatened by legislative activity of administration but by such a structure of society that makes the rise of contending political forces impossible or difficult. A pluralistic social structure and a flexible multiparty system are far more important to liberty than the monopolization of legislation by the legislature and the reduction of the administrative power into a law-enforcing agency. The threat to liberty, inherent in the ascendance of administration, cannot be curbed by*

curtailing administrative activity but by subjecting it to parliamentary control and assuring popular participation in administration. (Neumann, 1957:143)

Esta longa citação de Neumann contém inúmeros problemas, que não iremos discutir neste texto. Para o que nos interessa neste momento, cabe apenas dizer que, a despeito de críticas acerbas da separação de poderes, que têm se multiplicado ao longo dos anos, ainda hoje permanecemos reféns do conceito, das instituições e dos elementos de imaginação institucional ligados a ele (Vile, 1998:8). No entanto, e esse é o ponto fundamental, não estamos diante de um problema puramente teórico, que demande apenas mais estudo ou esclarecimento ou argumentos mais elegantes e precisos. Trata-se de uma discussão que envolve as instituições que figuram e instrumentalizam posições de poder na sociedade. A teoria do direito deve levá-las em conta. Esta dimensão do problema é crucial para compreender o que está em jogo quando a ideia de subsunção perde a centralidade; tanto como prática dos agentes sociais, quanto como categoria para o estudo do direito.

Mas há mais. A contenção da ação do Estado pelas leis editadas pelo Parlamento tem um significado econômico evidente. A existência de regras claras e estáveis favorece a atividade econômica ao garantir certeza para os negócios e segurança de que o Estado respeitará os interesses da sociedade, dentre os quais, o direito à propriedade privada e à livre-iniciativa. De acordo com essa visão, o juiz formalista favorece a atividade econômica, pois não produz nenhuma surpresa, limitando-se a referendar o que já foi decidido no Parlamento. Não é a toa que muitos economistas e autores da tradição do *Law & Economics* defendam abertamente o formalismo em função da segurança e da certeza do direito, elevadas a valor fundamental do ordenamento jurídico, apesar de defendidas com um vocabulário filosófico supostamente pragmático (no Brasil, Pinheiro e Saddi, 2005). Com efeito, os autores mais sofisticados, mesmo que ligados ao *Law & Economics*, são igualmente críticos do formalismo: admitem claramente a indeterminação da aplicação das regras e a liberdade do juiz, inclusive para definir políticas públicas, a despeito de buscarem, como quase toda a teoria do direito do século XX, critérios para lidar com o problema (Posner, 2007; Vermeule, 2005).

Como é possível perceber, estou retomando algumas obviedades sobre o direito e o Estado por acreditar que elas não têm sido levadas em consideração quando se discutem os problemas ligados à subsunção e seu papel na definição da racionalidade jurídica. Por esta razão, prossigo: de uma perspectiva mais abstrata, o formalismo em sua versão legalista também está ligado à ideia de que o Estado tem o monopólio da produção normativa e da jurisdição dentro de um determinado território. Para esta visão do direito, os conflitos sociais são regulados, principalmente, pelas regras editadas pelo Estado e, em caso de conflitos que não sejam resolvidos espontaneamente pelas partes, a questão deve ser levada ao Poder Judiciário; o órgão competente para decidi-las e dotado de poder para impor suas decisões mesmo contra a vontade das partes. Neste registro teórico, não há alternativa à jurisdição estatal, exceto a solução do conflito pelas próprias partes, o que pode resultar no uso de violência. Por esta razão, o juiz é obrigado a responder a todas as demandas que lhe sejam apresentadas (vedação do *non liquet*), ou seja, tem o dever funcional de oferecer uma resposta ao conflito que lhe foi apresentado, seja para acolher ou para rejeitar as pretensões do autor da ação.

Ora, para que isso seja possível, o sistema jurídico deve ser completo e coerente, ou seja, deve conter regras capazes de fornecer ao juiz critérios para decidir todo e qualquer conflito; excluída a existência de normas incompatíveis entre si, pois as mesmas permitiriam ao juiz encontrar mais de uma resposta para o mesmo problema. A completude e a coerência do ordenamento jurídico, que presidem o pensamento dogmático olhado da perspectiva da subsunção, decorrem necessariamente do arranjo institucional que estou chamando aqui de separação de poderes em sua feição tradicional. São princípios que servem ao princípio da legalidade, ou seja, ao monopólio estatal da criação do direito e da jurisdição.

Em suma, o formalismo, caracterizado pela ideia de que o juiz deve subsumir os casos às regras, liga-se aos seguintes pressupostos institucionais: (a) o monopólio estatal do poder de criar normas jurídicas e de decidir conflitos; (b) o Poder Judiciário concebido como instância competente por aplicar as leis produzidas pelo parlamento após o debate político e (c) a segurança e a certeza do direito que garantem aos cidadãos que o Estado aja de forma controlada e previsível, conforme a vontade da sociedade expressa nas leis.

Não há como discutir o formalismo jurídico sem tocar nestes pressupostos. Quando a aplicação das regras por subsunção deixa de ser tomada como o padrão da reprodução do direito na sociedade, todos eles ficam em questão e, mais ainda, a identidade dos profissionais que ocupam as diversas posições institucionais relacionadas a eles. Por motivos óbvios, daqui para frente nos ocuparemos apenas com os juízes e com os juristas. A estes últimos, vou me referir também como pesquisadores em direito.

Antes de discutir esta questão, é importante constatar que, no campo da teoria do direito, a perda da centralidade da subsunção é o atual senso comum teórico entre os pesquisadores. É muito difícil encontrar um autor que defenda que a aplicação mecânica das normas jurídicas dá conta da atividade jurisdicional e, por conseguinte, da racionalidade do direito. Os atuais defensores do formalismo não reduzem a atividade do juiz a operações lógico-formais. Não as excluem do horizonte, apenas as localizam no contexto de descrições mais complexas da racionalidade jurisdicional; descrições estas que consideram a aplicação formalista (lógico-formal) das normas uma opção específica, a ser adotada em determinados casos. Para justificar a utilidade de operações mentais desta natureza, os teóricos se valem de raciocínios que lhes são anteriores e que não podem ser descritos como operações lógico-formais.

Um exemplo: Adrian Vermeule defende que os juízes devem adotar julgamentos formalistas por questões pragmáticas e consequencialistas, considerados os mais adequados para presidir a ação de jurisdição. Para ele, o juiz que abandona o formalismo e se volta para problemas substantivos terá de lidar com pressupostos empíricos complexos e que demandam conhecimentos técnicos complexos. Ao se arriscar nesta racionalidade, o juiz será levado, por vezes, a fazer suposições sobre a realidade cuja verificação é difícil ou mesmo impossível de ser feita; por exemplo, a ideia de que uma sanção grave tem efeitos dissuasórios, um lugar comum considerado óbvio, mas cuja comprovação empírica ainda não foi feita de forma convincente.

Seja como for, continua o autor, diante de possíveis consequências desastrosas ou impossíveis de verificar de um julgamento baseado em pressupostos sobre fatos cuja dinâmica o juiz não conhece e nem poderia conhecer, é melhor optar por um modo de julgar formalista, preso ao texto da norma (Vermeule, 2005). De outra parte, autores como Dworkin, Alexy e Schauer também desenvolvem teorias que acolhem o formalismo, mas o situam como parte integrante da racionalidade jurisdicional. Dworkin (1999, 2002) e Alexy (2008a) distinguem princípios e regras e restringem a racionalidade formalista a estas, sem afirmar que a racionalidade da aplicação se resolve nela. Já Frederick Schauer (1998) constrói um modelo normativo para a aplicação das normas em que o uso de raciocínios formalistas é uma presunção que pode ser afastada se houver boas razões para isto.

Os exemplos poderiam se multiplicar, a começar com Hans Kelsen que, já no começo do século XX, afirmava a impossibilidade de se obter uma única resposta para os problemas jurídicos: segundo sua teoria, cabe ao juiz decidir, por critérios políticos, qual interpretação das regras deverá ser adotada (Kelsen, 2002, Paulson, 1990). A concordância teórica quanto à inadequação da subsunção é tão absoluta que, por exemplo, Alexy inicia sua *Teoria da argumentação jurídica* afirmando que, se há um ponto de concordância entre os teóricos, é impossibilidade de descrever a racionalidade da jurisdição apenas com o uso da subsunção (Alexy, 2008b). Em 1912, Carl Schmitt já afirmava, em seu livro de estreia *Gesetz und Urteil*, que a subsunção é uma "ficção infantil" e buscava dar conta da racionalidade jurisdicional apelando, de forma pioneira, para a comunidade dos juízes (Schmitt, 1914).

Diante de tudo o que dissemos, parece-me espantoso que este debate tenha se desenvolvido no campo da teoria do direito sem grandes considerações sobre o problema da separação de poderes e sobre a posição do Poder Judiciário e da legalidade no contexto político mais amplo. Quase nenhum jurista se preocupou em investigar as consequências institucionais da superação da subsunção e seu impacto sobre o princípio da separação de poderes. As análises têm se limitado a discutir se é possível ou não desenvolver teorias capazes de conferir racionalidade à atividade jurisdicional ou se devemos pensá-la apenas em função da subjetividade dos juízes considerados em concreto, a exemplo das várias versões do realismo jurídico, que instaura um ceticismo radical sobre a possibilidade de submeter o processo de aplicação das normas a critérios racionais. Todas estas teorias (à exceção, evidentemente, do realismo jurídico) têm mantido sem discussão os pressupostos políticos-institucionais mencionados acima, poupando o princípio da legalidade de um exame mais radical.

Tal modo de proceder me parece um grande equívoco. Ao admitirmos que o juiz faz algo mais do que aplicar regras, fica pressuposto que: (a) a criação normativa não termina com a deliberação que culminou com a produção da lei pelo Parlamento, ou seja, o juiz faz política; (b) o cidadão pode ser obrigado a fazer ou não fazer algo com base numa regra criada *ex post factum* por uma autoridade não eleita. Estes dois pressupostos desorganizam a estrutura-padrão da separação de poderes e colocam em xeque a posição de agentes públicos e cidadãos diante das instituições.

Mas é bom ir devagar. De certa forma, a afirmação que fizemos pode ser considerada injusta e imprecisa. Pode-se argumentar, contra ela, que a teoria do direito no último século tem se esforçado para "salvar" a racionalidade jurisdicional, a posição do Poder Judiciário e certa racionalidade do direito ao desenvolver teorias capazes de descrever de outra maneira a relação entre a lei e o juiz. Desta forma, a separação de poderes e a função do Judiciário poderiam permanecer inalteradas, abandonando-se apenas a ideia ingênua de que os juízes aplicariam as normas com base em raciocínios lógico-formais. "Aplicar a lei" não significaria mais enquadrar casos concretos em normas abstratas, mas realizar uma série de outras operações mentais que, igualmente, têm como finalidade fazer valer, no caso concreto, as leis postas pelo Parlamento.

Confesso ter dificuldade em aceitar este modo de ver a questão. O que está em questão aqui, olhando-se o problema de uma perspectiva mais ampla, é a crise da legalidade como forma de reprodução institucional e a consequente mudança do papel do Poder Judiciário e do Estado na solução dos conflitos sociais. Colocando a questão de forma mais clara, está em questão o impacto duradouro da democracia de massas e, mais recentemente, da mundialização da economia, sobre o modelo de organização institucional que o Ocidente herdou do século XIX (Berman, 2004), ou seja, Estados nacionais estruturados conforme o princípio da separação de poderes. A crise do formalismo é um episódio da crise da democracia parlamentar; da incapacidade do sistema político tradicional de dar conta da complexidade social; traduzidas em demandas, dirigidas ao Judiciário e ao sistema político. Vivemos ainda a crise da representação política (Urbinati, 2006) e, por via de consequência, do princípio da legalidade, da centralidade do Poder Judiciário e do padrão de racionalidade adequado para descrever a aplicação das normas jurídicas.

Evidentemente, todos estes problemas precisam estar presentes na pauta da pesquisa em direito, pois eles modificam os pressupostos institucionais sobre os quais ela se constrói. Neste ponto da exposição, é importante consolidar alguns resultados. No que diz respeito ao debate sobre o formalismo, fique claro que, como acabamos de ver, ao menos no campo da teoria do direito, há amplo consenso sobre sua incapacidade de dar conta da realidade das instituições jurisdicionais. Os atuais defensores do formalismo situam a aplicação lógico-formal das normas no contexto de descrições mais sofisticadas da atividade jurisdicional, admitindo que os juízes têm papel criativo, ou seja, que são capazes de inovar o ordenamento jurídico, produzindo e alterando seu significado em atos sucessivos de aplicação. Ademais, como já mostrava Kelsen (1979:237-238), a aplicação pode, até mesmo, atingir a validade das normas jurídicas criadas pelo Parlamento. Ao deixarem de ser aplicadas, caindo em desuso, as normas perdem a validade.

A aplicação define a configuração e o sentido das normas e é capaz de afetar sua validade: a ideia de que as normas são resultado da atividade interpretativa é amplamente aceita hoje pela teoria do direito. Os textos normativos, tomados em si mesmos, são inertes e despidos de sentido. Por óbvio, não são capazes de aplicação a si mesmos: para que se tornem úteis para a solução dos conflitos sociais, precisam da mediação de seres humanos dotados de autoridade para decidir conflitos. Para realizar sua tarefa, tais autoridades utilizam os textos normativos produzidos pelas fontes de direito e, em função dos casos concretos que se lhe apresentam, constroem as normas pertinentes; capazes de fundar uma determinada solução. Texto e norma não se identificam: entre os dois está a mediação humana da atividade jurisdicional (Müller, 2007:20).

Diante dessas afirmações, é de se perguntar se a descrição caricatural do formalismo que apresentei acima fez algum sentido ou se nunca passou, de fato, de uma utopia ou de uma ideologia. A ideia de um processo de aplicação não problemático, ou seja, que não esteja sujeito a divergências sobre a adequação das normas aos casos concretos e, ademais, que seja livre de discussões sobre o sentido e a configuração correta das normas, é característico de algumas formulações radicais do ideal iluminista codificador. Siéyès, em um projeto de lei que propunha a criação de júris populares, defendia a abolição dos profissionais do direito — *Gens de Loi*, como dizia — bem como das Faculdades de Direito com o fim de preservar as leis da deturpação das interpretações (Siéyès, 1789).

Nesta formulação radical, o ideal iluminista da Codificação significava a abolição do especialista em direito e da mediação da jurisdição. O Código Civil deveria "falar por si": sua construção seria tão racional, simples e clara que qualquer cidadão poderia abri-lo e, imediatamente, resolver qualquer caso concreto. O mero ato de interpretar o direito, nessa ordem de razões, significaria usurpar o poder do legislador e frustrar a realização do direito. Todo o poder político estaria concentrado no Parlamento, local de assento dos representantes do povo.

O projeto de Siéyès, diga-se, nunca foi aprovado e os juristas responsáveis pela elaboração do Código Civil não partilhavam desta visão idealizada da aplicação. Mesmo diante desse código revolucionário, mitificado como cristalização da "razão escrita" e em plena era da exegese, havia a possibilidade de utilizar a analogia para resolver casos não previstos, tema que, evidentemente, geraria muita controvérsia entre os teóricos (Bobbio, 1995).

É interessante notar, ainda que *en passant*, que utopias políticas como *A Cidade do Sol* de Tomaso Campanella e *A Utopia* de Thomas Morus condenavam, igualmente, os profissionais de direito e a aplicação das leis; idem os regimes autoritários (Campanella, 1966; Morus, 1972; Müller, 1992; Neumann, 1966; Silveira, 1946). Ao que parece, toda doutrina que pretende ter identificado, de uma vez por todas, as leis que devem presidir a organização social não hesita em condenar o direito e suas "manobras" como capazes de desvirtuar a "verdade" revelada e cristalizada em instituições "perfeitas". Quanto mais perfeito e, por isso mesmo, mitificado for o texto legal, maior será a ojeriza à liberdade do juiz.

De qualquer forma, ao menos no que diz respeito à atual teoria do direito, a aplicação não é descrita como mera subsunção. Os defensores do formalismo não são formalistas segundo a caricatura: é muito difícil (ou mesmo impossível) encontrar alguém que se contente exclusivamente com a racionalidade lógico-formal como descrição da atividade de aplicar normas jurídicas. Ela pode estar sim presente, mas sempre em contexto, junto à diferenciação entre texto e norma, regras e princípios, entre outras formulações teóricas.

Diante dessas afirmações, o estudo dos atos de aplicação mostra-se essencial para a reconstrução dogmática do ordenamento jurídico: o exame das leis deve ser acompanhado do estudo da jurisprudência e dos atos de aplicação isolados, também responsáveis pela positivação do direito. Fica excluída a pertinência de análises que vejam o direito positivo estaticamente, apenas como texto normativo, sem levar em conta sua elaboração sob a forma de normas e o processo de atribuição de sentido levado a cabo pelas autoridades aplicadoras.

A dogmática jurídica no século XX ganhou novas feições em razão das mudanças que estamos apontando. Pode-se dizer que ela se tornou mais preocupada com os problemas jurídicos e com os casos concretos do que com a perfeição formal do ordenamento. Conceitos dogmáticos inadequados para lidar com as normas jurídicas têm sido constantemente reconstruídos (Wieacker, 1993; Ripert, 1936; Gomes, 1955) e a jurisprudência tem sido amplamente examinada e criticada, em função dos problemas enfrentados pela sociedade, traduzidos em demandas dirigidas ao Poder Judiciário. É claro, há textos de má dogmática que deixam de lado todas estas questões, mas isso não autoriza identificar dogmática jurídica e formalismo.

Outro desenvolvimento importante na dogmática é a valorização do ordenamento jurídico como sistema aberto de regras e princípios (Canaris, 1996; Esser, 1961) que devem ser levados em conta na reconstrução conceitual do direito positivado. A preocupação com os princípios nos diversos ramos dogmáticos, a despeito do mau uso que se possa fazer deles em certos casos, é sinal da renovação da dogmática. Ela passa a acolher os valores e as mudanças sociais por meio de raciocínios voltados para os problemas em concreto e para os princípios, que os captam e os traduzem para a linguagem jurídica. É importante dizer que a incorporação dos princípios pode aumentar o grau de formalismo e arbitrariedade se eles forem encarados como proposições abstratas das quais se possam derivar quaisquer argumentos. Não há espaço para discutir este problema aqui, mas é importante mencioná-lo para deixar claro que a valorização dos princípios só será sinal de renovação da dogmática se ela implicar a alteração do modo de pensar lógico-dedutivo.

O crescente ativismo judicial olhado, muitas vezes, com desconfiança e classificado como "judicialização da política" (Vianna et al., 1999), ou seja, como uma usurpação do Poder Legislativo dos representantes do povo, é a contraparte necessária de todo este processo.[5] Um século como o século XX, que viu nascerem movimentos sociais de massa, partidos políticos e organizações não governamentais, foi obrigado a acolher em seu ordenamento jurídico demandas as mais variadas, nascidas de grupos que defendem interesses políticos, sociais e econômicos.

Este processo, de nascimento a articulação judicial de demandas, não apresenta sinais de se esgotar e é o fator sociológico que impulsionou as mudanças no direito a que estamos nos referindo; mudanças que "desorganizaram" as estruturas institucionais e dogmáticas que herdamos do século XIX

---

[5] Para uma crítica do conceito de judicialização da política, ver capítulo 5.

(Neumann, 1986; Radbruch, 1936; Rodriguez, 2009; Bercovici, 2004). Nesse sentido, a defesa de um ideal de certeza e segurança jurídica que não leve em conta tal processo assume feições conservadoras ao negar à sociedade a possibilidade de alterar as instituições para melhor acolher seus interesses, o que pode resultar na perda de legitimidade do estado de direito. A defesa do formalismo e das instituições tradicionais, se não for bem matizada e justificada, pode resultar na defesa da exclusão de novas demandas dirigidas ao ordenamento jurídico e na defesa do controle tecnocrático sobre o devir do direito.

Esta afirmação também vale, diga-se, para a criação de estruturas regulatórias internacionais e transnacionais que, normalmente, são vistas como ameaças à ordem nacional e ao direito, mas que, na verdade, podem ser vistas como formas de institucionalizar certas demandas que só poderiam ser atendidas por meio de estruturas deste tipo. Por exemplo, a proteção do meio ambiente e a proteção do trabalho são assuntos que, em regimes capitalistas, por natureza, exigem regulação transnacional. Afinal, de pouco adianta que apenas um grupo de países proteja o meio ambiente se outros o destroem para baratear seus custos de produção. No longo prazo, o resultado será negativo para todos.

Da mesma forma, a proteção trabalhista territorialmente localizada abre espaço para o *dumping social*: algumas empresas e Estados se aproveitam do baixo custo da mão de obra em certos países para produzir mercadorias a preços baixos, utilizando-se, muitas vezes, de formas de trabalho condenadas nos países centrais. Podem-se fazer afirmações semelhantes referentes ao fluxo mundial de capital financeiro, à lavagem de dinheiro, ao tráfico de drogas e a tantos outros problemas que apenas a mundialização da economia e a regulação jurídica para além das fronteiras estatais têm permitido tratar a contento.

Abordaremos adiante este problema: a centralidade do Estado como fonte do direito. Para o que nos interessa discutir neste ponto, basta afirmar que o formalismo deve ser estudado em conexão com as demandas sociais sempre renovadas, e com as mudanças ocorridas nas sociedades. Caso contrário, estaremos vendo o direito como um elemento neutro e inerte, cujo papel seria o de reproduzir certa formação social, ou seja, certa relação entre classes e grupos sociais, julgada como desejável para todo o sempre. A "mitificação" da separação de poderes está estreitamente ligada a este problema.

Este é o ponto fundamental que transparece após esta já longa exposição: é preciso estudar o direito como estrutura mutável e contingente e não como mecanismo eterno de reprodução da sociedade. Estudar com olhos de zelador o direito posto e das instituições atualmente existentes é, por vias tortas, barrar as mudanças sociais que desafiam o direito sob a forma de demandas dirigidas ao sistema político e ao Poder Judiciário. Talvez seja adequado, após termos feito todas as advertências sobre os perigos em utilizar o termo "formalismo" sem o devido cuidado, emprestar a ele um sentido mais profícuo, ainda que pejorativo.

Assim, a partir de agora, "formalista" passa a designar todos os teóricos ou agentes sociais que naturalizam o direito posto e sua racionalidade, ou seja, a forma atual do Estado e da separação de poderes, transformando em dogma estruturas históricas e mutáveis; e emprestando à pesquisa em direito uma postura defensiva e conservadora; incapaz de especular sobre possibilidades diversas de organização institucional.

3. Duas hipóteses sobre a persistência do formalismo

Se o formalismo tem sido tão criticado e é considerado superado como descrição da racionalidade do direito, por que este problema insiste em retornar à pauta? Qual a necessidade de discutir este tema, gasto pelo peso de um século de ataques dos mais diversos calibres? Para compreender a necessidade de continuar a criticar o formalismo, é importante distinguir: (a) o formalismo como modelo teórico para caracterizar a racionalidade do direito, (b) o formalismo como modelo teórico para caracterizar a aplicação das normas jurídicas e (c) o formalismo como autodescrição dos operadores do direito, especialmente do juiz; (d) o formalismo como autodescrição da sociedade em sua relação com o direito, especialmente quanto aos agentes políticos e econômicos.

Até agora, falamos apenas de (a) e (b). Sabemos que a teoria do direito não aceita descrever o direito como formalista e que pensa a aplicação das regras de maneira mais complexa, sem reduzi-la a operações lógico-formais. Quando nos voltamos para os problemas (c) e (d), embora o façamos com olhos de pesquisador, estamos mais longe da teoria e mais perto da realidade, ou seja, mais perto do funcionamento real do Poder Judiciário e de seus conflitos com os outros poderes. Nossa hipótese é a de que, no caso do juiz, abrir mão do formalismo significa colocar em risco de forma aguda sua autoidentidade e sua posição institucional. Quanto aos agentes econômicos e políticos, abrir mão do formalismo é colocar em risco as posições de poder que eles ocupam. Construir críticas teóricas ao formalismo sem tocar nas posições de poder que se referem a ele equivale a usar um canhão para matar um mosquito. É preciso usar armamentos mais adequados.

3.1 A resistência de juízes e juristas

Um pesquisador, ao menos a princípio, deve sua identidade às instituições universitárias e não coloca em risco sua posição ao buscar outras maneiras de dar conta do direito. No caso do juiz, assumir seus juízos de valor para além do texto das normas pode resultar em acusações de usurpação do Poder Legislativo, parcialidade diante dos casos concretos e comprometimento da certeza e segurança do direito. Por esta razão, essa é nossa hipótese, tenderia a sobreviver no nível da autodescrição dos operadores do direito e desaparecer do campo teórico. De fato, o formalismo aparece no discurso de juízes, advogados, promotores e imprensa, todos, tendo como pressuposto a visão tradicional de separação de poderes.

No entanto, mesmo no campo da teoria, especialmente entre juristas que lidam com dogmática jurídica, este quadro não se confirma. O formalismo permanece vivo na teoria, a despeito do que dissemos acima. Nossa hipótese para explicar este fenômeno é a seguinte: o Brasil tem uma peculiaridade no que tange a este problema. Diante da confusão entre pesquisadores de direito e operadores do direito e da prevalência da lógica do parecer como padrão do trabalho acadêmico (Nobre, 2003; Fragale e Veronese, 2004), a pesquisa no Brasil tende a sofrer de maneira mais aguda as pressões da prática profissional. Como as atividades de pesquisador e operador do direito confundem-se, muitas vezes, nas mesmas pessoas, abrir mão do formalismo para os pesquisadores torna-se mais difícil. Esta hipótese, se comprovada, ajudaria a explicar a dificuldade de alguns dogmáticos em abrir mão do formalismo como racionalidade característica do direito.

Se não, vejamos. Se tirarmos as consequências das mudanças institucionais a que nos referimos no item anterior para a caracterização da função do juiz e do jurista, chegaremos a uma descrição muito diferente daquela que perpassa o senso comum. Como já dito, um juiz que não se limita a aplicar mecanicamente a lei é obrigado a justificar sua decisão com argumentos não redutíveis ao assim denominado "silogismo jurídico", fazendo referência a argumentos de valor, ainda que sob a forma de princípios, que têm natureza de norma jurídica.

Como já ficou evidente no item anterior, se tomarmos como pressuposto a divisão de poderes em sua concepção tradicional, a necessidade de justificação valorativa da sentença coloca em xeque o estado de direito, especialmente diante do senso comum. Como explicar para a esfera pública que o juiz não se limita a aplicar as normas e tem uma atividade criativa? Ao que tudo indica, o vocabulário da aplicação das normas e do formalismo ainda é predominante na esfera pública brasileira. Ele aparece no discurso de movimentos sociais, cidadãos, pesquisadores e imprensa (Machado, Püschel e Rodriguez, 2009) a par da concepção tradicional de separação de poderes. Estamos longe de construir um novo senso comum sobre a função jurisdicional e sobre o direito que veja o ativismo judicial como normal e o processo de aplicação das normas como relativamente indeterminado. Diante disso, nossa hipótese é a de que a autodescrição dos juízes continua a se fazer com referência à subsunção, reforçando a visão tradicional do Poder Judiciário.

Outro complicador para este problema são as mudanças que vêm ocorrendo na estrutura do Poder Judiciário. Elas têm levado os juízes a, cada vez mais, desenvolverem atividades que não se identificam com o exercício da jurisdição. As pesquisas empíricas sobre o sistema de justiça brasileiro demonstram que o Poder Judiciário estadual tem criado órgãos destinados à solução de conflitos que fogem do padrão da Justiça Comum. Tais órgãos criaram procedimentos menos formais, com maior oralidade, mais ênfase na conciliação do que no julgamento dos conflitos e sem exigência de atuação de advogados, o que coloca o juiz em contato direto com as partes. Como exemplo destes órgãos, temos os Juizados Especiais (cíveis e criminais), Juizados Especiais de Conciliação e Centros Integrados de Cidadania (CICs) (Galanter, 1993; Sadek, 2001a, 2001b; Haddad et al., 2003; Adorno, 1995; Cunha, 2007; Faisting, 1999).

Em cada um desses órgãos, atribui-se ao juiz o exercício de tarefas diferentes. Nos *Juizados Especiais* o procedimento exige que o juiz dê menos atenção ao formalismo dos atos processuais, favoreça a manifestação oral em lugar da manifestação por escrito e busque mediar os conflitos, visando a obter a conciliação entre as partes. Nos *Juizados de Conciliação* pede-se que o juiz atue principalmente como mediador e deixe de proferir sentenças, visando a obter a solução pacífica do conflito. Nos CICs, além de atuar como mediador, o juiz deve trabalhar em equipe, relacionando-se com as outras instituições que formam o CIC (Ministério Público, Delegacia de Polícia, Assistência social, por exemplo) para assumir um papel, em meio a vários outros, no processo de solução do conflito social levado a este órgão.

Algo de muito semelhante ocorre no que toca ao segundo ponto de que prometemos tratar: a autoimagem dos juristas. Tomando como pressuposto o formalismo, a função de um jurista seria a de, basicamente, estudar as normas e organizá-las em um sistema completo e coerente, criando conceito capazes de oferecer aos operadores do direito diretivas seguras para a solução dos casos concretos. Segundo esta concepção, porque a "verdade" do direito está nos textos normativos produzidos pelo Parlamento, seu exame permitiria resolver o processo de aplicação das normas com os estudos doutrinários. O exame dos casos reais e do funcionamento dos órgãos aplicadores ficaria em segundo plano.

Uma dogmática não formalista, pensada contra o formalismo, terá de se preocupar com os casos concretos e levar em conta as mudanças sociais na construção de seus conceitos. Ela deixará de falar em nome da "verdadeira" aplicação, pois, de fato, sua atividade torna-se secundária em relação à ação dos operadores do direito, mais especificamente, os juízes. Digo "secundária" não para desqualificar o jurista, mas para deixar claro que é a autoridade e não o doutrinador o protagonista do processo de positivação do direito. São os juízes e não os juristas os agentes competentes por construir normas coercitivas a partir dos textos normativos produzidos pelas fontes de direito, com o fim de resolver casos concretos.

É importante lembrar que o ensino do direito tem um papel a desempenhar aqui, já que juristas formalistas formam alunos que irão ocupar a posição de operadores do ordenamento jurídico. Atualmente, a doutrina e suas preocupações sistemáticas, não o estudo de problemas jurídicos, são a tônica do ensino dogmático, portanto, é de se imaginar que esta formação tenha influência sobre a postura dos juízes no desempenho de suas funções; e que uma mudança no padrão de ensino ajude a superar o formalismo (Püschel, 2006).

Retomando o fio da exposição, num registro não formalista, o papel do jurista fica parecido com o de qualquer outro teórico em ciências humanas. Sua função é elaborar hipóteses sobre o desenvolvimento dos atos de aplicação, investigá-los; também aos textos normativos, e atribuir a eles determinado sentido. A dogmática passa a ter um momento empírico necessário (Alexy, 2008a:241-246), que consiste na observação e na análise dos atos de aplicação das autoridades confrontados com os textos normativos.

Não cabe ao jurista deduzir diretamente a partir dos textos normativos respostas supostamente "corretas" para casos concretos pensados em abstrato, esperando que as autoridades simplesmente sigam sua opinião. Sua função principal é observar e analisar os atos de aplicação; analisar seu modelo de justificação e seus pressupostos; atividade que pode culminar com a mera crítica da aplicação conforme atualmente praticada ou com a proposta de alternativas que visam a influenciar os operadores do direito.

Seja lá como for, o jurista não é mais o detentor da "verdade" do direito; é um pesquisador que estuda determinada instituição, o Poder Judiciário, que se reproduz pela constante reconstrução, mais ou menos coerente, de um conjunto de textos normativos dotados de autoridade, renovados pela criação contínua de novas regras, novos atos de interpretação ou pelo desuso com o fim de solucionar os conflitos sociais apresentados ao sistema de justiça.

Uma dogmática praticada desta forma perde em autoridade na mesma medida em que os textos normativos passam a ser vistos como ponto de partida e não como ponto de chegada da interpretação. É claro que o doutrinador sempre almejará influenciar os operadores do direito; ser citado e influenciar os atos de aplicação. No entanto, insisto, porque ele não tem como o aplicador autoridade para positivar o direito, seu papel neste processo é mediato. A partir da pesquisa empírica e análise dos atos de aplicação e do exame dos textos normativos, irá construir conceitos capazes de facilitar a operação do ordenamento jurídico e, eventualmente, propor soluções para os problemas enfrentados pelo Direito (Alexy, 2008a:241-246); soluções estas que não têm nada de "verdadeiras", mas se pretendem apenas razoáveis.

Diante do exposto, é de se esperar que juízes e juristas resistam a tirar consequências da incapacidade da subsunção em dar conta da racionalidade do direito. Os primeiros, como já dito, veem sua função perder nitidez na mesma medida em que sua relação com as leis se modifica e o direito ganha em indeterminação e contingência. De sua parte, os juristas também assumem outro papel e se tornam pesquisadores; não autoridades com posição privilegiada para decifrar os textos jurídicos e resolver a aplicação com golpes de doutrina.

Neste novo quadro, pós-formalista, a redefinição destas funções exige a formação de um novo senso comum sobre o direito que esclareça aos olhos da esfera pública a identidade profissional de juízes e juristas para além das funções tradicionais do Poder Judiciário no contexto da separação de poderes. Na falta dele (ou mesmo em sua presença) é de se esperar que haja resistências em abandonar este modo de pensar. Não estamos tratando apenas de questões culturais, mas do enfraquecimento de posições de poder, institucionais e simbólicas.

3.2 Legalidade, sociedade civil e economia

A resistência em abandonar o formalismo e a subsunção não vem apenas da classe dos juízes e dos juristas. Parece razoável afirmar que tal resistência também venha da sociedade, especialmente de agentes econômicos e agentes sociais interessados em satisfazer seus interesses diante o Estado. Como no item anterior, os argumentos articulados aqui são mais uma especulação a partir dos problemas apontados no item 2 deste texto do que do resultado de pesquisas organizadas. No entanto, acreditamos que as hipóteses levantadas sejam razoáveis. Neste caso específico, parece claro que a hegemonia neoliberal no debate nacional e internacional sobre o direito seja responsável pela valorização do formalismo ao retomar os termos desta relação com inspiração na visão weberiana da questão (Trubek, 2007; Santos, 2006; Arida, 2005; Arida, Bacha e Lara-Resende, 2004).

Lembremos que, para a concepção de senso comum sobre a relação entre direito e economia, cabe ao direito gerar certeza e segurança para a realização dos negócios. Ora, se elevadas à condição de valores supremos do ordenamento jurídico, a certeza e a segurança passam a excluir demandas que possam vir a questionar a distribuição de poder cristalizada nas instituições atualmente existentes.

Lembremos que, como discutido no item 2 deste capítulo, a separação de poderes e toda a estrutura de regulação não são apenas meios técnicos para garantir maior eficiência para as atividades da sociedade. Sua estrutura implica uma determinada divisão de poder entre sociedade e Estado e entre os grupos sociais. Por exemplo, se tomarmos um setor como a regulação empresarial, pode-se dizer que a valorização da autorregulação em detrimento da edição de leis sobre determinado assunto implica a transferência de poder do Estado para os agentes econômicos. Da mesma forma, a definição legal do que seja o casamento retira poder da sociedade de atribuir determinadas consequências jurídicas a relações que não se enquadrem na definição legal.

Análises deste tipo, que relacionem formas institucionais e interesses dos grupos de poder, podem ser feitas tomando-se qualquer estrutura regulatória, mais ainda na análise das instituições do Estado de Direito (Rodriguez, 2009:129-131). Wieacker (1953) se referia ao resultado de análises deste tipo como "modelo social de direito". Lembremos que, historicamente, a criação do Parlamento marca a vitória da burguesia no campo político. Esta instituição, responsável por editar as leis que devem orientar governo e cidadãos, impede que os poderosos ajam arbitrariamente ao submetê-los a regras que dão a seus atos previsibilidade e consistência ao longo do tempo.

Já vimos como o formalismo pode favorecer a economia, caso se compreenda esta relação exclusivamente a partir da ideia de certeza e segurança jurídica. Há teóricos como Schumpeter que complicam o problema, adicionando à relação entre direito e economia a questão da legitimidade (Schumpeter, 1984). Nesse registro, além de gerar mais e mais riqueza, a economia precisa fundar-se na adesão dos cidadãos. A despeito disso, ao menos para o pensamento neoliberal que domina as discussões sobre a relação entre direito e economia no Brasil, a certeza e a segurança são consideradas os valores centrais e, assim, o papel do direito é apenas fornecer regras claras e estáveis para o bom andamento dos negócios e fazer valer a vontade das partes expressas nos contratos.

Como sabido, vai embutida nesta tese a convicção de que os mercados serão capazes, por si mesmos, de distribuírem a renda da forma mais equitativa e justa, e com menor custo, sempre em função do esforço desenvolvido pelos cidadãos e da demanda pelos produtos oferecidos. Meu objetivo aqui não é criticar esse modo de pensar a relação entre direito e economia, mas sim apontar a afinidade eletiva entre essa visão e o formalismo jurídico (Weber, 1999; Trubek, 2007).

Afirmar que a aplicação das normas é um processo criativo e dinâmico que permite mudar o sentido dos textos legais produzidos pelo Parlamento assusta os economistas que rezam por esta cartilha. A relativa indeterminação do processo de aplicação das normas — sejam elas nascidas de textos legais ou da autonomia da vontade —, que para o direito é um fato corriqueiro, pode assustar não apenas os economistas, mas também os agentes econômicos. Quanto mais próximo se estiver da visão tradicional da separação de poderes pior: a ideia mesma de interpretação das normas passa a ser vista como problemática.

Há muito tempo discute-se a possibilidade de produzir certeza e segurança jurídica mesmo diante da indeterminação do direito (Neumann, 1986: 30-31; Rodriguez, 2009:96-109; Pistor e Xu, 2004), mas, de qualquer forma, ao menos no que diz respeito ao discurso dos economistas que têm orientado este debate no Brasil, não parece haver uma especial predileção por esta característica do direito, mesmo se lembrarmos que a indeterminação permite que as normas se adaptem a problemas jurídicos, diminuindo a necessidade de criar novas leis por meio dos intrincados mecanismos do processo parlamentar.

Esta afinidade eletiva entre formalismo e economia, por incrível que pareça, parece replicar-se quando examinamos a relação entre movimentos sociais e direito. De novo, é importante lembrar que estamos apenas levantando hipóteses que, no futuro, podem vir a ser verificadas ou não por pesquisas empíricas. Em uma pesquisa realizada em 2007 sobre a estratégia levada adiante pelo movimento negro para que o racismo fosse reconhecido pelo direito, constatou-se que, numa primeira análise, o esforço maior desse movimento foi o de aprovar leis que tratassem especificamente do tema (Machado, Püschel e Rodriguez, 2009). Não foi constatada a existência de uma estratégia que explorasse as possibilidades de interpretação das leis já existentes abertas pela indeterminação do direito. Ao que tudo indica, o objetivo central deste movimento social é lutar pela criação de leis e exigir que o Judiciário as aplique de forma estrita para não frustrar a vontade do legislador, ou seja, estamos diante do imaginário formalista, estritamente ligado à concepção tradicional da separação de poderes.

Importante dizer que esta foi a primeira vez que uma pesquisa no Brasil apontou para este problema, que permite levantar outras questões. Nos

Estados Unidos, o ativismo judicial foi motivado pela ação dos movimentos sociais, com resultados muito mais expressivos em termos de mudanças de políticas públicas via Poder Judiciário. É claro, restaria estudar por que o mesmo não ocorreu no Brasil, mas, de qualquer forma, para o que nos interessa dizer neste ponto da exposição, parece razoável levantar a hipótese de que a mesma relação entre movimentos sociais e direito encontrada no âmbito do movimento negro domine outros grupos sociais e os cidadãos em geral, ou seja, o imaginário do formalismo domina a cena social.

Claro, seria necessário comprovar com mais dados essa afirmação, assim como as assertivas feitas sobre a relação entre direito e agentes econômicos. Sem minimizar a necessidade de pesquisas futuras, fica a hipótese: a visão neoliberal do direito e a relação entre movimentos sociais e direito revelam uma pressão em favor do formalismo, contra todas as evidências do funcionamento real da jurisdição nos dias de hoje. Esta pressão pode estar gerando efeitos sobre o discurso dos juízes, encarregados de acolher as demandas nascidas da sociedade, o que dificulta a criação de um novo senso comum sobre a aplicação das normas, a despeito de quase um século de críticas ao formalismo. Além disso, a confusão entre operadores do direito e pesquisadores no Brasil resulta numa dificuldade adicional, posto que a relativização do formalismo compromete a identidade profissional dos operadores do direito e, por tabela, dos professores de direito.

4. Esboço de uma agenda pós-formalista de pesquisa em direito: para além da separação de poderes

A primeira tarefa de uma agenda pós-formalista de pesquisa em direito é construir uma alternativa à concepção clássica de separação de poderes, especialmente no que diz respeito ao papel do Estado, do processo judicial, do Poder Judiciário e do juiz na solução dos conflitos sociais para fins do raciocínio jurídico. É claro que a discussão sobre o problema da aplicação, isoladamente, é extremamente relevante e tem atingido alto grau de sofisticação na comunidade de pesquisa em direito em todo o mundo. No entanto, ainda não há notícia de que estes resultados tenham tido impacto sobre o senso comum sobre a separação de poderes e instituições correlatas, conceito que, como vimos ao longo deste texto, é o principal entrave para superar o formalismo no campo da teoria e da prática. Fique claro, não se trata, no campo da teoria do direito, de realizar uma tarefa que cabe aos estudiosos de teoria do Estado e do direito público. No entanto, para tornar compatíveis a racionalidade jurisdicional e seus pressupostos institucionais, é preciso tocar no problema da separação de poderes.

O caminho é longo e difícil, diante da impressionante permanência do vocabulário da separação de poderes nas ciências humanas, mesmo diante de críticas constantes, mais antigas do que as críticas ao formalismo jurídico. Por isso mesmo, seria promissor estudar este problema em conjunto com as mudanças institucionais pelas quais vem passando o Estado contemporâneo e as pressões que vem sofrendo em razão da mundialização da economia, que coloca em xeque a separação de poderes e sua concepção tradicional. De fato, a função do Estado vem sendo redefinida, especialmente em razão da criação de agências especializadas na gestão de temas como telecomunicações, mercado financeiro, saúde etc., e do surgimento de estruturas regulatórias transnacionais que ignoram as fronteiras e a vontade dos Estados (Teubner, 1996). A comunicação entre essas duas tradições de pesquisa, que ainda correm em apartado no Brasil, pode render muitos frutos.

No que diz respeito ao nosso tema, esta discussão mostra a necessidade de pensar a racionalidade jurídica não mais como a aplicação de dogmas definidos pelo sistema político aos casos concretos. A aplicação é um processo de parte das normas, ou melhor, do material jurídico à disposição do juiz, mas não se define pela subsunção. O fato é que a teoria do direito contemporânea vem realizando este movimento, mas, aparentemente, sem tematizar suas consequências institucionais. Não há espaço para realizar esta tarefa aqui, mas podemos adiantar que esta perspectiva pode trazer um novo argumento para o debate entre formalistas e antiformalistas.

Deste ponto de vista, não se trata apenas de discutir, em abstrato, qual seria a posição teórica mais convincente, mas sim também qual é a argumentação institucionalmente mais adequada à realidade de nossas instituições. Ainda, quais suas implicações para o modo de se conceber o lugar do Poder Judiciário e a função do juiz no mundo de hoje. O juiz deve ser um conservador por excelência ou um ativista por excelência? Sua racionalidade deve tomar os casos fáceis como paradigma ou os casos difíceis? Pensar o juiz como formalista ou não formalista implica ampliar ou estreitar os limites de sua atuação, posição que pressupõe uma determinada visão da racionalidade jurisdicional.[6] Diante do exposto, é fácil perceber, o debate formalismo *versus* antiformalismo implica, necessariamente, a discussão destas questões normativas e empíricas.

---

[6] Por exemplo, em uma intervenção oral transcrita para publicação, Ronald Dworkin explicita a ligação de sua visão sobre a racionalidade jurídica e seu modo de conceber a atividade jurisdicional. Ver Balinder e Boyer (2004:67-78).

Capítulo 4

Critérios da crítica. Zonas de autarquia e controle do poder

1. Controlar a fundamentação

A simples menção da possibilidade de controlar as decisões judiciais traz à memória lembranças nada agradáveis. Não houve regime ditatorial no Ocidente que não tenha imposto limites ou mesmo suprimido a liberdade dos juízes para impedi-los de interpretar a lei criada pelo Estado (Neumann, 1966,1986; Kirchheimer, 1961; Müller, 1992; Silveira, 1946). Afinal, numa ditadura só existe um ponto de vista, uma única instância de poder competente para tomar decisões que, quando expressas em lei, devem ser cumprida à risca; exatamente na forma em que foram tomadas.

Versões radicais do ideário iluminista, por exemplo, durante a Revolução Francesa, também viram no juiz um perigo para a realização da vontade do povo expressa nas leis (Bobbio, 1995; Siéyès, 1789). O juiz que desrespeita o limite do texto positivado estaria excedendo seu mandado constitucional ao criar normas ao invés de se limitar a aplicá-las. Para este modo de pensar, a política fica restrita à esfera dos partidos, das eleições, do Parlamento: ao Poder Judiciário cabe apenas adequar leis gerais a casos concretos.

Com efeito, qualquer concepção de estado de direito que atribua ao Parlamento toda a competência para criar normas jurídicas irá defender, por conseguinte, uma visão limitada e restritiva da atuação do juiz, ou seja, uma visão de juiz como servo do texto da lei, seja ela baseada em argumentos arbitrários ou não. Interessa a este texto discutir justamente esta ligação entre as diversas concepções de juiz e de Judiciário e o modelo de racionalidade seguido pelo juiz.

Com efeito, a visão de juiz a que nos referimos acima pode ser defendida com base em argumentos *autoritários* (respeito à vontade do ditador expressa nas leis), argumentos sobre a *legitimidade política do juiz* (respeito à vontade do povo expressa nas leis), além de argumentos sobre a *segurança jurídica* (respeito ao texto da lei como garantia de previsibilidade das regras para os agentes sociais, especialmente os econômicos) (Rodriguez, 2010).

Além disso, pode-se defender esta concepção de juiz e Judiciário com fundamento em argumentos sobre a *capacidade cognitiva* de ambos. Neste caso, trata-se de refletir sobre o seguinte problema: quem estaria mais capacitado para criar regras para a sociedade vista como um todo, o Parlamento e o debate político, em que diversas opiniões e concepções se digladiam a favor deste ou daquele desenho para a regulação dos problemas sociais; ou o juiz isolado, cujas decisões podem ter efeitos que ele, muito provavelmente, não será incapaz de antecipar? (Vermeule, 2005)

Seja como for, nessa ordem de razões, a existência de um Judiciário conservador e preso ao texto legal seria uma garantia contra o subjetivismo de juízes, dotados de poder para definir quais deveriam ser as regras para disciplinar as relações sociais sem um contato mais estreito com a complexidade dos interesses e problemas sociais. Nessa perspectiva, os juízes não teriam legitimidade política para promover tal contato e, se fizessem isso, arriscariam a segurança jurídica, prejudicando os negócios, por exemplo.

Para nossos objetivos, é importante apontar que concepções como esta — assim como qualquer outra concepção do Judiciário — devem ser acompanhadas de modelos de racionalidade judicial que orientem o raciocínio dos órgãos judiciais, além de pressuporem um determinado desenho da separação dos poderes, elemento central do conceito de estado de direito (Rodriguez, 2010a).¹

Imaginemos que uma determinada sociedade tenha construído suas instituições da seguinte forma: o objetivo dos juízes deve ser interpretar os textos de forma literal para confinar o debate político ao Parlamento. Discutiremos alternativas para este modelo adiante, mas por hora podemos dizer que este objetivo implica construir determinado desenho institucional e um determinado modelo de racionalidade para as mesmas.

É importante dizer que este texto não irá decidir por nenhuma das alternativas: política centrada no Parlamento e Judiciário estritamente técnico *versus* política descentrada, com um Judiciário ativo. Cada modelo institucional responde a demandas e características específicas dos países em que eles são implementados. O objetivo aqui será apenas desnaturalizar as soluções e mostrar que é possível construir alternativas à institucionalização do Poder Judiciário e da função do juiz.

É apenas nesse sentido que falaremos da necessidade de estabelecer o controle social sobre as decisões judiciais. Nossa abordagem não tem qualquer relação com a pretensão de controlar as sentenças a partir de órgãos externos ao Poder Judiciário ou impor limites ilegítimos à ampla liberdade de julgar. Trata-se, em sentido bem diverso, de refletir sobre a necessidade de criar procedimentos e parâmetros para a atividade jurisdicional que, como qualquer outra função atribuída a um estado de direito, não pode ser exercida arbitrariamente.

Para deixar este ponto mais claro, faremos uma breve discussão sobre o que entendemos por teoria crítica do direito e sua diferença em relação à teoria do direito. A diferença central, como veremos, estará, exatamente, na neutralidade ou não da teoria em relação ao desenho das instituições e aos parâmetros da atividade jurisdicional.

Esclarecida qual é nossa perspectiva, podemos afinal perguntar: como devem atuar os juízes? Como deve ser sua relação com os demais poderes? Que procedimentos ele deve seguir para proferir sua sentença? Que

---

¹ Ver capítulo 3.

operações mentais ele deve realizar para proferi-la? Como ele deve justificá-la? Nos termos postulados por este estudo, a sociedade deve sim criar mecanismos de controle para as decisões dos juízes. O problema é decidir sobre a melhor maneira de fazê-lo.

Cada uma das questões mencionadas no parágrafo anterior mereceria um exame mais detido, o que demandaria mais espaço e tempo de análise. O objetivo deste texto é outro. Pretendemos mapear o terreno para que sejamos capazes de refletir sobre tais problemas de forma organizada, integrando vários aspectos do controle social sobre as decisões judiciais que, na reflexão jurídica, permanecem apartados.

Na primeira parte deste texto será abordado o controle das decisões no que diz respeito ao *desenho institucional*. Mostraremos então a importância do desenho do Poder Judiciário e da disciplina processual dos procedimentos decisórios para o controle social sobre as decisões judiciais. Inspirados em Michel Troper, chamaremos este aspecto do problema de *constrangimentos institucionais* (Troper, 2005).

Na segunda parte discutiremos os *modelos de racionalidade judicial* como forma de controlar a racionalidade e a justificação das decisões jurisdicionais. Tais modelos, em nosso ponto de vista, contribuem para o controle social das decisões ao impor determinados ônus argumentativos ao intérprete. Nesta parte ainda, refletiremos brevemente sobre a questão da pluralidade dos métodos de interpretação, sobre o ensino jurídico, o treinamento dos juízes e, novamente, sobre a importância do processo (civil, penal, trabalhista etc.), além de fazer uma breve nota sobre as características e o papel de uma *teoria crítica do direito*.

Por fim, a última parte deste capítulo será dedicada a abordar a intersecção entre os dois níveis de controle, constrangimentos institucionais e modelos de racionalidade judicial, para indicar qual deva ser o papel da teoria do direito na reflexão sobre o controle das decisões judiciais. Com inspiração em um *insight* de Franz Neumann, defenderemos que o papel da teoria do direito é identificar e criticar as zonas de autarquia no campo das instituições formais tendo em vista a eventual adoção de alternativas institucionais capazes de eliminá-las.

2. Constrangimentos institucionais

Chamaremos de *constrangimento institucional* a forma de controle que não se preocupa diretamente com a maneira pela qual o juiz constrói ou justifica sua sentença, mas sim com o efeito do desenho institucional sobre os julgamentos realizados pelo Poder Judiciário. O que está em questão aqui é a forma de organizar a instituição "Poder Judiciário" tendo em vista o exercício de sua função e não, diretamente, as operações mentais que o juiz deve realizar para decidir e a maneira pela qual ele deve justificar publicamente sua decisão.[2]

Cada forma de organização será, evidentemente, acompanhada de um conjunto de justificativas para sua adoção, ou seja, de uma narrativa coerente das razões que justificariam sua adoção. Em sociedades autoritárias ou governadas por autoridades carismáticas, tais bases de justificação não são necessárias. No entanto, em sociedades modernas, objeto deste texto, é necessário fazer acompanhar cada modelo institucional de uma base de justificação para que ela seja objeto de um debate público racional (Rodriguez, 2009; Günther e Forst, 2009).

É importante ressaltar que a escolha entre um modelo ou outro não se dá no vazio e tampouco é resultado da ação de um ou outro indivíduo. São as interações entre indivíduos, grupos, partidos, movimentos sociais, membros do governo e da burocracia, entre outros agentes sociais, que promovem estas escolhas. Alterações institucionais, portanto, só podem ser captadas definitivamente por meio do estudo da história de cada sociedade (North, 1990), identificando-se as marchas e contramarchas dos conflitos sociais.

---

[2] É importante separar bem estes dois planos, o da *justificação do desenho institucional* e o da *justificação da decisão judicial*. Este artigo trata com radicalidade apenas do segundo plano, limitando-se a discutir modelos institucionais que tomam o Poder Judiciário como centro do ordenamento jurídico. É possível questionar, num contexto em que o Judiciário e o Estado perdem a centralidade, se o modelo institucional que pensa o direito desta forma ainda faz sentido e como seria uma teoria da decisão judicial que partisse de outros pressupostos institucionais. Para especulações nesse sentido, ver Rodriguez (2010a) e o capítulo 3.

Como veremos adiante, a reflexão teórica pode simular, como que em condições de laboratório, uma situação de vazio institucional com o fim de comparar modelos em abstrato e jogar luz sobre as narrativas de justificação de cada um deles. No entanto, é preciso levar em conta que o laboratório institucional da teoria permanecerá separado das situações de escolha real. E que esta simulação de vazio não esgota o trabalho da teoria, que deve analisar as instituições em concreto, levando em conta as características de cada sociedade e o modo pelo qual os agentes sociais agem e pensam sobre estas mesmas instituições. A teoria não é a construção de um conjunto abstrato de conceitos e categorias, mas uma reflexão organizada sobre modelos institucionais em disputa, sempre ligados a determinados grupos, indivíduos, partidos, movimentos sociais etc.

É impossível e indesejável conceber, a não ser à custa de se ignorar e reprimir os referidos indivíduos, grupos, partidos, movimentos sociais etc., uma situação de escolha que se dê diante de um vazio absoluto. Se as instituições são "a política congelada" (Unger, 1996, 2001a, 2001b, 2005), ignorá-las na realidade significa ignorar a política e agir de forma autoritária.

Nesse sentido específico, o constrangimento institucional no que diz respeito ao controle das decisões jurisdicionais pode ser pensado em pelo menos dois aspectos: a) o recrutamento dos juízes; b) o desenho do organismo decisório quanto à estrutura e aos procedimentos. Falemos brevemente de cada um destes aspectos.

O recrutamento e o treinamento de juízes podem ter efeitos sobre as decisões judiciais em função do perfil de magistrado que as instituições decidam recrutar e treinar. Por exemplo, pode-se optar pela escolha de indivíduos velhos e experientes ou jovens e iniciantes, ambos com determinado perfil ideológico, idade, formação, classe social, entre outros requisitos. Pode-se optar por um esquema de indicações, eleição ou concurso; enfim, os modelos de recrutamento podem combinar de maneira diferente todos estes requisitos.

Depois do recrutamento, o processo de socialização ao qual o juiz é submetido na instituição também pode ser relevante para a padronização de suas decisões. Aqui surgem temas como as escolas da magistratura, o processo de incorporação do juiz em sua função, os cursos promovidos pela instituição ao longo dos anos, a atuação das corregedorias, a existência de uma pluralidade de associações de classe.[3]

Não é nosso objetivo discorrer sobre todas estas variações, o que demandaria a escrita de um texto específico sobre o tema. Para nossos fins, interessa apenas ressaltar que, seja qual for o mecanismo escolhido para o recrutamento e o padrão de socialização imposto ao juiz no interior da instituição, estará em questão o grau de homogeneidade da magistratura em função, possivelmente, do objetivo de que o grau de homogeneidade escolhido resulte em maior congruência nas decisões do Poder Judiciário. E vice-versa: a depender dos objetivos sociais em questão, sejam eles construir um Judiciário coeso e ideologicamente homogêneo ou um Judiciário plural e marcado por conflitos internos, pode-se escolher entre uma alternativa que favoreça a homogeneidade ou a pluralidade de perfis dos magistrados.[4]

Sem aprofundar a discussão deste problema, parece evidente que, por exemplo, uma eventual demanda por homogeneidade no recrutamento dos juízes pode entrar em conflito com demandas pela democratização no acesso aos cargos públicos e diversidade de representação da sociedade nestes mesmos cargos. Uma sociedade pode, evidentemente, decidir que o cargo de juiz deva ser ocupado por um grupo homogêneo e altamente especializado de profissionais experientes.

Neste caso, provavelmente, esta sociedade buscará alocar toda a discussão política ao Parlamento e à esfera pública, tratando a jurisdição como uma atividade essencialmente técnica, sem qualquer conteúdo político.[5]

---

[3] Michel Miaille (2010) investigou recentemente os mecanismos de formação do que ele chama de "espírito de corpo" na magistratura francesa. Fernando Fontainha (2010) estudou as bancas de concurso para a magistratura francesa; Anne Boigeol (2010) e Roberto Fragale Filho (2010), o processo de formação dos magistrados neste mesmo país.
[4] Há estudos que procuram relacionar a variação no perfil dos juízes recrutados com a variação dos argumentos no Poder Judiciário. Ver, por exemplo, Engelmann (2006).
[5] Falamos aqui do ponto de vista de um projeto com tais feições: isso não significa que ele seja realizável na prática. Por exemplo, Kennedy (1973) defende que o juiz é *obriga-*

Provavelmente, suas leis serão compostas de normas fechadas, ou seja, que deixem pouco espaço para a interpretação do juiz e permitam que sua atuação se restrinja à interpretação textualista do texto legal.

De outra parte, é possível pensar, sempre em abstrato, em uma magistratura plural, com concepções variadas sobre o direito e sobre os métodos de aplicação e interpretação das normas, recrutada sem limites estritos de idade, tempo de experiência, classe social etc. Neste caso, ao contrário do que dissemos, o objetivo será permitir que as decisões judiciais incorporem pontos de vista e modelos de racionalidade judicial variados, pois, provavelmente, os textos normativos produzidos serão mais abertos e indeterminados, deixando mais espaço para a atuação criativa dos juízes.[6]

Este modelo pode, eventualmente, resultar em variação maior das decisões, mas, em contrapartida, tais decisões seriam capazes de incorporar mais argumentos e poderão variar mais rapidamente, em função das mudanças sociais.[7] No primeiro modelo, tudo depende da atividade legislativa, que deve ser capaz de incorporar novos problemas sociais, reformando-a com a velocidade adequada. Estamos falando aqui da contraposição de uma visão de política restrita ao processo eleitoral *versus* uma visão que admite uma dimensão política na atuação dos três poderes. Na verdade, estamos falando de visões muito distintas da divisão de poderes; no segundo caso, uma visão que se afasta muito da concepção clássica.[8]

Haveria muito mais a dizer sobre estes problemas, mas como disse, este texto não pretende examinar em detalhe o problema da separação de poderes, mas organizar e pontuar outras questões. Apenas por esta razão,

---

do a abandonar o padrão de julgamento subsuntivo em função da incapacidade das leis de darem conta de conflitos futuros que não se enquadram exatamente na formulação do texto. Para o autor, um projeto como este está fadado a fracassar.

[6] Falamos aqui do senso comum nos países da tradição romano-germânica, em que o texto da lei é a principal fonte normativa. Há a possibilidade de criação de um modelo mecânico, ou seja, subsuntivo, de julgamento com base em precedentes. A presença ou não de textos normativos fechados não é a única determinação relevante para o desenvolvimento de um modelo de racionalidade judicial.

[7] Evidentemente, a comprovação de tudo isso dependeria de pesquisa empírica. Falamos aqui apenas de projetos e hipóteses.

[8] Não há espaço aqui para tratar desta questão, que foi aprofundada no capítulo 3.

passamos a discutir o segundo aspecto do controle social das decisões jurisdicionais visto como constrangimento institucional, qual seja, o desenho do Poder Judiciário e de seu procedimento decisório.

Comecemos pela discussão do desenho do Poder Judiciário. Em abstrato, pode-se refletir, por exemplo, sobre os efeitos de julgamentos colegiados ou singulares sobre a congruência das decisões. Há pesquisas cujo objetivo é averiguar empiricamente a variação no resultado destes dois modos de desenhar os organismos jurisdicionais.

Uma delas (Schauer e Zeckhauser, 2007) aponta que em julgamentos colegiados corre-se o risco de que o debate entre os juízes roube a cena em detrimento das circunstâncias do caso concreto. Torna-se mais importante vencer o oponente do que resolver o problema apresentado aos juízes. A mesma pesquisa constatou, em julgamentos colegiados, a ocorrência do seguinte padrão: formam-se dois polos com posições opostas e radicais. A seguir, a tendência é que eles procurem negociar uma solução entre si para não saírem derrotados do processo, deixando de lado, assim, a discussão sobre qual seria a melhor solução para o caso concreto.

Evidentemente, tais resultados devem ser vistos com extrema cautela, pois fazem parte de um campo de pesquisa de pouca tradição, ao menos no direito.[9] No entanto, servem para chamar nossa atenção sobre um aspecto importante do controle das decisões judiciais. Novamente, para ficar apenas neste exemplo, não cabe aqui dizer qual é o melhor sistema entre os dois discutidos acima. Trata-se apenas de apontar para a necessidade de uma escolha refletida, que seja feita por meio do estudo do desempenho de ambas as possibilidades e de seus efeitos sobre as decisões judiciais.

Ainda no que se refere ao desenho institucional do Poder Judiciário, outra questão central é sua organização (ou não) em um duplo (triplo,

---

[9] Seria necessário pesquisar nos campos da administração de empresas, da administração pública e da psicologia a existência de estudos sobre teoria da decisão que tratassem de problemas semelhantes a estes. Eventualmente, seus resultados e metodologias podem ser úteis para a reflexão jurídica. Trata-se de um campo que, até onde sabemos, permanece pouco explorado. Há exceções como Klein e Michell (2010). No Brasil, em um sentido um tanto diverso, Tercio Sampaio Ferraz Jr. (1988) tem ressaltado a importância de se desenvolver uma teoria da decisão jurisdicional.

quádruplo...) grau de jurisdição acompanhado, evidentemente, de todo um sistema de recursos para revisar sentenças, disciplinados por regras de natureza processual. Além disso, podemos localizar aqui o problema da eventual criação de mecanismos para que o grau superior consiga impor suas decisões aos demais (súmulas, enunciados, precedentes, instrumentos para dar de efeito geral às sentenças, entre outros mecanismos).

A despeito de outras finalidades que se possam atribuir para estes arranjos institucionais, é possível submetê-los a uma avaliação quanto a sua capacidade ou não de gerar decisões congruentes. Neste sentido, a realização de pesquisas empíricas no Brasil sobre este problema nos parece relevante para a reflexão sobre o controle social das decisões judiciais.

Falemos agora sobre a questão do procedimento decisório, enunciada acima. As regras processuais podem, em vários sentidos, impor constrangimentos institucionais sobre a decisão dos juízes. Por exemplo, a lei pode exigir (como efetivamente ocorre no Brasil) que toda sentença seja justificada. No que diz respeito aos julgamentos colegiados, pode-se vir a exigir, por exemplo, que a decisão seja justificada num texto único, escrito por todos os juízes que votaram num determinado sentido. Hoje no Brasil, cada juiz pode proferir seu voto na íntegra, mesmo que concorde com a opinião do relator e dos demais juízes do colegiado.[10]

Outra possibilidade interessante, que vem sendo utilizada pelo STF,[11] é a realização de audiências públicas em casos específicos. Hoje, essas audiências são convocadas ao arbítrio do STF para "esclarecimento de matéria ou circunstância de fato ou de notória insuficiência das informações existentes nos autos".[12] Nada impede que pensemos, especulativamente, que a audiência pública possa vir a exercer um papel análogo ao do júri: trazer para dentro da jurisdição a opinião do cidadão quando estivessem

---

[10] Sobre os possíveis efeitos de uma regra como esta sobre a congruência das decisões do STF, ver Vojvodic, Cardoso e Machado (2009).
[11] Pode ser que o STF esteja usando tais audiências apenas para legitimar suas decisões: não conhecemos estudos que avaliem o impacto efetivo das audiências sobre a decisão tomada. O processo de convocação de audiências ainda é incipiente e pouco estudado. Ver Lima (2008).
[12] Parágrafo 1º do art. 9º da Lei nº 9.868 de 1999.

em questão no Judiciário determinados assuntos altamente controversos. Neste caso, a audiência pública deixaria de ser convocada como meio de esclarecimento do juízo e funcionaria como instância jurisdicional.[13] Ao atuar desta forma, esta instituição poderia contribuir tanto para a congruência dos julgados quanto para a ampliação dos argumentos que deveriam ser levados em conta pelo órgão julgador.

Em outro nível de discussão, pode-se exigir, para fins de controle da decisão, que determinadas provas sejam aceitas ou não, além de se impor regras para seu exame e a apreciação pelo juiz. A ordem de produção das provas, a possibilidade ou não de apresentar em juízo determinada espécie de documento ou depoimento, a criação de meios de prova obrigatórios para certos tipos de fato (p. ex., a obrigatoriedade de perícia para averiguar a existência de condições de trabalho insalubres), entre outras exigências, podem gerar efeitos sobre as decisões judiciais.

Como veremos no item seguinte, este aspecto do problema aproxima-se muito da questão do modelo de racionalidade judicial adotado. Pois é possível imaginar, em abstrato, a imposição aos juízes da utilização de um modelo de racionalidade judicial homogêneo (no limite deste raciocínio, a utilização de um *software* padrão) para justificar suas sentenças. Com efeito, no campo da apreciação da prova há, no direito brasileiro, parâmetros hermenêuticos fixados em lei; por exemplo, a lei de introdução ao Código Civil dá instruções ao intérprete sobre a utilização das fontes normativas, analogia e costumes.

Passaremos a seguir para a discussão sobre os modelos de racionalidade judicial e sua função no controle das decisões jurisdicionais. No entanto, antes de prosseguir, é importante esclarecer um ponto que nos parece crucial para nossas preocupações. Trata-se da distinção entre direito positivo e teoria do direito, ligada tanto ao problema dos modelos de racionalidade judicial, tratados na segunda parte deste texto, quanto à possibilidade de identificar as zonas de autarquia, questão abordada em sua parte final.

---

[13] Na Corte Interamericana de Direitos Humanos, com uma série de limites, utiliza-se a audiência desta forma. Ver Cardoso (2012).

Dois pontos são importantes aqui: a) a possibilidade de avaliar a prática do direito a partir da teoria, o que permitirá, como veremos adiante, identificar as zonas de autarquia e, nesta ordem de razões, b) a discussão sobre os critérios utilizados para realizar esta avaliação. Em uma palavra, com base em que fundamento a teoria pode avaliar a prática do direito para fazer juízos sobre a mesma? No que se refere aos modelos de racionalidade judicial, é possível afirmar que um modelo é melhor do que o outro?

No capítulo final da *Teoria pura do direito*, Hans Kelsen afirma estar fora da teoria do direito o problema do controle da aplicação/interpretação das normas. Sua teoria é pura para que o direito mantenha seu espaço como ciência e não se transforme num moralismo. Para cada problema jurídico, diz ele, há várias soluções diferentes, todas elas plausíveis, ou seja, fundadas no direito posto. O critério de escolha é puramente subjetivo.

Com efeito, a escolha entre as várias soluções possíveis pelo órgão julgador, ou mesmo a escolha de uma alternativa, fora da moldura, a chamada "cláusula alternativa implícita" a toda regra de competência, é subjetiva (ou "política", para usar as palavras de Kelsen) e pode ser influenciada por normas não jurídicas (morais, políticas, religiosas etc.) e seguir modelos de racionalidade judicial variados. No entanto, nesse campo, estamos fora do âmbito da ciência do direito.

A *Teoria pura do direito* não se propõe a fornecer um critério para escolha entre as possibilidades interpretativas. No entanto, isso não significa, como dissemos, que não seja possível controlar a racionalidade dos juízes, por exemplo, por meio dos constrangimentos institucionais ou pela eventual imposição coercitiva de um modelo de justificação. A convicção democrática de Kelsen excluiria esta hipótese, mas, de qualquer forma, sempre haveria, faticamente, a possibilidade prática de tentar implementar um modelo coercitivo por via de lei ou por meio de sua positivação em decisões jurisdicionais reiteradas.

Pois bem, para os autores que pensam contra Kelsen, o problema será afirmar que a racionalidade jurisdicional pode seguir outros padrões, que não aquele das ciências naturais.[14] Ou seja, trata-se de retomar para a teoria do direito a possibilidade de avaliar as escolhas decisórias. Claro, ao invés de pensar em termos estritamente subsuntivos, esses autores irão buscar na tópica, na retórica e na teoria da argumentação subsídios para construir um critério de racionalidade para as decisões jurisdicionais.

A seção subsequente deste estudo deve ser compreendida em função da análise feita acima: pode haver faticamente um modelo de racionalidade judicial atuante sem que ele seja, do ponto de vista teórico, considerado racional. As dimensões teórica e prática não se confundem, como mostra Kelsen, mas é preciso garantir a possibilidade de avaliar a racionalidade da escolha decisória para que seja possível identificar as zonas de autarquia. Do ponto de vista meramente fático, podem existir padrões ao decidir, mas desta mera factualidade não se deduz sua racionalidade intrínseca. Afinal, tais padrões decisórios podem resultar de um ato de autoridade, de mera casualidade, de um ato autoritário etc.

Posto isto, podemos agora refazer o raciocínio que nos interessa de maneira completa. Uma coisa é dizer, em abstrato, que é sempre possível imaginar uma solução jurídica diferente para um determinado caso concreto. Desta afirmação, não se deduz, necessariamente, ser impossível criar qualquer forma de controle interno sobre a racionalidade das decisões. Trata-se de uma afirmação filosófica que equivale a dizer "não é mais possível pensar a verdade em sentido clássico, como adequação das representações às coisas". A "verdade", assim como o "direito", é uma construção que cabe, como veremos, a uma comunidade *plural* de intérpretes em conflito.[15]

Em nossa visão, a teoria do direito do século passado e do início deste século tem se dedicado a construir novos modelos de controle hermenêutico das decisões, os quais partem do resultado kelseniano para alterar sua visão de segurança jurídica ao tentar trazer para dentro do direito o problema da decisão jurisdicional. Ao fazerem isso, estas teorias não ab-

---

[14] Ver o último capítulo de Kelsen (1979) e Rodriguez (2002).
[15] Ver o capítulo 1 de Habermas (1991).

dicam do projeto de fazer coincidir, ao menos em algum grau, a racionalidade teórica das decisões com sua existência prática: uma coincidência que não seja meramente factual.

Evidentemente, como dissemos, para realizar este objetivo tem sido necessário mudar o conceito destinado a avaliar a racionalidade das decisões.[16] É importante deixar claro, portanto, que a próxima seção abordará estas duas dimensões do problema: o modelo de racionalidade judicial como controle da racionalidade interna do direito e o modelo de racionalidade judicial como mecanismo externo de controle das decisões. Ademais, em uma breve nota sobre a teoria crítica do direito, trataremos da avaliação das decisões em função de critérios de racionalidade — questão que será novamente abordada na última parte deste capítulo.

3. Modelos de racionalidade jurídica

Os modelos de racionalidade jurídica consistem em conjuntos de regras, cânones, conceitos ou padrões interpretativos, cujo objetivo é formar padrões para a justificação das sentenças por meio da imposição de determinados ônus argumentativos aos órgãos competentes para decidir casos judiciais. Os modelos de racionalidade jurídica não dizem respeito à maneira pela qual o juiz chega à sua decisão (Dewey, 1924), mas sim à maneira pela qual ele a apresenta publicamente, afinal, a justificação da decisão pode vir a vincular os julgamentos futuros que tratarem de temas semelhantes.

A intelecção do juiz e o proferir da sentença em si mesma, ou seja, os processos mentais utilizados para chegar à resposta e sua construção textual são momentos e processos independentes um do outro. O que importa a um modelo de racionalidade judicial é determinar a maneira pela qual o juiz irá justificar sua decisão, ou seja, quais regras irão presidir a construção do texto de sua justificação.

---

[16] Não faremos um resumo destes modelos, trabalho que demandaria muito tempo e pode ser substituído pela leitura de outros textos. Ver Rodriguez (2002) e Atienza (2003).

Para os fins aqui propostos, importa reter da evolução da teoria da argumentação do século XX e deste começo do século XXI que os modelos de racionalidade judicial baseados na retórica, na tópica e na teoria da argumentação abrem mão do ideal de segurança jurídica como resposta correta. Na verdade, pode-se dizer que eles procuram enfrentar o problema de onde Kelsen parou para alterar seu conceito ideal de segurança jurídica como existência de uma única decisão para cada caso concreto.[17] Seu objetivo, portanto, passa a ser construir regras racionais para a interpretação e aplicação das normas jurídicas sem pretender, em momento algum, obter uma única resposta correta.

É importante discernir as duas dimensões do problema sobre as quais falamos acima. Uma coisa é a criação de fato de um modelo de racionalidade para as decisões e outra a avaliação teórica da racionalidade das decisões. Assim, pode haver congruência entre decisões sem que elas sejam dotadas de racionalidade intrínseca. Os autores a que estamos nos referindo pretendem ser capazes de atuar nessas duas frentes.

Retomando o fio da exposição, pode-se dizer que alguns autores irão considerar que o abandono de um modelo estritamente subsuntivo para as decisões jurisdicionais terá como efeito a destruição das fronteiras entre direito e outras ordens normativas, com o consequente abandono do ideal de segurança jurídica.[18] Ao contrário, para os autores que incorporam retórica, tópica e teoria da argumentação como modelo para a decisão jurisdicional, trata-se apenas de uma mudança no critério de demarcação entre o direito e as demais ordens normativas. Direito este que passa a funcionar de acordo com um ideal *diverso* de segurança jurídica.

Este ideal reza que a existência de várias decisões racionais sobre um mesmo problema jurídico não irá destruir a racionalidade do direito. Sua racionalidade será compreendida de outra maneira, em função do mo-

---

[17] Para um resumo destas teorias, ver Atienza (2003); para uma discussão das mesmas a partir de Kelsen, ver Rodriguez (2002).
[18] Esta posição foi reforçada, nos últimos tempos, pela hegemonia neoclássica no debate econômico mundial, que tem dominado a agenda da esfera pública também no que se refere ao direito: ver o capítulo 3.

delo de justificação. Claro, as autoridades soberanas, em algum momento, terão de escolher a solução considerada a mais adequada para cada caso. O direito é intrinsecamente indeterminado e, por isso mesmo, tem um momento de autoridade que lhe é essencial para conseguir regular a sociedade. Em algum momento, o debate sobre as diversas justificativas possíveis para uma decisão precisa chegar a um termo (Günther, 1993).

Ora, tal momento de autoridade, evidentemente, pode se fundar no puro arbítrio, na força simbólica da autoridade do juiz ou, segundo uma alternativa possível, legitimar-se democraticamente por meio de um modelo de justificação que leve em conta os argumentos apresentados e os aceite ou refute num discurso racional. A adoção de um padrão de argumentação deste tipo irá favorecer a aceitação da decisão não em função do medo, da violência ou do temor reverencial, mas em função do convencimento das partes na ação jurisdicional e dos cidadãos em geral.

Nada autoriza dizer, insistimos, do ponto de vista da teoria, entendida como exame e crítica das justificativas possíveis para os casos concretos, que não poderia ter havido uma solução diferente; tampouco que cada uma dessas decisões alternativas possa ser classificada como "política", ou seja, "irracional", como quer Kelsen. É factualmente possível haver várias decisões. Também do ponto de vista da teoria do direito, desde que compreendida em novas bases. O papel da teoria será, entre outras coisas, dizer se ocorreu uma boa ou uma má escolha decisória.

Posta a questão nestes termos e afastada a ilusão de se obter, sempre, uma única resposta correta para cada problema jurídico ou uma justificativa única para as decisões judiciais, pode-se discutir se seria desejável que cada sociedade fosse capaz de impor faticamente ao campo jurídico um único e mesmo modelo de racionalidade judicial para orientar a atuação de juízes, advogados promotores, professores etc. Se não é possível reduzir as possibilidades decisórias do ponto de vista da teoria, posto que não temos mais a ilusão de uma "verdade" para o direito, talvez seja o caso de impor algum grau de restrição por outra via, qual seja, padronizando o raciocínio jurisdicional.

Já dissemos acima qual é a importância do debate sobre a racionalidade intrínseca das decisões para além da mera formação factual de padrões decisórios. O debate meramente factual abdica de qualquer preocupação com a legitimidade democrática das decisões. No entanto, quando nos situamos nesta dimensão do problema, o da legitimação democrática do poder, a questão da pluralidade de modelos de racionalidade judicial aparece.

Se, teoricamente, sempre será possível chegar a várias justificativas razoáveis para as decisões jurisdicionais, de maneira análoga à constatação de Kelsen sobre a pluralidade de respostas para os problemas jurídicos, é desejável defender, ainda que pragmaticamente, a necessidade de homogeneizar o padrão de justificação em função de um determinado projeto social? A pluralidade dos modelos de racionalidade jurídica é algo positivo ou negativo? Ainda, qual seria o critério para discernir bons e maus modelos?

Caso um projeto como este fosse posto em marcha, a criação das normas, o ensino do direito, o treinamento de advogados, juízes, promotores etc. deveriam seguir padrões de racionalidade semelhantes, cujo resultado poderia ser o proferimento de decisões mais congruentes e justificadas da mesma maneira.

Um modelo de racionalidade jurídica que servisse a este projeto deveria funcionar, portanto, simultaneamente, como *instrumento didático* (pois seria ensinado nas Faculdades e programas de treinamento de juízes, promotores e advogados), como *ferramenta de operação* do ordenamento jurídico (pois permitira a construção de soluções para os casos concretos), além de *critério* para avaliar as decisões tomadas (pois permitiria diferenciar boas justificativas de más justificativas).

Ademais, numa situação ideal como esta, o modelo de racionalidade jurídica seria capaz de *descrever* com precisão o padrão de operação do ordenamento jurídico em questão, pois estaria completamente positivado nas decisões jurisdicionais. Ainda, caso o modelo atue no controle racional das decisões, ele poderá funcionar como elemento importante para a *legitimação* do direito e pode vir a ser utilizado como modelo para construir instituições futuras ou reformar as instituições existentes.

Estas seis funções — *didática, operacional, seletiva, descritiva, normativa* e *legitimadora* — não coincidem necessariamente umas com as outras. Nos dias de hoje, modelos de racionalidade jurídica diferentes disputam a hegemonia em todos estes campos, ou seja, tanto no campo descritivo e normativo da teoria, quanto no campo do ensino e da operação do ordenamento. E nem todos eles pretendem ter importância para a legitimação racional do direito.

Ocorre, muitas vezes, que os professores de direito, em nome de determinado modelo de racionalidade jurídica, tomado metafisicamente como a "verdade" do direito, criticam o(s) modelo(s) atuante(s) na operação do sistema e avaliam seus efeitos não à luz da prática, mas de uma teoria tomada como a única correta. Da mesma forma, não existe coincidência necessária entre os modelos teóricos e o cotidiano da operação do ordenamento jurídico, que atua conforme padrões de justificação variados relacionados com as características deste mesmo ordenamento.

Por exemplo, é muito difícil dizer qual é o modelo vigente no Brasil de hoje. É comum descrever-se nosso modelo como formalista, ou seja, um modelo baseado na mera subsunção. No entanto, tal descrição é muito difícil de ser sustentada. Para começar, nossa Constituição regula os mais diversos temas e está repleta de princípios e normas abertas. O mesmo se pode dizer, por exemplo, de nosso novo Código Civil.[19] Não é razoável dizer que, no Brasil, haja a prevalência de normas fechadas, as quais favoreceriam um modelo mecânico de aplicação das normas.[20] Além disso, como vimos no segundo capítulo deste livro, há falta de pesquisas empíricas sobre o tema e as que existem apontam para a pouca importância da fundamentação como instância de controle do poder em nosso país.

Para continuar neste exemplo, pode ser que em alguns ramos do direito este modo de julgar seja prevalente.[21] Pode ser ainda que, para algumas matérias, dentre as várias que compõem um mesmo ramo, ele seja significativo. No entanto, seria muito pouco razoável afirmar, como afirmação descritiva num ambiente de ensino ou pesquisa, que este é o modelo de racionalidade judicial que prevalece no Brasil de hoje. De outra parte,

---

[19] Ver Martins-Costa (1999) e Jorge Jr. (2004).
[20] Ver nota 115.
[21] No direito tributário, há diagnósticos do movimento contrário; ver Greco (2010).

pode-se afirmar este modelo como projeto a ser realizado, como um ideal que deve orientar o desenho das instituições e a racionalidade dos juízes.

Com efeito, para que um modelo meramente subsuntivo pudesse funcionar bem no Brasil seria necessário fazer reformas institucionais de grande alcance, a começar pela reforma da Constituição e do modo de conceber e redigir nossas leis. Pode ser que, com o predomínio de normas fechadas, um ensino jurídico altamente técnico e que ajudasse a reproduzir o modelo, além de um sistema de recrutamento de juízes que seguisse este espírito geral, aí sim, poderíamos vir a falar, com algum grau de plausibilidade empírica, da prevalência no Brasil de um modelo de racionalidade judicial com tais feições.[22]

Insisto, pode-se postular ser desejável chegar a uma situação como essa, ou seja, pode-se afirmar como projeto a criação de padrões de justificação homogêneos ou conforme o modelo discutido ou com base em outros modelos. No entanto, é difícil negar hoje a evidência de que haja uma pluralidade de modelos de hermenêuticos em disputa. Tal situação fica muito evidente, para ficar apenas em um exemplo, quando analisamos os acórdãos de nosso Supremo Tribunal Federal, em que se pode constatar um desfile variado de modelos de argumentação os mais diversos.[23] Sequer quando o placar é de 11 a zero a favor de uma determinada solução, pode-se identificar um padrão de julgamento comum ao tribunal olhado como um todo.[24]

Esta pluralidade de modelos de racionalidade jurídica é evidenciada por Ronald Dworkin, que afirma ser impossível olhar o direito a partir de um ponto de vista externo de onde se possa dizer, de uma vez por todas, como ele realmente é (Dworkin, 1996, 1999). Por isso mesmo, seu modelo, o "direito como integridade", é apresentado em conflito com

---

[22] As pesquisas dos lógicos jurídicos apontam para a tentativa de formalizar, para além da mera dedução, os conteúdos extralógicos das decisões. Para a descrição precisa do problema e a enunciação de um estimulante projeto de pesquisa nesse sentido, ver Maranhão (2010).

[23] Não há espaço aqui para demonstrar extensivamente este diagnóstico. Ver o relatório da pesquisa *Processo Legislativo e Controle de Constitucionalidade: as fronteiras entre direito e política*. Ver também o texto de Vojvodic, Cardoso e Machado (2009).

[24] Para este exemplo, ver Vojvodic, Cardoso e Machado (2009).

outros, ele é um argumento entre outros, que se pretende mais persuasivo e adequado para reproduzir o estado de direito, mas não é defendido em nome de sua suposta "verdade" (Dworkin, 1999).

Dworkin defende um determinado padrão de legitimação e de justificação por considerá-lo o mais adequado para lidar com o direito em sua tradição jurídica. Não cabe resumir aqui os argumentos que utiliza para defender seu modelo. O que nos importa evidenciar, insistimos, é que sua argumentação não se dá em nome da "verdade" do modelo de racionalidade judicial.

Claro, conforme Dworkin, é possível olhar o direito de um ponto de vista externo para tentar descrever a maneira pela qual, por exemplo, os juízes estão resolvendo determinado tipo de problema, ou seja, qual é o modelo de racionalidade efetivamente praticado pelo Poder Judiciário. No entanto, quando falamos do direito como uma disciplina preocupada com o estudo da decisão dos casos, é impossível diferenciar com clareza o que seja, de um lado, o "direito positivo" e, de outro, a "teoria do direito". Toda descrição do direito positivo já é uma interpretação deste, pois, ao dizer o que o direito é, faz-se uma determinada opção pelo sentido de determinadas normas e conceitos jurídicos, afastando-se outros.

Para ficar em um exemplo simples, dizer o que seja "propriedade privada" no direito nacional é, em si mesmo, um ato interpretativo. Claro, pode-se apontar, com alguma objetividade, os lugares em que a expressão aparece nas leis e nos casos julgados pelo nosso Judiciário, mas para definir o termo a partir deste material será necessário conferir a ele um sentido específico — gesto que excluirá as demais possibilidades interpretativas, sempre possíveis, mesmo que em potencial.

Pode ser que o sentido escolhido pelo intérprete em questão seja aquele aceito pela maior parte dos juristas e juízes brasileiros, mas esta é uma circunstância não essencial para a definição do termo. O sentido aceito não é necessariamente o sentido correto, tampouco exclui a existência ou o surgimento de alternativas a esta interpretação.

Não há, em lugar algum, uma instância que valide, definitivamente, qualquer afirmação sobre o direito positivo, qualquer interpretação de uma norma ou conceito, qualquer solução para um caso concreto. Pode haver, apenas, afirmações, interpretações ou soluções adotadas pelas autoridades do Estado, pelos professores, pelos organismos de poder que se apresentem fundadas ou não em justificativas racionais.

Esta indeterminação essencial ao direito contemporâneo coloca, com efeito, a necessidade de discutir o controle das decisões, seja apenas via constrangimentos institucionais, seja também via modelos de racionalidade judicial. Suprimir a instabilidade, no mundo atual, não passa de uma ilusão bem intencionada ou com pretensões autoritárias. Para fazê-lo, seria necessário conferir aos modelos de racionalidade judicial uma base incontroversa, ontológica ou transcendente, e transformar a teoria do direito em um campo de identificação e fiscalização do cumprimento de um modelo de justificação "correto". Ou simplesmente impor coercitivamente aos juízes e à sociedade um único modo de pensar.

Ora, a teoria do direito hoje é, justamente, um campo plural de investigação das diversas bases de justificação presentes numa dada sociedade, relacionadas aos diversos problemas jurídicos que ela enfrenta. Ela também é a verificação da consistência das várias possibilidades argumentativas e a discussão e crítica de seus efeitos sociais, políticos e econômicos: nunca um espaço para discutir a "verdade" do direito.

3.1 Breve observação sobre a teoria crítica do direito[25]

Em síntese, a teoria do direito adequada para a sociedade contemporânea não pode ter compromisso com solução alguma, não deve optar por este

---

[25] A expressão "teoria crítica do direito" pode ser utilizada para designar várias tradições jurídicas. Por exemplo, há uma tradição francesa, de extração marxista, inspirada em Michel Miaille; a escola dos Critical Legal Studies norte-americana, entre outras. No Brasil, vários autores ligados ao chamado "uso alternativo do direito" ou "direito alternativo" utilizam o rótulo de "teoria crítica"; ver Wolkmer (2002). Praticantes do desconstrucionismo, feminismo e estudos *queer* também referem-se a si mesmos como "críticos"; ver Macey (2001). No registro deste texto, "crítica" refere-se à tradição da teoria crítica da sociedade, cujos principais representantes atuais são Jürgen Habermas e Axel Honneth e, no campo do direito, Klaus Günther; ver Nobre (2004).

ou aquele caminho, apenas descrever todos eles, avaliá-los, testar sua coerência e discuti-los, sem tomar partido. Claro, poderá haver várias descrições e avaliações possíveis, pois não há na teoria do direito um acordo de base sobre o método. O que estamos dizendo é que o papel da teoria do direito, a partir de uma determinada descrição, avaliação etc., fundada em um método específico, não deve apontar soluções desejáveis, mas apenas discutir e avaliar possibilidades.

O projeto de uma teoria *crítica* do direito, ao contrário da teoria do direito, não pode manter esta posição de niilismo institucional. O sentido de *crítica* para este projeto é normativo num sentido muito específico: trata-se da reconstrução dos pressupostos institucionais e suas alternativas em disputa (desenhos institucionais e interpretações do direito) tendo em vista os interesses em conflito com a finalidade de construir uma sociedade emancipada.

E o critério da emancipação, no registro da teoria crítica atual, é a democratização radical da sociedade e tal objetivo exige a desnaturalização de toda e qualquer solução institucional existente em nome da crescente inclusão de novas demandas e interesses dos vários indivíduos e coletividades, ou seja, da democratização radical que libera os conteúdos comunicativos presentes na sociedade.[26] Por isso mesmo, a teoria do direito é um momento necessário de teoria crítica do direito, afinal, ela é responsável por desestabilizar as justificativas dos modelos institucionais e dos modelos de racionalidade judicial ao submetê-los à análise.

No entanto, é importante dizer, outro momento-chave de uma teoria crítica do direito é a avaliação das alternativas institucionais em disputa tendo em vista a emancipação. Para fazer tal coisa, é necessário reconstruir os conflitos em concreto e descobrir quais são as soluções defendidas pelos diversos grupos sociais nos mais diversos âmbitos. Por exemplo, em termos muito gerais, as forças neoliberais defendiam mecanismos de au-

---

[26] Não há espaço aqui para detalhar esta afirmação, que se baseia na obra de Jürgen Habermas. Ver Habermas (1991) e Rodriguez (2010b).

torregulação sem controle do Estado e, de outra parte, forças de esquerda defendem as estruturas do estado de bem-estar.

Além disso, descendo para níveis mais específicos da regulação, pode-se reconstruir o conflito sobre a regulação da propriedade privada, da concorrência, dos conflitos de família e assim em diante. Uma teoria crítica do direito precisa descer a este grau de especificidade para que possa intervir sobre a realidade social. Mas não há espaço para fazer tal coisa em detalhes aqui. Nossa crítica neste livro fica no campo mais abstrato da separação dos poderes e da função do Poder Judiciário.[27]

Retomando o fio da exposição, fica fácil ver a ligação entre a indeterminação, intrínseca ao direito contemporâneo, e seu papel mais amplo na solução dos conflitos sociais. Se pensarmos em nosso mundo como um espaço em que habitam uma pluralidade de indivíduos e grupos com ideologias, crenças, interesses os mais variados, percebe-se como é difícil fundar o direito, seja o desenho institucional do Poder Judiciário ou os modelos de racionalidade judicial, em uma "verdade" qualquer.

Pois é exatamente a possibilidade de alterar o teor do direito positivo (Habermas, 1991) e variar as interpretações do mesmo que confere ao direito tal papel proeminente na estabilização *temporária* dos conflitos sociais. A teoria e o direito posto não devem naturalizar o que o desencantamento da sociedade, da moral e do direito tornou mutável e instável. Eles devem apenas procurar encontrar as bases possíveis para uma convivência social não violenta, mas que seguirá como altamente conflitiva, ou seja, também marcada pela pluralidade de modelos de racionalidade judicial.

---

[27] Para uma discussão mais aprofundada deste ponto, ver o último capítulo do meu *Fuga do direito* (Rodriguez, 2009), que contém uma análise do problema do casamento entre pessoas do mesmo sexo. Para uma discussão sobre a regulação da questão indígena, ver Rodriguez (2010). Para uma intervenção no debate sobre conhecimentos tradicionais e propriedade intelectual, ver Rodriguez et al. (2011). Para uma análise da regulação do trabalho entre outros temas, inclusive o racismo no Brasil, ver Rodriguez, Püschel e Machado (2012).

4. Zonas de autarquia e estado de direito

Antes de concluir, façamos um breve resumo do caminho percorrido até agora de modo a deixar mais claras nossas observações finais. Nas duas partes anteriores mostramos que o problema do controle das decisões judiciais, no registro de nossa análise, é a discussão dos critérios segundo os quais as instâncias jurisdicionais devem exercer suas atividades, posto que, num estado de direito, não há poder autorizado a agir arbitrariamente.

Tais critérios podem ser impostos aos órgãos jurisdicionais de duas formas: via constrangimentos institucionais ou via modelos de racionalidade judicial. Os primeiros são limites impostos à atuação jurisdicional que não se dirigem à racionalidade da operação do ordenamento jurídico e corporificam-se em desenhos institucionais cuja execução pretende ter algum efeito sobre a congruência das decisões tomadas pelos órgãos decisórios. Exemplos importantes desse tipo de controle é a instituição do duplo grau de jurisdição e do julgamento segundo o modelo de um juiz singular ou um colegiado de juízes.

Outra maneira de controlar a decisão dos órgãos jurisdicionais é impor a eles um determinado padrão de julgamento, ou seja, determinados ônus argumentativos cujo efeito seja padronizar, em algum nível, seu modelo de justificação. Chamamos este tipo de controle de modelo de racionalidade judicial, discutimos suas funções na sociedade e mostramos as implicações para a sociedade atual da convivência entre diversos modelos atuando simultaneamente.

Por um lado, tal convivência parece dificultar o controle das decisões, pois permite que várias maneiras de pensar, várias soluções para os problemas jurídicos, tenham influência sobre os organismos decisórios. Tal circunstância está ligada, como mostramos, a características essenciais do direito contemporâneo: sua indeterminação e sua instabilidade. O debate sobre modelos de racionalidade judicial e modelos institucionais, de Judiciário e de juiz, não pode recorrer a uma instância de validação final que permita dizer, de uma vez por todas, qual é a solução adequada.

Esta característica do direito se, por um lado, impossibilita a construção de um estado de segurança jurídica nos termos pré-kelsenianos, em que poderia haver uma única resposta para cada problema jurídico e um desenho institucional perene e, por isso mesmo, "verdadeiro", de outro lado, permite que o direito lide com sociedades plurais e altamente complexas.[28] A estabilização temporária de desenhos institucionais e modelos de racionalidade judicial permite que indivíduos e grupos cheguem a compromissos temporários que serão, logo a seguir, desestabilizados por novos conflitos, novas reivindicações de grupos sociais, novas demandas individuais.

Por isso mesmo, a teoria do direito precisa abarcar esta variabilidade e complexidade de modelos e interpretações de casos e normas. A teoria é uma instância de organização, discussão e crítica da variedade de soluções que guarda uma posição de niilismo institucional em relação ao seu objeto de estudo. Seu papel não é escolher, mas favorecer escolhas refletidas e identificar escolhas irrefletidas, ou seja, escolhas que naturalizem soluções e desenhos institucionais ou não sejam justificadas de maneira coerente. Também é seu papel, como dissemos acima, fazer um inventário dos modelos institucionais, interpretações de normas e suas bases de justificação, que permanecem em disputa numa determinada sociedade.

Podemos dizer também que, ao exercer o papel mencionado, a teoria do direito deve buscar identificar as eventuais *zonas de autarquia* no interior das instituições formais. Afinal, ao pesquisar as justificativas em disputa no campo do direito, a teoria será capaz de encontrar, pela negativa, aqueles espaços em que as decisões estejam sendo tomadas sem justificativa, ou seja, de forma arbitrária, formando assim zonas institucionais de autarquia. Não cabe à teoria do direito, insisto, dizer se esta situação é boa ou ruim. Seu papel será apenas explicitar a existência ou não de modelos de justificação, ou seja, de padrões de legitimação democráticos ou autoritários, ainda, padrões fundados apenas no poder simbólico.

---

[28] Ver o capítulo 2 deste livro.

Deste modo, chamaremos de *zona de autarquia*[29] um espaço institucional em que as decisões são tomadas sem que se possa identificar um padrão de racionalidade qualquer, ou seja, em que as decisões são tomadas num espaço vazio de justificação. Está para ser feita uma descrição detalhada destas zonas de arbitrariedade em que a forma jurídica se torna apenas uma aparência vazia para justificar a arbitrariedade do poder público ou privado.[30]

Evidentemente, será rara a identificação de zonas de autarquia em que os organismos de poder afirmem simplesmente: "Decido assim porque eu quero". Ou: "Decido desta forma porque é a melhor coisa a se fazer". É de se esperar que esteja presente alguma forma de *falsa justificação* que pretenda conferir uma forma aparentemente racional para decisões puramente arbitrárias. Pouco importa se as decisões são congruentes, pois como já visto, da congruência não se deriva, necessariamente, a racionalidade das decisões.

Lembremos que não nos referimos aqui a nenhum modelo de racionalidade judicial em particular ou a nenhuma justificativa de escolha de desenho institucional específica; afinal, a pluralidade é característica do direito contemporâneo. As várias alternativas podem estar em disputa e ocupar este ou aquele lugar em uma dada sociedade em momentos históricos diferentes. Uma zona de autarquia se caracteriza, com efeito, quando não se possa identificar nenhuma justificação racional, nenhum conjunto de regras que organize a fundamentação da decisão tomada.

Mas o que significa, neste contexto, um discurso racional? Lembremos, em poucas palavras, que um discurso racional é aquele em que os

---

[29] O conceito de zona de autarquia não é de Franz Neumann. Foi criado em Rodriguez (2009) com inspiração em sua obra, em especial, em sua análise do nazismo no livro *Behemoth*. Nosso objetivo de longo prazo é construir uma taxonomia do que chamamos de "modalidades de legalidade falsa", dentre as quais estão incluídas as figuras de "Behemoth" e diversas modalidades de "zona de autarquia" como a "naturalização conceitual", o "textualismo" (ver capítulos anteriores), a "justiça política" (Kirchheimer, 1961).

[30] A ideia fonte desta análise está em Neumann (1966, 1986). Conceitos neumannianos foram reaproveitados para análises do direito contemporâneo por Günther (2009), que utiliza a ideia de falsa legalidade — *falsche Legalität* —, e Rodriguez (2009).

falantes levantam pretensões de validade e são capazes de defendê-las, sem entrar em contradição, quando instados a fazê-lo. Não se pode sustentar, racionalmente A e não A simultaneamente. Não se pode recusar, racionalmente, a justificar uma asserção proferida quando alguém se põe a questioná-la, também não se pode, racionalmente, desqualificar o interlocutor que demanda por minhas razões ou impedir que qualquer outro faça o mesmo.

Uma decisão que não seja capaz de atender a critérios deste tipo pode ser classificada como irracional e, caso se torne constante, tendente a formar uma zona de autarquia no interior das instituições formais, o que pode corroê-las por dentro. Franz Neumann, em um *insight* genial, atribuiu, em *O império do direito*, exatamente esta função à pesquisa em direito:[31]

> Se nós descobrimos por meio da análise sociológica que certa atividade do estado é estruturalmente e funcionalmente administração e não justiça, nós podemos postular em certas circunstâncias a alocação desse assunto para a administração e para os tribunais administrativos, e não para cortes ordinárias. (Neumann, 1986:238)[32]

Seguindo explicitamente o conceito de Kelsen, Neumann afirma que administrar e julgar são atos de aplicação de normas jurídicas. Estes atos serão mais ou menos indeterminados conforme o desenho institucional que resultar da articulação entre normas substantivas e adjetivas, na terminologia atual, normas substantivas e processuais. A variação deste grau de indeterminação dará o critério para diferenciar administração e jurisdição.

Em *O império do direito*, a diferença entre jurisdição, administração e legislação deve ser compreendida dinamicamente, pelo movimento de

---

[31] Retomamos aqui análises feitas em Rodriguez (2006).
[32] No original: "*If we discover by a sociological analysis that a certain activity of the state is structurally and functionally administration and not justice, we might postulate in certain circumstances the allocation of this matter to administration or to administrative tribunals, and not to ordinary courts*".

todo o sistema jurídico, partindo-se da criação da norma pelo Parlamento até os atos de aplicação pelos órgãos executivos e jurisdicionais. A identificação precisa dos momentos de criação e aplicação se dará *a posteriori*, pela observação de uma série de atos de aplicação pretéritos.

Haverá casos em que a norma editada pelo Parlamento não abrirá muito espaço para a ação do órgão aplicador e outros em que sua indeterminação fará da aplicação uma verdadeira atividade legislativa. De qualquer maneira, trata-se sempre de seguir os procedimentos para a tomada de decisão conforme as normas substantivas e adjetivas. Manter de fato a separação entre legislação e aplicação se confunde com seguir o procedimento decisório desenhado para cada caso, independentemente do órgão responsável por criar ou aplicar a norma jurídica.

A distinção entre administração e jurisdição não tem em Neumann qualquer garantia *a priori*. Desta distinção depende também a distinção entre legislação e jurisdição. Quando o juiz age como administrador, ele destrói a força das normas gerais, pois ignora completamente seu texto e promove a mediação dos interesses sociais sem o seu intermédio. O texto de Neumann apresenta esta arquitetura como uma espécie de castelo de cartas, garantido, no limite, pela ação de reforma institucional constante fundada na observação permanente do funcionamento das instituições.

A separação entre jurisdição e administração, segundo Neumann, é algo pelo qual é preciso zelar. A supressão da jurisdição, ou seja, a decisão de todos os conflitos com base *essencialmente* em normas completamente abertas pode resultar na perda da racionalidade do direito. De outro lado, a regulação fechada de todas as questões, submetidas a normas e procedimentos decisórios rígidos, pode inviabilizar a ação do Estado nos casos em que for necessária certa flexibilidade para julgar e administrar, como discutimos em itens anteriores.

Esta equação não tem nem nunca terá uma solução definitiva: trata-se de um processo conflituoso em que a criação e a aplicação das normas jurídicas assumem configurações variadas conforme o assunto tratado e que serão objeto de debate constante entre os grupos sociais. Também administração e jurisdição podem variar seus limites em função do objeto regulado e, mais ainda, em função da passagem do tempo.

A análise sociológica do funcionamento das instituições implica a pesquisa empírica da ação dos órgãos de poder, inclusive todos aqueles que praticam atos jurisdicionais. Ora, se considerarmos que o modo de pensar dogmático é o instrumental de que os órgãos jurisdicionais se utilizam para tomar suas decisões, descrever seu funcionamento por meio de pesquisas empíricas é reconstruir a maneira pela qual estes órgãos realizam raciocínios dogmáticos com o fim de controlar o grau de indeterminação que caracteriza seus julgamentos e, nos termos de Neumann, propor, eventualmente, reformas institucionais para realocar certas matérias para órgãos de natureza administrativa.

Esta exposição de Franz Neumann aponta para a tarefa, em nossa terminologia, de identificar as zonas de arbitrariedade no interior do estado de direito. Em um texto posterior, será necessário detalhar as características deste trabalho e sua relação com o conceito de separação de poderes, a qual foi apenas esboçada aqui. Seja como for, para nossos fins, é importante dizer, como Neumann dá a entender, que a teoria deve dialogar com a dogmática jurídica e com a pesquisa de jurisprudência para identificar os modelos de racionalidade judicial em funcionamento e ser capaz de criticá-los. Desta forma, será possível descobrir se há setores do estado de direito em que os órgãos de poder atuam de forma arbitrária e explicitar modelos autoritários ou meramente simbólicos de legitimação das decisões.

Capítulo 5

Judicialização da política? Sobre a naturalização da separação dos poderes (I)

COM MARCOS NOBRE

O objetivo deste texto é mostrar as limitações de uma concepção formalista do direito, calcada na gramática clássica do direito burguês. Isso se faz necessário, a nosso ver, porque essa concepção mostra uma persistência na teoria e na pesquisa social — na brasileira, em especial — que bloqueia uma adequada compreensão do direito, entendido tanto em seu sentido de fenômeno social quanto como uma das disciplinas das ciências humanas.

É evidente que tal persistência não é casual e merece ser investigada por si mesma. Esse não é, entretanto, nosso objetivo aqui. Limitamo-nos a dar indicações nesse sentido. Para o caso dos países centrais — em especial para aqueles de tradição jurídica romano-germânica, mas não só —, pensamos que essa persistência se deve à hegemonia ideológica do neoliberalismo nas últimas décadas, cuja visão tradicional do direito se apoia em interesses tão simples e diretos quanto a defesa intransigente de concepções tradicionais do direito de propriedade, das regras de mercado e de um Estado mínimo. Para o caso do Brasil, a hipótese é que, em vista do longo período de governos autoritários e/ou coronelismo ao longo do século XX, o próprio direito burguês aparece como padrão e como novidade, obscurecendo a visão das profundas transformações pelas quais passou o direito ao longo desse mesmo século. Não por último, pensamos mesmo que as transformações atuais tendem a se dar em um sentido bastante diferente do "direito social" do século passado. Mas, como dito, não é nosso objetivo desenvolver em detalhe essas indicações neste texto; ainda que seja necessário apontar desde o início elementos que são importantes pontos de apoio de nosso diagnóstico do tempo presente.

Ao longo do texto, chamaremos a essa concepção formalista do direito simplesmente de "visão normativa", ou, mais precisamente, de "visão normativista" do direito. O formalismo jurídico se tornou ao longo do século XX quase sinônimo de tudo o que pode haver de cientificamente equivocado e normativamente retrógrado, de modo que é muito raro encontrar quem se reivindique "formalista".[1] Esse foi o resultado da investida massiva e certeira do movimento operário contra o direito burguês clássico, que Weber consagrou com o termo depreciativo de "materialização do direito". Franz Neumann foi um dos primeiros autores a mostrar que o diagnóstico da materialização do direito não era capaz de explicar positivamente o desenvolvimento institucional do começo do século XX. Ao falar em "materialização do direito" sem explicitar sua gênese histórica, Max Weber terminou por naturalizar o código do direito e a enxergar as potenciais mudanças que ele estava sofrendo como se fossem sua destruição. Vejamos.

De acordo com Weber, o direito ocidental é formal, pois permite decidir conflitos a partir de critérios jurídicos, ou seja, com fundamento em normas jurídicas dotadas de racionalidade própria, autônomas em relação a valores morais, éticos, políticos, econômicos etc. O direito ocidental é um direito racional porque remete a justificativas que transcendem o caso concreto por serem baseadas em regras claramente definidas que permitem padronizar as decisões. Historicamente, o desenho institucional que efetivou essas duas ideias nos países foi o estado de direito concebido em

---

[1] Para este ponto, ver o início de capítulo 3.

função da teoria da separação dos poderes em que o Judiciário tem a função de aplicar as leis produzidas pelo Parlamento. Há variações nacionais muito significativas nesse desenho, mas para os fins deste texto nos basta esta visão de senso comum, pois, ainda que de maneira transformada, ela está na base de conceitos como "judiciarização da política" ou "ativismo judicial".

Neste texto, quando falarmos em "código do direito" e em suas transformações, estaremos falando do direito racional e formal weberiano, concepção que domina a visão mais corrente sobre o direito até os dias de hoje.[2] De outra parte, quando falarmos em "gramática" ou das "gramáticas do direito", falamos dos desenhos institucionais que em tal código se encontram configurados a cada vez. Mostraremos a seguir que tais desenhos podem ser modificados por dentro em função da dinâmica dos conflitos sociais, a ponto de alterar o código do direito, como ocorreu na passagem do estado liberal para o estado social por ação da classe operária. Ao naturalizar a ligação entre código do direito e gramáticas institucionais, o analista deixa de perceber uma tensão fundamental para o processo de institucionalização e transformação do direito. O conceito de "materialização do direito" weberiano padece desse problema.

Ainda de acordo com Weber, o direito materializado é aquele que incorpora raciocínios valorativos que fogem do registro legal/ilegal por estarem fundados em cláusulas gerais como "boa-fé", "bons costumes", "concorrência desleal", "mulher honesta". Tais cláusulas gerais, muitas vezes contidas nas leis, abririam espaço para a subjetividade do juiz e/ou para a dissolução do direito em outras ordens normativas. Afinal, de acordo com esse diagnóstico, tais cláusulas permitiriam que os julgamentos fossem proferidos com base em normas morais, éticas, religiosas, preceitos científicos etc., fato que colocaria a perder a certeza dos julgamentos pa-

---

[2] Para indicar que essa visão do direito não se restringe, no Brasil, à visão mais comum presente nas ciências sociais ou no debate público de maneira mais ampla, pode-se mencionar aqui, no campo da economia, dois influentes artigos que contêm citações nominais do conceito weberiano: Arida, Bacha e Lara-Resende (2004) e Arida (2005). Para uma explicação mais completa do conceito de Weber, ver Weber (1999) e Trubek (2007).

dronizados e a autonomia da ordem jurídica em relação às demais ordens normativas.

Franz Neumann mostrou em *The rule of law* (escrito em 1936)³ que instituições já atuantes na sociedade estavam contribuindo para compensar a indeterminação das cláusulas gerais e conferir certeza e autonomia para o direito "materializado". As normas processuais que regulavam o procedimento decisório poderiam compensar, segundo Neumann, a indeterminação das normas de conduta.⁴ Nesse registro teórico, portanto, a materialização deveria ser vista como um índice da transformação da gramática do direito e não como sua inexorável destruição.

Franz Neumann mostrou também que um dos principais fatores de tal transformação foi a entrada da classe operária no Parlamento, que modificou profundamente as instituições burguesas e sua dinâmica. Nesse sentido, a defesa da manutenção de uma determinada gramática do direito em razão do diagnóstico da materialização terminou por assumir, naquele momento histórico, um sentido claramente conservador.⁵

O formalismo conseguiu retornar na segunda metade do século XX sob nova roupagem, a da "técnica". Apesar de os tempos da "técnica e ciência como 'ideologia'" terem ficado para trás sob muitos aspectos — graças, em boa medida, ao duro enfrentamento dessa lógica por parte dos chamados "novos movimentos sociais"⁶ —, é ainda dominante no deba-

---

³ Neumann (1986:44). Em *Fuga do direito* (Rodriguez, 2009), especialmente no capítulo final e na conclusão, essa tensão entre o código do direito e as gramáticas institucionais é apresentada com outra terminologia. Nesse livro fala-se de "forma direito" (no lugar de código do Direito) e em "modelos de juridificação" (no lugar de "gramáticas do Direito"). É importante dizer que essa ideia tem como motivação a crítica de F. Neumann a Marx segundo a qual tal autor teria dado mais atenção aos momentos de ruptura institucional do que à transformação da racionalidade do direito no interior de uma determinada ordem social.
⁴ Ibid.
⁵ O debate posterior mostrou como essa posição também possui caráter etnocêntrico. Ver, por exemplo, Jayasuriya (1997:357), que aproveita a crítica de Neumann a Weber para explicar a racionalidade do direito no leste da Ásia. Ver também Rodriguez (2010b), cuja primeira parte resume o debate sobre o tema no campo do direito e desenvolvimento.
⁶ Uma descrição em grandes linhas desse movimento pode ser encontrada em Nobre (2004a).

te público brasileiro a ideia de que o Judiciário é (e deve ser) o último bastião da "técnica". O que se exige sempre é que a decisão judicial seja uma "decisão técnica", o que significa pouco mais do que dar nova roupagem à velha metáfora formalista do "juiz boca da lei".[7] Esse é o sentido subjacente, portanto, à caracterização que fazemos sob a expressão "visão normativista" do direito.

Note-se, aliás, que tal concepção — como, antes dela, a de Weber — bloqueia a própria compreensão do processo de aprofundamento da democracia vivido nas últimas décadas. Embora não se trate, evidentemente, de um processo linear de progresso, tampouco desprovido de ambiguidades, pode-se reconstruir esse movimento também como um processo de abertura de novos espaços nos poderes constituídos pelo movimento social organizado. Se o movimento operário obrigou o Parlamento a se abrir à democracia de massas, os chamados "novos movimentos sociais" obrigaram o próprio Estado a se abrir à participação e à negociação de políticas públicas antes apresentadas como "técnicas" e, portanto, "neutras".[8] Não é de espantar, portanto, que esse movimento chegue agora ao Judiciário e que esse poder esteja agora sob a pressão da sociedade civil organizada para se abrir à participação e à deliberação da cidadania, que quer discutir, entre outras coisas, o próprio conceito jurídico de legitimidade das partes. Queremos chamar aqui a atenção para o que nos parece ser o grave erro político de não perceber o momento de pressionar o Judiciário para que, de maneira regrada, democrática, se abra à participação cidadã.

Entretanto, se o exemplo que acabamos de dar se refere ao Judiciário, nosso objetivo com este texto não é de maneira alguma restringir o exame a esse âmbito. Ao contrário, pretendemos alcançar aqui o direito entendido como fenômeno social em sentido amplo tanto quanto como disciplina das ciências humanas. Pretendemos entender o direito como fenômeno social não apenas no sentido restrito de suas configurações institucionais fixadas, mas como um processo aberto de disputa pelo sentido da norma,

---

[7] Esse tema será discutido com mais detalhes adiante.
[8] Sobre isso, ver novamente o já mencionado Nobre (2004a).

algo que de maneira alguma pode ser reduzido à fixação institucional ou pode ser caracterizado como perda de especificidade do direito em relação às demais ordens normativas. Trata-se apenas do abandono de um padrão tecnocrático na atuação judicial em favor de um modelo de racionalidade aberto à deliberação.

Dito de outra maneira, nosso objetivo é mostrar que uma tal visão normativista do direito, herdeira do formalismo e, a nosso ver, largamente dominante na teoria e na pesquisa social no Brasil, não é capaz de dar conta do direito em pelo menos três sentidos fundamentais. Em primeiro lugar, não compreende o direito em seu código próprio, ou seja, segundo a autonomia que é própria do direito em sociedades modernas e sujeito a transformações capazes de alterar sua racionalidade sem suprimir as fronteiras que o separam das demais ordens normativas. Em segundo lugar, esse *deficit* estrutural bloqueia o entendimento das diferentes configurações institucionais próprias do direito e veda o acesso a diferentes e alternativas construções institucionais possíveis. Em uma palavra, essa visão naturaliza e torna unívoca a gramática do direito. Por fim, é uma visão do direito que restringe *a priori* o próprio sentido do que possa ser o "jurídico", fixando de antemão um âmbito para a regulação jurídica que impede o acesso às disputas contemporâneas pela pluralização no interior do próprio código do direito, que se desdobra na criação de novas gramáticas institucionais, novos modelos institucionais que entram em tensão constante com o código do direito. Não por acaso, é uma visão que exclui das categorias fundamentais de análise a de "esfera pública", de decisiva importância para apreender o processo em toda a sua complexidade e potencialidades de transformação.

A mera exposição do objetivo do texto, entretanto, é suficiente para indicar a impossibilidade de demonstrar todos esses elementos em sua devida amplitude nesse âmbito. Por essa razão, decidimos limitar essa demonstração a propósito daquela noção que nos parece ser a dominante no pensamento social do direito e sobre o direito no Brasil: aquela de "judicialização da política". Por meio da análise dos pressupostos e implicações dessa noção — e daquela que consideramos sua contraparte necessária, a noção de "ativismo judicial" — pretendemos mostrar tanto os *deficits* explicativos como os bloqueios a possíveis transformações progressistas do direito no país. Nossa argumentação tem como ponto central a total exterioridade dessas noções em relação ao código do direito. O que, não por último, significa também uma exterioridade em relação ao próprio direito como disciplina científica das ciências humanas.

♦♦♦

Só faz sentido falar em "judicialização da política" ou em "ativismo judicial" tendo por padrão uma teoria normativa da política que se apoia em uma concepção bastante particular da separação de poderes em um estado de direito. Dessa perspectiva, embora aparentem ser ideias bastante diferentes entre si, "judicialização da política" e "ativismo judicial" são como lados de uma mesma moeda, de um mesmo processo visto ora da perspectiva da política que seria "invadida" pela lógica judicial, ora da perspectiva do próprio "invasor". Nesse caso, a ligação entre os dois momentos está posta em uma visão em que o Legislativo deve ser o centro vivo de um estado democrático de direito, tanto a sede por excelência da política quanto seu real ativista.

Partimos aqui de duas ideias presentes em um comentário de Andrei Koerner e Débora Alves Maciel:[9] tanto dos diferentes pontos de partida normativos de cada noção particular de "judicialização da política" quanto da disseminação dessa ideia em diferentes sentidos e acepções no debate público em sentido amplo. Não pretendemos examinar nenhuma concepção particular de "judicialização da política", mas aquele que nos parece ser o núcleo normativo fundamental de qualquer de suas versões. E acrescentamos aqui a noção de "ativismo judicial" como seu avesso complementar.

De saída, consideramos que tal visão normativa não é capaz de demonstrar sua aderência à realidade; por essa razão dizemos que se trata, na

---

[9] Koerner e Maciel (2002), em que são analisados os livros: Vianna, Luís Werneck (org.). *A democracia e os três poderes no Brasil*. Belo Horizonte: Editora UFMG, 2002; Arantes, Rogério Bastos. *Ministério Público e política no Brasil*. São Paulo: Sumaré, 2002.

verdade, de uma visão *normativista* do direito que naturaliza sua gramática institucional e não abre espaço para a transformação do código do direito, tanto do ponto de vista de sua capacidade explicativa como de seu enraizamento na realidade social contemporânea. Uma visão normativa forte como essa pode perfeitamente se manter como "ideal" a ser perseguido pelos atores sociais. Mas não pode servir de base a um diagnóstico do tempo presente. E permanece como um "ideal" no sentido utópico da expressão, já que não está em condições de mostrar quais elementos concretos da atual configuração do estado democrático de direito poderiam ser mobilizados pelos atores sociais para atingir o objetivo de fazer do Parlamento o efetivo centro da política.[10]

Não se trata aqui de discutir se tal modelo estilizado de separação de poderes que se cristalizou no século XIX de fato funcionou em algum lugar segundo os parâmetros normativos que o justificavam. Independentemente do fato de ter um dia funcionado assim ou não, o modelo padrão de separação de poderes certamente não operou nas últimas décadas do século XX.[11] Apenas para tomar como exemplo um estudo recente, publicado no ano 200, mas já considerado clássico, em *A nova separação de poderes* (Ackerman, 2013), Bruce Ackerman compara a tradição norte-americana de separação de poderes com o modelo de países como Alemanha, Itália, Japão, Índia, Canadá e África do Sul para criticar os Estados Unidos

---

[10] Deixamos de lado neste texto o aspecto complementar envolvido nesse posicionamento ideal central do Parlamento em uma democracia, ou seja, o da teoria da representação política que pressupõe. Apesar de não examinarmos esse outro forte pressuposto normativo, é possível pelo menos adiantar o que nos parece ser o estado problemático dessa concepção de representação mediante duas referências bibliográficas que o colocam em xeque. De um ponto de vista mais teórico, o livro de Nadia Urbinatti (2006), no qual a ideia de uma representação "advocatícia" pode ser interpretada como uma abertura para diferentes tipos, formas e formatos de representação contra "o mero registro de uma configuração social dada" (p. 46), que continua a sustentar o pressuposto de que o Parlamento dever ser o centro, a fonte e o modelo de toda representação, normalmente identificada com a "vontade geral" ou alguma variante dessa noção. Do ponto de vista da ligação entre bases teóricas e pesquisa empírica, muitas indicações interessantes da pluralização da representação podem ser encontradas em Lavalle, Houtzager e Castello (2006).
[11] Sobre a impertinência do conceito tradicional de separação de poderes para a concepção mais contemporânea de racionalidade jurisdicional, ver o capítulo 3.

e argumentar contra a exportação de seu modelo para outros países do mundo. Na descrição do autor, esse modelo possui um presidente eleito que funciona como freio e contrapeso do congresso eleito democraticamente. Ackermann defende um modelo em que o primeiro-ministro fique no cargo desde que consiga manter o apoio do Parlamento e que o poder do Parlamento tenha como freio e contrapeso uma série de instituições, não apenas a corte constitucional. Para o autor, esse modelo teria se mostrado superior ao modelo americano por ser capaz de criar uma grande variedade de estratégias institucionais com o objetivo de efetivar os três princípios que motivam a moderna doutrina da separação de poderes: democracia, profissionalismo e proteção dos direitos humanos.

Independentemente do mérito das propostas de Ackerman, o que nos importa em seu artigo é tomá-lo como ilustração dos dois aspectos de nossa argumentação aqui. Serve para mostrar a variedade não só de desenhos institucionais concretos da separação de poderes, mas igualmente de modelos normativos possíveis; ao mesmo tempo mostra o quanto é problemático fixar de antemão um desenho determinado da separação de poderes, que passa a ser pensado como *modelo* a ser seguido ou mesmo "copiado". A cristalização da visão de que os poderes são três e de que cada um deles tem a função de controlar o outro é apenas uma das possibilidades institucionais que mesmo a ideia original de freios e contrapesos de Montesquieu permite pensar. O sentido de *O espírito das leis* nunca foi afirmar os três poderes, Legislativo, Executivo e Judiciário, como a essência do estado de direito, mas sim mostrar que é necessário criar poderes e contrapoderes para evitar a constituição de polos de poder absolutos, sem nenhum controle. Não é necessário que os poderes sejam três e que funcionem de acordo com a lógica naturalizada da separação de poderes. O ponto central é armar uma trama institucional que não admita o arbítrio, independentemente de qual desenho se venha a adotar. Por isso mesmo, é importante recuperar o espírito da obra de Montesquieu para refletir melhor sobre a dinâmica institucional contemporânea.[12] Além dis-

---

[12] Nesse sentido, ver Castro (2010:143-173).

so, como afirmou Franz Neumann em sua introdução a *O espírito das leis* de Montesquieu (Neumann, 1957), a separação de poderes pode funcionar como obstáculo para as transformações sociais quando pensada como um modelo normativo destinado a "enquadrar" o conflito social em uma gramática imune à contestação pelas forças progressistas.[13] O significado da separação de poderes e, por conseguinte, o do conceito de estado de direito também precisam entrar em disputa.

Nos Estados Unidos, por exemplo, grande parte dos avanços no campo social foi efetivada no Judiciário e não no Parlamento. Nesse país, a crítica ao suposto "ativismo judicial" e ao suposto desrespeito ao "espírito da constituição", segundo a palavra dos "pais fundadores", têm funcionado como arma utilizada pelo conservadorismo para barrar tais avanços e colocar a sociedade civil em seu "devido lugar", ou seja, na mão dos *lobbies* que atuam no Parlamento.

No Brasil, o momento é de redesenho das instituições em todos os níveis, desde a abertura do Executivo para a participação popular direta por meio de conselhos variados, conferências nacionais e agências reguladoras, até a mudança de função do Poder Judiciário, cada vez mais ativo na arena política pela escolha entre as várias alternativas técnico-jurídicas definidas em função do material normativo e do contexto de cada decisão. Nesse contexto, definir *a priori* a dinâmica institucional em termos normativos a partir de uma concepção modelar da separação de poderes antes bloqueia a compreensão e mesmo a possibilidade de que a sociedade se aproprie de instituições em construção e mutação. E acaba por obscurecer tanto

---

[13] Em Rodriguez (2009), J. R. Rodriguez tira diversas consequências dessa afirmação de F. Neumann para a interpretação do código do direito contemporâneo. Em sentido diverso, Althusser, apoiado em C. Eisenmann, contesta o "mito" da separação de poderes em Montesquieu, apontando para o problema de saber "a quem aproveita" tal divisão. Ver Althusser (1972), especialmente o capítulo V. A interpretação de Neumann nos parece superior à de Althusser, tanto em termos de exegese quanto de consequências emancipatórias, porque vê um vínculo interno entre direito e democracia que não pode ser encontrado na interpretação althusseriana de Montesquieu. Mas a interpretação de Althusser tem o mérito de enfatizar *o caráter de classe* de uma determinada interpretação da separação de poderes, ressaltando assim, de outra maneira, o aspecto normativo implícito na ideia de "judicialização da política" que buscamos explicitar aqui.

o lugar e a função efetivos do Poder Judiciário, do Poder Executivo e do Poder Legislativo, como encobrem as possibilidades institucionais concretas presentes no momento atual.[14]

A predeterminação das fronteiras entre os poderes, de seus domínios próprios e das vias de circulação das demandas sociais parte do pressuposto de que as regras estão predefinidas relativamente aos conflitos e ao "jogo democrático". Pressupõe-se uma noção de "regra" em que esta vem sempre dada em todas as suas consequências, o que inclui o resultado de sua aplicação. É uma acepção de "regra" como estrutura que precede e determina por completo o caso concreto, como deveria ocorrer, segundo essa concepção, em um estado de direito consolidado. No entanto, é justamente neste ponto que a metáfora da democracia como um "jogo" cujas regras (entendidas nesses termos) estão definidas de antemão começa a atrapalhar o raciocínio e não a esclarecer o problema. É mais adequado deixar essa metáfora de lado.

A concepção de que a regra contenha nela mesma toda a dinâmica institucional e determine de antemão seu desenvolvimento efetivo, assim como a ideia de uma "regra do jogo" cujo sentido seria sempre estável e inequívoco, antes encobrem do que mostram a dinâmica institucional concreta e o funcionamento da democracia.[15] À exceção das regras que exigem que o poder justifique racionalmente suas decisões perante a sociedade e atribui à sociedade a possibilidade de participar de sua elabora-

---

[14] Um estudo empírico de grande importância para a relativização da tese mais geral da "judicialização" pode ser encontrado em Sundfeld (2010). Entre outras coisas, o estudo inova ao investigar o problema da perspectiva do próprio código do direito e não de um ponto de vista que lhe seria externo. Além disso, aceita em certo sentido o desafio posto pelo mencionado comentário de Débora Alves Maciel e Andrei Koerner de que uma investigação da "judicialização da política" seria dificilmente realizável em termos empíricos.

[15] Esse argumento também vale para as regras jurídicas e sua utilização para a solução de casos concretos, como mostraram muito bem Hans Kelsen, Duncan Kennedy e Ronald Dworkin. Ver Kelsen (1979) (capítulo final); Kennedy (1973) e Dworkin (1999). É importante dizer que nenhum dos autores citados tira todas as consequências de sua visão da racionalidade jurisdicional para a concepção de Poder Judiciário e de separação de poderes que seu pensamento pressupõe. A renovação da teoria do direito no que diz respeito à racionalidade jurisdicional ainda é uma tarefa a ser feita. Sobre esse ponto, ver a parte final do capítulo 3.

ção, um estado de direito democrático não pode bloquear a disputa pelas regras que definem gramáticas institucionais, sob pena de naturalizar posições de poder político, econômico e social. Mas mesmo as regras de justificação e de autoria das normas podem ser desenhadas das mais diferentes maneiras, podem conter diversas variantes, há sempre várias maneiras de fundamentar uma decisão e esta também é uma arena aberta à disputa.[16]

Se existe um núcleo normativo próprio da democracia, ele está antes no princípio de que a dinâmica institucional deve poder ser colocada em questão em todos os seus diferentes momentos, em seus diferentes desenhos, um questionamento que deve poder ser levado a seus limites tanto por demandas concretas dirigidas a este ou aquele órgão, como na dimensão mais abstrata do debate acadêmico, ou do questionamento judicial e da disputa legislativa. Subtrair tais regras ao debate significa conservar e naturalizar uma determinada distribuição de poder entre grupos e uma determinada forma de mediar a relação entre Estado e sociedade. É um procedimento que impede compreender adequadamente a dinâmica institucional: as assim chamadas "regras do jogo" e também o que chamamos de "código do direito" são apenas abstrações da dinâmica institucional isolada em um de seus aspectos em um determinado ponto do tempo e do espaço. O desfecho do processo não pode ser conhecido de antemão. O mero ato de identificar a regra e apresentar a racionalidade do suposto "jogo" já é um ato interessado e precisa ser posto em evidência junto com qualquer suposta "definição" da regra.

A visão por demais normativa de política que sustenta as ideias gêmeas de "judicialização da política" e de "ativismo judicial" carrega consigo uma compreensão limitada do código próprio do direito, não por último da própria Constituição Federal de 1988. Na verdade, trata-se de uma visão que procura limitar normativamente o âmbito de aplicação do direito porque, em suas análises, não se dedica a compreender o código que lhe é próprio. Se o fizesse, poderia encontrar as reais limitações impostas por esse

---

[16] Para este ponto, ver Machado, Püschel e Rodriguez (2009) e Püschel e Rodriguez (2010).

código. E, igualmente, poderia enxergar os potenciais de transformação que ele carrega. O normativismo próprio das noções de "judicialização da política" e de "ativismo judicial" vê o espaço jurisdicional como infenso à política em sentido amplo, o que corresponde ao preconceito mais geral de que o Judiciário como instituição é uma "caixa preta". Ou seja, uma incompreensão do código do direito e de sua lógica de funcionamento e transformação se transforma em uma acusação de "intransparência", de tal maneira que os reais momentos de intransparência do funcionamento do Judiciário são antes encobertos do que revelados por essa atitude teórica e prática.

É esse modo de encarar o Judiciário que vê o ato de julgar como um procedimento que não apenas seria meramente técnico, mas que também *deve* sê-lo, sem ligação alguma com o conflito social e com os debates na esfera pública. E aqui está justamente o normativismo dessa visão do Judiciário: o ideal se transforma em uma definição a-histórica e descontextualizada do significado das instituições. A naturalização conceitual que apresenta nesses termos em análises políticas de conjuntura e trabalhos acadêmicos variados é um verdadeiro desastre para o pensamento crítico e para a dinâmica das forças sociais progressistas.

O livro *Left legalism/left critique* (Brown e Halley, 2002), por exemplo, é um acerto de contas duro e profundo de diversos autores de esquerda com a gramática institucional norte-americana. O sentido geral do livro é mostrar como a esquerda caiu na armadilha desse normativismo, perdendo em contundência e radicalidade. O livro é especialmente interessante, pois, em vez de propor como alternativa a destruição violenta das instituições postas, faz um apelo à imaginação institucional dirigida a inventar novas maneiras de juridificar o conflito social sem utilizar a linguagem tradicional dos direitos e deveres.[17] Nesse sentido, a visão da cidadania

---

[17] Em uma resenha crítica ao livro de Andrei Y. Vyshinsky, *The law of Soviet State*, publicada em 1949, Franz Neumann mostra que as supostas inovações do direito soviético após a Revolução Russa não passavam da repetição ligeiramente modificada das categorias jurídicas burguesas, ou seja, que imaginação institucional e revolução não andam necessariamente juntas. Ver Neumann (1949).

como "direito a ter direitos"[18] também está caduca e deve ser deixada de lado. A cidadania é bem mais do que isso. Ser cidadão é ter a possibilidade de tomar parte ativa no processo de definição da gramática institucional, mesmo que seja para além da linguagem dos direitos. Ou seja, ser cidadão é ter a possibilidade de exercitar e efetivar deliberativamente a imaginação institucional.

O debate sobre a reforma do Poder Judiciário no Brasil, por exemplo, tem se concentrado principalmente nas questões da celeridade da prestação jurisdicional e na garantia de acesso à justiça à população brasileira. De acordo com essa agenda, é preciso modernizar nossos códigos de processo, aumentar o número de juízes e melhorar a gestão interna do Poder Judiciário para garantir sentenças mais rápidas. Além disso, o país, segundo o raciocínio dominante, precisaria ampliar a oferta de mecanismos de solução de conflitos (juizados especiais, mediação, conciliação) e o acesso a advogados e defensores públicos para permitir que os mais pobres utilizem o Judiciário para resolver seus problemas.[19]

Esse debate tem se desenrolado tendo como referência central o Poder Judiciário e o processo judicial como principal meio de solução de conflitos. Discute-se a necessidade de expandir o raio de atuação desse poder, de ampliar o acesso à justiça e de aumentar sua eficiência, sem colocar em questão a gramática dos meios formais para a solução de conflitos utilizados no Brasil. Por exemplo, o tema dos mecanismos alternativos de solução de conflitos tem sido discutido no contexto da reforma do Poder Judiciário e não como uma real alternativa a ele.[20] Tais mecanismos têm sido

---

[18] Essa formulação, bastante influente no Brasil, foi proposta por Celso Lafer (1997) a partir de sua interpretação da obra de Hannah Arendt.
[19] Como exemplos do formato mais comum dos debates sobre a reforma do Poder Judiciário, pode-se citar o "I Pacto de Estado em favor de um Judiciário mais rápido e republicano", de 2004, e o "II Pacto republicano de Estado por um sistema de justiça mais acessível, ágil e efetivo", de 2009 (ambos no <portal.mj.gov.br>, acessado em 2 nov. 2011), celebrados pelos chefes dos três poderes da República brasileira.
[20] A bibliografia sobre todos esses temas é imensa e muito diversa. Nossas afirmações aqui se referem apenas à tópica mais comum presente no debate público de maneira mais ampla e não pretendem dar conta da complexidade da produção científica sobre essas questões.

mantidos sob o controle desse poder e tratados, na maior parte das vezes, como instrumentos destinados a desafogar o Judiciário. Reduzir os meios alternativos a essa função meramente instrumental significa deixar de lado sua capacidade de enquadrar os conflitos de outra maneira e promover a mediação entre sociedade e Estado de acordo com outra gramática. Outra gramática que pode bem receber o nome de "direito", desde que se deixe de pensar o jurídico como sinônimo de "judicial" e se deixe de pensar os avanços constitucionais apenas como a ampliação do acesso à justiça vista como sinônimo de "Poder Judiciário". Esse exemplo nos parece trazer um elemento adicional à argumentação de como a cristalização de uma determinada visão e institucionalidade do direito prejudica não apenas a compreensão do funcionamento concreto das instituições, mas também suas potencialidades de transformação. Porque o que está em jogo aqui é o próprio sentido do que deve ou não ser denominado "jurídico": é o sentido mesmo do direito que está em causa.

Mas nosso objeto neste texto está bastante aquém dessa posição do problema. As ideias gêmeas de "judicialização da política" e de "ativismo judicial" representam um imbróglio teórico-político que nem sequer tem acesso à sua própria concepção de uma linguagem dos direitos que não se pluralizou. Esse problema permanece inteiramente obscurecido por uma rígida fixação institucional que ocupa todo o primeiro plano de sua concepção normativa. De modo que, para evitar o imbróglio, a primeira atitude a tomar é separar analiticamente os elementos ali amalgamados e afastar o pesado fardo de seus pressupostos normativos. Só assim nos parece possível compreender com um mínimo de clareza o que está em jogo hoje na posição que ocupam o Judiciário e o direito na política brasileira em sentido amplo. E, quem sabe, chegar mesmo a abrir futuramente a discussão sobre a pluralização da linguagem do direito e dos direitos.

Tudo isso não significa que não seja compreensível que a confusão tenha se instalado nesses termos na discussão. A desconfiança em relação ao direito é própria de um país com parca cultura política democrática, marcado por sucessivos governos autoritários e/ou oligárquicos no século XX. Da mesma forma, do outro lado da moeda, é igualmente compreensível que um país em democratização recente veja a promulgação de leis (e o exemplo máximo aqui é a Constituição Federal de 1988) como ponto de chegada para a solução de problemas e satisfação de demandas legítimas, o que leva à "decepção" correspondente de essas mesmas leis "não serem aplicadas". Ou seja, de um lado, o direito é visto com suspeição. De outro, é visto como solução para todos os males. E, quando não traz a solução esperada, cai novamente no elemento da suspeição, em um círculo enganoso.

Do ponto de vista da produção acadêmica, a situação é bastante semelhante. O padrão universitário que se estabeleceu no país teve em larga medida como inimigo e como alvo o tipo de produção acadêmica tradicionalmente apresentada pelo direito como disciplina do conhecimento. Por terem se instalado 100 anos antes do projeto universitário implantado no século XX, as faculdades de direito e seu típico "bacharelismo" dispuseram até pelo menos a década de 1930 de certa primazia na definição dos padrões universitários em ciências humanas. Esse predomínio foi severamente contestado com a introdução de padrões de produção de conhecimento próprios de uma universidade "moderna", que se opunha ao "arcaísmo" dos bacharéis, não por último pela relação promíscua que mantinham com o poder estabelecido. E é incontestável que o direito como disciplina acadêmica até hoje não conseguiu acompanhar o rápido desenvolvimento das demais ciências humanas, especialmente nas últimas décadas do século XX.[21] Não faltam, enfim, razões históricas para a imagem distorcida e confusa do direito, seja como fenômeno social, seja como disciplina acadêmica. O estranho é que essas razões insistam em se manter e se reapresentar mesmo quando o fundo histórico que as sustentava já não existe. E as ideias gêmeas de "judicialização da política" e de "ativismo judicial" são apenas uma versão reciclada desse antigo estado de coisas.

Em outras palavras, já dispomos de suficiente experiência democrática para saber que o direito como fenômeno social não pode ser reduzido

---

[21] Ver a esse respeito Nobre (2003). Sobre a implantação da universidade brasileira contra o bacharelismo, ver ainda Nobre e Terra (2007).

a uma simples "voz do poder", mas que é uma etapa decisiva da disputa política entendida em sentido amplo. Já dispomos de suficiente experiência democrática para saber que a disputa nos termos do código jurídico tem uma autonomia e uma especificidade que não permitem que ela seja reduzida sem mais a qualquer outro tipo de racionalidade. Dispomos de suficiente experiência democrática para saber que o aprofundamento do estado de direito caminha junto com a ampliação de direitos, que a "juridificação" das relações sociais é inseparável de avanços em termos institucionais e de cultura política democrática. Também dispomos até de centros produtores de conhecimento jurídico que não mais se pautam pela confusão típica do bacharelismo seja com o poder constituído, seja com a prática profissional dos operadores do direito. E, no entanto, a lógica, a autonomia e a especificidade próprias do código do direito continuam a ser desconsideradas por grande parcela não só dos atores sociais, mas também dos cientistas sociais.

O problema é, de fato, o da devida compreensão dos diferentes processos de "juridificação" das relações sociais, uma perspectiva que permite uma análise bem mais ampla e complexa do papel do direito do que a limitação representada pelas ideias de "judicialização da política" e de "ativismo judicial". A correta compreensão do código do direito e de seu papel estruturante na dinâmica institucional permite primeiramente o acesso àquele que é o núcleo social mais profundo da lógica jurídica: seu papel de "transformador".[22] De um lado, o direito formata de maneira decisiva demandas sociais de transformação, obrigando os diferentes indivíduos, grupos e movimentos sociais a traduzir suas aspirações em termos jurídicos, o que pode resultar na renovação da gramática institucional e, até mesmo, na transformação do código do direito. De outro lado, essa ló-

---

[22] Essa ideia tem como ponto de partida a já mencionada obra de Habermas, *Direito e democracia*. Ainda que não partilhemos de todos os pressupostos e consequências que sustentam a posição de Habermas, não cabe aqui, entretanto, tratar especificamente dessas diferenças. Limitamo-nos a indicar os pontos de divergência mais relevantes: o do peso a nosso ver excessivo que adquire o direito como "médium" na obra mais recente de Habermas; e a própria justificação habermasiana para a separação de poderes, colocada aqui em questão a propósito da "visão normativista" do direito e da política.

gica estruturante do direito exclui de fato opções, alternativas e demandas que não se veem respaldadas na tradução para o código jurídico vigente.

Uma apresentação do papel social do direito que esteja à altura da complexidade do fenômeno tem de ser capaz de manter essas duas perspectivas simultaneamente. Aliás, essa dupla perspectiva é também condição necessária para uma visão crítica do direito. Pois, de um lado, permite examinar a juridificação em sua especificidade e lógica próprias, mostrando a ligação íntima entre o enorme peso do direito no mundo contemporâneo e o código que lhe é próprio. De outro lado, permite mostrar os limites do direito e de seu código, apontando para todos os processos sociais excluídos pela juridificação nos termos do código vigente. Essa abordagem em dupla perspectiva é importante entre outras coisas porque veda as interpretações unilaterais que acabam por fazer do direito um "supermédium" de coordenação das ações sociais. Desnecessário dizer que uma investigação como essa só pode ser de fato realizada se a pesquisa em direito for feita em colaboração com as demais ciências sociais.[23]

Um exemplo simples e conhecido de muitos é a greve e a possibilidade de organizar sindicatos. No final do século XIX e começo do século XX a greve e a liberdade sindical eram vistas como fatos ilícitos punidos inclusive pelo direito penal. As forças conservadoras da época defendiam uma visão do código do direito que via a organização de sindicatos e a realização de greves como um atentado ao direito de propriedade e ao cumprimento dos contratos celebrados entre empregados e empregadores. Dessa forma, a assim denominada "questão social" ficava localizada fora das instituições políticas normais, relegada aos domínios do ilícito e do crime.

Do ponto de vista do código do direito da época e das instituições que o efetivaram, a questão social só podia ser figurada como um desrespeito ao estado de direito. Para que a questão social aparecesse como tal, foi preciso abordá-la do ponto de vista de outras ciências, por exemplo, a ciência da história. Friedrich Engels, em seu estudo clássico sobre *A situação da*

---

[23] Uma tentativa de pensar o direito criticamente nesses termos está no capítulo 3 da obra já citada, *Fuga do direito*.

classe trabalhadora na Inglaterra (Engels, 2008), foi um dos autores que levou adiante essa tarefa e contribuiu para que a questão social e o sofrimento humano que ela embutia viessem à luz sob outra roupagem.

E foi necessária muita luta social para que a gramática institucional se transformasse e, nesse caso, transformasse o código do direito a ponto de incluir essa questão em seu interior, com a criação de novos conceitos jurídicos e de um novo modelo de Estado. A par da batalha social nas ruas, foi travada uma batalha dogmática e uma disputa em torno do desenho institucional no interior do código jurídico para que fosse possível criar pouco a pouco um novo modelo de juridificação que considerasse a greve e a possibilidade de organizar sindicatos como fatos lícitos. Um retrato dramático desse processo pode ser visto no texto de Otto Kahn-Freund, *O ideal social das cortes do Reich*, de 1931 (Kahn-Freund, 1966), em que o autor mostra como os juízes alemães se recusavam a admitir e aplicar os novos institutos do direito do trabalho consagrados pela Constituição de 1918. Nesse momento, para o código jurídico como concebido pelas forças conservadoras, a proteção social adquiria características disformes, impensáveis.

O resultado final desse embate foi a transformação radical da compreensão burguesa dos contratos, do direito de propriedade, do Estado e do direito. O direito do trabalho e o estado social, hoje vistos como coisa natural, nasceram como um escândalo aos olhos burgueses e como uma afronta ao estado de direito e ao conceito de direito. Seu poder subversivo permanece vivo aos olhos das forças neoliberais, fundadas na economia neoclássica, que continuam saudosas da gramática clássica do direito burguês ao se apresentarem como defensoras intransigentes do estado mínimo.[24]

Uma concepção tradicional do direito como a que sustenta as ideias de "judicialização da política" e de "ativismo judicial" veda o acesso a esses

---

[24] Em Rodriguez (2003), afirma-se que a proteção social consagrada no direito é vista como uma espécie de "dano essencial" à racionalidade do livre mercado, que nunca foi esquecida ou vista como normalidade institucional pelas forças conservadoras, que sempre contestaram e combateram os institutos do assim denominado Welfare State.

processos simultâneos de tradução e de exclusão próprios da juridificação. Mais que isso, essa concepção congela o direito e seu código de tal maneira que a própria possibilidade de pensar a regulação jurídica de conflitos sob novas formas sociais, legais e institucionais desaparece do horizonte dos atores. Um entendimento não tradicional do direito e de seu papel social permite recolocar o problema de fundo presente nas ideias gêmeas de "judicialização da política" e de "ativismo judicial" em termos mais frutíferos.

A discussão sobre a juridificação vem já de há muito tempo. Seu ápice se deu na década de 1980, em conjunção principalmente com o debate em torno do Welfare State europeu. O texto considerado clássico sobre o assunto é o de Teubner (1985), *Verrechtlichung — Begriffe, Merkmale, Grenzen, Auswege*. Nesse artigo, o autor elabora seu famoso "trilema regulatório", que procura organizar diversos problemas do direito contemporâneo, a saber: (a) tendência à indiferença recíproca entre direito e sociedade; (b) perigo de colonização da sociedade pelas leis; e (c) desagregação do direito pela sociedade.

Trocando esse diagnóstico em miúdos, pode-se dizer, com Teubner, que a complexidade da sociedade dificulta cada vez mais a regulação. A regulação jurídica põe em risco a identidade e a autenticidade das relações sociais pelo uso de categorias que perdem em abstração e passam a regular diretamente as diversas formas de vida, danificando seu funcionamento. Ainda, a proliferação da regulação de inúmeros objetos, a "inflação legislativa", faz com que o direito perca em organicidade e coerência interna, o que dificulta lidar com os conflitos sociais por meio de um conjunto articulado de premissas decisórias. A questão é, evidentemente, que esse diagnóstico também se fixa na gramática do direito que naturaliza a separação de poderes e sua função, sem abrir espaço para interpretar essa suposta "crise do direito" como indício da transformação de seu código. Utilizamos juridificação aqui no sentido mais largo e amplo de "tradução para o código do direito", de tal maneira que todos os diferentes sentidos apontados por Teubner possam ser reunidos sem se excluírem mutuamente.

Em um sentido bastante importante, a conjunção histórica do declínio do Welfare State europeu e do debate sobre a juridificação diz respeito à situação brasileira. Não porque uma rede de proteção social dessa magnitude tenha se estabelecido por aqui, mas porque o fenômeno da juridificação das relações sociais tomou proporções de grande magnitude após a promulgação da Constituição Federal de 1988, especialmente a partir da segunda metade da década de 1990. Ou seja, um processo de relativa estabilidade democrática e institucional deu as condições para que dispositivos constitucionais e toda uma nova legislação infraconstitucional pudessem se efetivar, expandindo enormemente o alcance da regulação jurídica de relações sociais.

E o momento presente tem ainda outras especificidades que precisam ser consideradas para produzir um diagnóstico que possa dar conta das figuras atuais da juridificação, o que deve permitir recolocar em novos termos os problemas visados pelas ideias de "judicialização da política" e de "ativismo judicial". Gostaríamos de destacar pelo menos dois elementos que parecem centrais.

Em primeiro lugar, o texto constitucional conseguiu fincar raízes no sistema político e na sociedade de maneira mais ampla. Pode parecer uma obviedade que os mais diferentes atores, defendendo posições incongruentes e incompatíveis entre si, reivindiquem-se da Constituição Federal para sustentá-las. É preciso lembrar que a crítica de que a Constituição é um "conto de fadas" foi repetida de maneira massacrante durante pelo menos os 10 anos que se seguiram à sua promulgação. Uma crítica que, à maneira das ideias de "judicialização da política" e de "ativismo judicial", não vê que o próprio processo de interpretação e de efetivação da Constituição é um processo político cujo resultado não está predeterminado pelo texto mesmo.

Mas nem mesmo a ampla legitimidade de que desfruta a Constituição Federal significa que seu sentido esteja fixado. Pelo contrário, observa-se em anos recentes que o STF mais e mais se retira de seu papel de última instância do Judiciário para assumir mais e mais sua função de corte constitucional.[25] Ou seja, foram anos de intenso debate sobre o sentido e a efetivação da Constituição Federal exatamente porque, de um lado, reformas institucionais permitiram que o STF pudesse progressivamente passar a esse papel, e, de outro, porque o fim do ciclo de reformas iniciado no governo FHC parece ter se encerrado já no primeiro mandato de Lula, dando certa estabilidade ao conjunto do texto constitucional.[26]

Ou seja, a coincidência de reformas institucionais e de um novo ambiente político permitiram que pela primeira vez a Constituição Federal pudesse se tornar de fato o objeto por excelência da atividade do STF. E, não por acaso, esse foco no Judiciário coincide ainda com o que se poderia chamar de uma onda de racionalização do Judiciário, representada por muitas medidas administrativas, mas, principalmente, pela criação do CNJ, em 2005. Não temos notícia de um período anterior da história brasileira em que o Judiciário enquanto tal tenha sido objeto de constante e amplo debate público.

A partir dessas considerações, acreditamos que se torna possível recolocar o problema de fundo envolvido nas ideias de "judicialização da política" e de "ativismo judicial" em novos termos. Deixando de lado o normativismo presente nessas noções, o que surge diante dos olhos é um processo de desenvolvimento das instituições democráticas que ainda vai encontrar nos conflitos sociais e políticos em curso respostas para questões como separação de poderes, funcionamento interno do Judiciário, ou mesmo o que virá a ser compreendido como "direito" e "direitos". E que, portanto, é impossível compreender esse processo em toda a sua complexidade sem que a categoria mesma de "esfera pública" passe a desempenhar aí um papel decisivo. Ou seja, em lugar de partir de uma concepção prévia sobre o lugar que deve ocupar o Judiciário na divisão de poderes, por exemplo, cabe acompanhar a maneira pela qual vai ser concretamente construída a noção nacional da "independência" entre os poderes bem como o mandamento de serem "harmônicos entre si", segundo diz o texto constitucional.

---

[25] Entre muitos outros aspectos, é fundamental aqui o mencionado estudo de Sundfeld (2010).

[26] Ver a esse respeito Nobre (2008).

Não há decisão do STF que não seja aplaudida, contestada, criticada. E um dos pontos centrais do debate é justamente o do estabelecimento dos limites de uma corte constitucional e de seu papel no sistema político em sentido amplo. Também no âmbito aparentemente restrito à organização interna do Judiciário, os conflitos tomam proporções inesperadas. As próprias medidas tomadas pelo STF para concentrar e controlar a interpretação da Constituição põem a nu conflitos entre instâncias antes encobertos. Em um sistema misto de controle constitucional como é o brasileiro, essa tensão é permanente. O que não se mostrou até agora ruim. Não se trata de eliminar a tensão, mas de regrá-la da maneira mais democraticamente aberta possível, de tal modo que ela se torne produtiva para a administração da justiça e para o próprio debate público. Apenas para dar um exemplo entre muitos: assim como as liminares de primeira instância em boa medida salvaram a economia do país de um colapso quando da vigência do Plano Collor, o mesmo exercício no que diz respeito à garantia de acesso a remédios e tratamentos de saúde ganhou tal dimensão que acabou por se tornar um problema para a administração do orçamento público.

Como se vê por esses exemplos, abandonar a visão que embasa as ideias de "judicialização da política" e de "ativismo judicial" não significa abdicar de qualquer pretensão normativa. Significa apenas dar um passo atrás em relação a uma teoria normativa por demais determinada, que bloqueia tanto uma boa descrição dos conflitos como o surgimento de alternativas para encontrar as melhores fórmulas institucionais de seu regramento democrático.

Capítulo 6

Insegurança jurídica? Sobre a naturalização da separação dos poderes (II)

1. Introdução

O tema da segurança jurídica pode ser abordado de diversos pontos de vista. A relação entre segurança jurídica e desenvolvimento econômico põe foco na discussão sobre o papel do Poder Judiciário em incentivar ou criar obstáculos para a atividade econômica ao tornar mais ou menos previsíveis as regras que influenciam o mercado. Quando nos colocamos do ponto de vista da política, o tema tem desdobramentos sobre a segurança do cidadão e das empresas diante da ação das autoridades do Estado em diversos campos, em especial em matérias de direito penal e de direito administrativo. Pode-se ver, portanto, que o tema da segurança jurídica está relacionado à legitimidade do direito diante da sociedade, ou seja, o conceito articula razões para que a sociedade considere como satisfatório ou insatisfatório o funcionamento das instituições formais, podendo ter efeitos sobre sua efetividade.

Não há espaço aqui para tocar em todos os aspectos desta questão e sua relação com a atuação do Poder Legislativo. Nosso objetivo neste texto é tratar apenas da relação entre estratégias legislativas e segurança jurídica no que diz respeito à atuação do Poder Judiciário vista por dentro, ou seja, a partir do tema clássico de teoria do direito: a racionalidade jurisdicional. Como ficará claro ao longo da exposição, esse aspecto também adquire um significado político relacionado à legitimidade do direito perante a sociedade.

Nesse registro teórico, a segurança jurídica tem sido pensada como a existência de respostas únicas e unívocas para os problemas jurídicos apresentados diante do Poder Judiciário. A demanda por respostas desse tipo está ligada a uma estratégia legislativa que privilegia a edição de textos normativos fechados em detrimento de textos normativos abertos. Afinal, os primeiros seriam supostamente capazes de conter o intérprete induzindo-o a adotar raciocínios textualistas. Mostraremos como esse conceito de segurança jurídica é justificado teoricamente e como é preciso reformulá-lo para dar conta da realidade do ordenamento jurídico contemporâneo diante da presença maciça de textos normativos abertos.

Pois, com efeito, diante da realidade de um ordenamento jurídico como o brasileiro, repleto de textos normativos abertos[1] e de juízes que, mesmo diante de textos fechados, são capazes de argumentar para criar exceções a eles, é difícil sustentar um conceito de segurança jurídica como aquele que acabamos de mencionar. E fazê-lo seria dar a impressão de que o direito simplesmente não funciona a contento.

Há muito tempo a teoria do direito tem mostrado que, mesmo diante de textos fechados, os juízes encontram espaço para criar interpretações com fundamento em justificativas que extrapolam uma interpretação meramente literal dos mesmos. Por essa razão, a presença de textos abertos ou fechados não cria empecilhos para a ação criativa dos juízes. Tal conheci-

---

[1] Ao ler o texto de diversos diplomas legais, é possível verificar que certos textos normativos são escritos sob a forma de cláusulas gerais, *standards*, princípios etc., enquanto outros procuram descrever com precisão um comportamento típico que pode vir a corresponder a determinados fatos empíricos. A despeito do fato de os juízes serem capazes de agir de forma criativa nos dois casos, é possível identificar esta diferença na construção textual. Ela revela diferentes estratégias legislativas que visam conceder mais ou menos espaço para a interpretação judicial.

mento acumulado no campo teórico, no entanto, ainda não foi mobilizado para repensar o conceito de segurança jurídica, o que resulta em pouco impacto sobre o debate público, apesar da centralidade da questão.[2] Este texto pretende caminhar justamente nesse sentido.

Mostraremos que é necessário reformular o conceito de segurança jurídica em função da argumentação que fundamenta as decisões judiciais e não exclusivamente em função do texto legal. A possibilidade de se obter mais de uma resposta para as questões jurídicas é um fato normal que deve ser levado em conta na definição da segurança jurídica e não servir como argumento para afirmar sua impossibilidade.

Ao pensar dessa forma, pode-se evitar que a sociedade dirija ao direito demandas as quais ele não é capaz de atender, não porque seja falho ou insuficiente, mas simplesmente porque não é esta sua função social no mundo contemporâneo. A mudança no sentido do conceito de segurança jurídica pode ter impacto, portanto, sobre a percepção do direito pela sociedade. Como será visto, insistir em uma visão tradicional sobre a segurança jurídica pode produzir a impressão de que o direito simplesmente não funciona, o que pode comprometer sua legitimidade.

O trabalho de reformulação desse conceito também é importante para o diálogo entre o direito e as demais ciências sociais. Por exemplo, o debate sobre "judicialização da política" no Brasil parte de uma visão tradicional da atividade jurisdicional e, por consequência, da segurança jurídica.[3] Da mesma forma, os escritos dos economistas[4] também partilham desta visão que atribui ao direito uma função e uma estrutura em claro desacordo com suas características no mundo contemporâneo.

Para realizar a tarefa a que nos propomos aqui, examinaremos o pensamento de Ronald Dworkin, em especial a maneira como tal autor concebe o debate no campo do direito. A partir desse exame, afirmaremos

---

[2] Fiz uma tentativa nesse sentido com um texto escrito para uma revista não acadêmica especializada em economia. Ver Rodriguez (2007).
[3] Para este ponto, ver o capítulo 5.
[4] São centrais para esta literatura os textos de Arida, Bacha e Lara-Resende (2004) e Arida (2005).

o caráter normal e a importância central da divergência entre diversas maneiras de interpretar os textos legislativos para a efetividade e para a legitimidade do ordenamento. Em seguida, reelaboraremos o conceito de segurança jurídica a partir dessa discussão.

Também faremos breves considerações sobre o direito brasileiro e sobre as características peculiares da argumentação jurídica tal como ela efetivamente se apresenta no Poder Judiciário do Brasil, retomando parte do que foi dito no segundo capítulo deste livro. Em seguida, a partir de uma reflexão sobre um caso concreto, esboçaremos algumas formulações e recomendações para que sejamos capazes de pensar adequadamente sobre o tema da segurança jurídica também do ponto de vista do legislador que precisa decidir sobre a melhor maneira de elaborar os textos normativos.

2. O texto normativo como segurança jurídica

2.1 O desafio kelseniano

No capítulo final da *Teoria pura do direito*, após afirmar que a interpretação judicial, de fato, não admite uma única resposta correta, Hans Kelsen afirma que o ideal da segurança jurídica só poderia ser atingido de forma aproximativa. O papel do jurista, que fala em nome da ciência, seria o de identificar as diversas possibilidades interpretativas, quase sempre variadas, para cada caso concreto.[5]

De sua parte, o juiz, quando escolhe uma interpretação, não atua cientificamente, mas sim politicamente. Sua escolha é subjetiva e, segundo Kelsen, não pode ser reduzida a uma operação lógico-formal de aplicação da norma abstrata ao caso concreto.

Essa análise de Kelsen, que organiza décadas de discussão sobre racionalidade jurisdicional no Ocidente, continua a incomodar e a desafiar os juristas e a sociedade. O ideal de segurança jurídica compreendido como

---

[5] Kelsen (1979).

a possibilidade de restringir o espaço de liberdade do juiz para que ele profira decisões previsíveis parece ter se tornado, de fato, uma quimera. Especialmente se levarmos em conta que o direito contemporâneo conta com uma série de textos normativos abertos cuja formulação parece favorecer a proliferação de alternativas interpretativas. Quantos sentidos pode haver, por exemplo, para expressões como "boa-fé" ou "concorrência desleal"?

2.2 Segurança jurídica: uma quimera?

No entanto, é importante notar que, mesmo diante de textos normativos fechados, cuja formulação procure deixar menos espaço para a atuação dos juízes, é difícil garantir que as interpretações sejam unívocas. Em diversos casos, os intérpretes terminam por criar exceções à regra para abarcar casos em que sua aplicação geraria uma injustiça patente.[6]

Um exemplo didático pode ajudar a entender o que estamos dizendo. Imagine-se uma regra que proíba a entrada de animais no transporte público. Em um caso concreto em que se esteja diante de um cão-guia para cegos, é provável que seja construída uma justificativa para criar uma exceção à regra. Afinal, soa absurdo o resultado de uma interpretação meramente literal do texto normativo.

No entanto, ao se fazer isso, rompe-se o padrão de segurança jurídica que informa as concepções mais usuais. Pois o juiz não está apenas encaixando o caso na regra geral, mas produzindo uma regra nova, justamente aquela que estabelece a exceção. Esta atividade criativa do juiz fica, naturalmente, ainda mais clara quando ele lida com textos normativos abertos,[7] cuja formulação textual é feita por meio de termos altamente abstratos.

Diante deste quadro, parece evidente que falar em segurança jurídica se torna uma quimera, ao menos se a segurança jurídica é compreendida

---

[6] Sobre este ponto, ver Kennedy (1973).
[7] Sobre textos normativos abertos, ver como exemplo o livro pioneiro: Silveira (1985).

como a possibilidade de restringir completamente a atividade criativa do juiz. Para que possamos usar este termo de forma positiva e não apenas para designar um ideal inatingível,[8] será, portanto, preciso colocar a questão em outros termos.

2.3 Segurança jurídica, textualismo e separação de poderes

Mudar os termos dessa discussão significa repensar a relação entre legislação e jurisdição, entre Judiciário e Legislativo e, além disso, entre o conceito de segurança jurídica e as estratégias legislativas adotadas pelo Estado. A visão da segurança jurídica como aplicação da norma por meio de uma operação lógico-formal está, com efeito, ligada a certa visão da separação de poderes. Essa visão é, por sua vez, veículo de uma determinada concepção de estado de direito.[9]

A lei deve ser aplicada desta forma e o juiz deve exercer uma atividade não criativa porque a lei é veículo da vontade do povo, que se manifesta no Parlamento. Fazer diferente seria desrespeitar a soberania popular: ao atuar de forma criativa o juiz estaria desrespeitando os limites de sua atividade segundo este modelo de estado de direito.[10] Esse é o conteúdo político do textualismo.

Questionar este padrão de reprodução institucional significa, portanto, tocar no conceito de juiz, de Poder Judiciário, no conceito de separação de poderes e nas características da racionalidade jurisdicional e também rearticular seu significado político para a sociedade.

---

[8] Há autores que defendem normativamente a adoção de um modelo de racionalidade jurisdicional textualista para criticar o funcionamento atual do ordenamento jurídico. No Brasil, veja-se Dimoulis (2006). Ver também Schauer (1998), Vermeule (2005) e Alexander (1999).

[9] Ver Rodriguez (2010).

[10] Um exemplo recente desta postura tradicional sobre a separação de poderes pode ser visto em Ramos (2010). Grande parte da pesquisa em ciências sociais também trabalha com uma visão tradicional da separação de poderes. Para a tradição norte-americana, há uma crítica organizada a esta visão em Tamanaha (2009). Para o Brasil, ver a crítica de Nobre e Rodriguez (2011).

2.4 O partido da restauração: contra e a favor

Mas antes de discutir uma possível reformulação do conceito de segurança jurídica, examinemos mais alguns argumentos que correspondem à visão tradicional. Uma maneira de preservar tal desenho institucional e a racionalidade jurisdicional ligada a ele seria propor que o legislador se esforçasse para criar apenas textos normativos fechados, cuja aplicação deixasse pouca margem de ação para o juiz.

O objetivo do processo legislativo, portanto, deveria ser criar textos normativos os mais precisos possíveis, capazes de dar conta da diversidade social expressa nos mais diferentes conflitos apresentados ao Poder Judiciário. Essa proposta, ao invés de pensar em uma alternativa à visão corrente de segurança jurídica e de racionalidade jurisdicional, busca restaurar o formalismo em seus termos consagrados.[11]

Chamarei os defensores desta posição de partidários da *restauração*, em contraposição aos *reformistas*, que procuram reformular o significado da segurança jurídica nos termos propostos neste texto.

Três argumentos importantes ajudam a combater o partido da restauração. O primeiro diz respeito ao estado atual da pesquisa em teoria do direito, que evidencia a criatividade dos juízes na criação de normas a partir da interpretação de textos legais, abertos ou fechados. Por ser este um argumento trivial para a pesquisa contemporânea, vou deixar de apresentá-lo de forma extensiva. Como o leitor já pôde constatar, farei menção a autores e ideias relevantes para esse debate ao longo do texto e nas notas de rodapé.

O segundo argumento diz respeito à plausibilidade empírica deste modelo de racionalidade jurisdicional, ou seja, sua capacidade de servir, de fato, como ferramenta operacional do direito contemporâneo. Finalmente, o terceiro argumento, que me parece o mais contundente, questiona a ideia de que um texto normativo fechado produz necessariamente mais

---
[11] Ver referências na nota 176.

segurança jurídica do que um texto normativo aberto. Vou chamar este argumento de naturalização do desenho institucional.[12]

Pelas razões expostas acima, examinemos os dois últimos argumentos com mais detalhe. Mais adiante no texto, apresentarei finalmente a posição reformista e discutirei o conceito de segurança jurídica que resulta dela, objetivo central deste texto.

2.4.1 O argumento da plausibilidade empírica: o textualismo faz sentido diante das características do direito brasileiro?

Diante da Constituição brasileira, que tratou de uma série de temas por meio de textos normativos, estabelecendo princípios gerais de diversas áreas do direito; e das características da legislação infraconstitucional, também marcada, muitas vezes, pela utilização de textos normativos abertos, não parece razoável propor um modelo de racionalidade judicial lógico-formal para sua operação.[13] Os juízes têm, de fato, um espaço amplo para atuar, autorizado pelo texto normativo.

Além disso, como já visto no exemplo acima, é duvidoso que um texto normativo fechado, por mais preciso e bem formulado, seja capaz de evitar que os juízes criem exceções com o fim de adaptá-lo aos casos concretos que tiverem diante de si. Em face de injustiças do tipo que citamos acima, os juízes tenderão a excepcionar os textos normativos,[14] para desespero do partido da restauração.

Claro, o risco aqui é que o juiz, para ocultar sua ação criativa, resolva não explicitar as razões pelas quais estabeleceu a exceção, ou seja, que não justifique adequadamente sua sentença, fazendo apenas menção ao texto normativo como fundamento de sua decisão.

---

[12] Sobre o problema da naturalização institucional, ver Unger (1996, 2001, 2007) e Rodriguez (2009, 2010).
[13] Ver nota 99.
[14] Para este argumento, ver Kennedy (1973).

Nesse caso, seria criado um *deficit* de justificação, uma zona opaca, portanto avessa ao debate público, inacessível para as partes e para a sociedade, que poderia passar a imagem de um Poder Judiciário que decide de forma autoritária, ou seja, sem fundamentação, e para além dos limites estabelecidos pela separação de poderes.[15]

Estes dois aspectos do argumento sobre a plausibilidade empírica do partido da restauração levam a crer que é cada vez mais difícil garantir a segurança jurídica apenas com o texto normativo. A tentativa de anular a subjetividade do juiz resolvendo a aplicação e a segurança jurídica com o texto legal se transformaria, de fato, em uma quimera.[16]

A questão real a se discutir, nessa ordem de razões, é o processo de argumentação desenvolvido pelo juiz,[17] ou seja, as razões pelas quais ele cria (ou não) uma exceção a um texto normativo geral ou atribui determinado sentido a um termo abstrato contido em um texto normativo aberto e não mais o texto da lei de onde se poderia "extrair" a solução para o caso concreto.

Mas não adiantemos a análise. Antes de tocar nestes problemas, é importante examinar o segundo argumento contra o partido da restauração, a saber, a capacidade de textos normativos fechados produzirem ou não segurança jurídica.

2.4.2 O argumento da naturalização conceitual: Textos normativos abertos geram insegurança jurídica?

Quanto a este ponto, a partir de um texto de John Braithwaite,[18] faremos a seguinte afirmação a título de provocação: a depender do objeto regulado, um texto normativo aberto pode produzir *mais* segurança jurídica

---

[15] Ver o capítulo 4.
[16] Rodriguez (2002).
[17] Para mais detalhes, ver Rodriguez (2002).
[18] Braithwaite (2002).

do que um texto jurídico fechado. Não há uma relação necessária entre textos normativos fechados e segurança jurídica.

Esta mesma questão poderia ser organizada a partir do debate entre Max Weber e Franz Neumann, crucial para compreender as razões pelas quais a materialização do direito, ou seja, a criação de uma grande quantidade de textos normativos abertos, não comprometeu a reprodução do sistema capitalista. Já utilizei esta estratégia em outro lugar: remeto o leitor a estes escritos.[19]

Escolho colocar a questão a partir de Braithwaite em função da discussão do fenômeno do "*rule seeking*" — que vou traduzir por "gincana de regras" —, um argumento que me parece novo e original a ser levado em conta no debate sobre segurança jurídica.[20]

2.4.2.1 A GINCANA DAS REGRAS

Em diplomas legislativos muito detalhados, que contam com regras específicas para uma diversidade muito grande de situações, é quase sempre possível justificar toda sorte de atitude com fundamento em um texto normativo fechado qualquer. Desta maneira, o efeito da regulação acaba sendo contrário ao objetivo fixado pelo legislador e este efeito paradoxal compromete a segurança jurídica.

Ao invés de restringir as possibilidades de aplicação com a criação de uma regulação cada vez mais precisa e específica, a proliferação de regras permite que qualquer atitude encontre um texto normativo para servir-lhe de justificação. Desta maneira, fica impossível controlar efetivamente o comportamento de seus destinatários.

Como numa gincana de colégio, é possível partir de um determinado comportamento ou fato para tentar encontrar uma regra que o justifi-

---

[19] Rodriguez (2009).
[20] Como será exposto a seguir, John Braithwaite sustenta sua argumentação com fundamento em pesquisas empíricas comparativas realizadas no âmbito do direito administrativo, em matéria da regulação do trabalho de enfermeiras e da regulação da atuação dos funcionários dos Bancos Centrais alemão e norte-americano.

que, ou seja, que permita concluir por sua licitude à luz do direito. Por esse motivo, somos levados a imaginar que talvez seja necessário pensar em maneiras diferentes de desenhar as instituições para obter segurança jurídica.

É importante ressaltar também que a tentativa de obter segurança por meio de textos jurídicos fechados demanda a elaboração de uma quantidade inimaginável de regras, sem garantia de sucesso. Aqui falo em nome próprio e não com base em Braithwaite: imaginemos um legislador que pretenda esgotar, por meio de textos normativos de comportamento fechados, todas as condutas passíveis de serem classificadas como "concorrência desleal" em todos os mercados e com referência a todas as espécies de negócio jurídico e outros tipos de operação econômica que estejam sendo praticadas em um determinado momento histórico ou possam vir a ser praticadas no futuro.

É fácil perceber que seria necessário criar uma quantidade imensa de textos normativos, o que poderia resultar em um "código da concorrência desleal" com centenas de artigos, o que geraria, quase certamente, um altíssimo grau de complexidade. Parece razoável supor que, diante de um corpo legislativo com tais características, seja possível praticar a "gincana das regras" com a consequente frustração dos objetivos do legislador.

Outro exemplo interessante deste efeito paradoxal a que nos referimos foi identificado em pesquisa empírica realizada pelo Cebrap em parceria com a Escola de Direito de São Paulo da FGV — Direito GV sobre as decisões judiciais a respeito do crime de racismo no Tribunal de Justiça de São Paulo.[21] A pesquisa mostrou que, ao invés de restringir as possibilidades interpretativas — objetivo inicial —, a criação de um novo diploma legislativo resultou na ampliação das possibilidades de enquadramento para a mesma espécie de fato. Acabou por contribuir para aumentar a divergência jurisprudencial sobre o assunto e comprometer a segurança jurídica.

---

[21] Para mais detalhes, ver Machado, Püschel e Rodriguez (2009).

2.4.2.2 TEXTOS NORMATIVOS ABERTOS E FORMALIZAÇÃO DAS RAZÕES PARA DECIDIR

Qual seria a alternativa a este modo de regular? Braithwaite mostra que, em determinados casos, especialmente aqueles que sejam muito difíceis de padronizar de antemão (fenômenos sociais cuja variabilidade seja constitutiva), talvez seja mais adequado trabalhar com textos normativos abertos e, para buscar restringir as possibilidades interpretativas, criar mecanismos que formalizem de alguma maneira o procedimento destinado a solucionar casos concretos a partir deles.[22]

O autor cita exemplos relacionados, como mencionei, à fiscalização pelos Bancos Centrais (alemão e norte-americano) e ao trabalho das enfermeiras domiciliares na Austrália. Em ambos os casos, Braithwaite identifica a combinação de textos normativos abertos com procedimentos de formalização e debate dos casos concretos, ambos responsáveis por impedir que a interpretação dos textos e sua justificação se tornem aleatórias.

Por exemplo, o autor mostra que as enfermeiras, no final de cada semana, se reúnem para discutir e criar procedimentos padronizados para um sem-número de situações que encontraram na residência das centenas de pessoas visitadas. De sua parte, os fiscais do Banco Central alemão conseguem um alto grau de segurança jurídica com a combinação de textos normativos abertos e um prolongado treinamento de funcionários, cujo objetivo é introduzir o novato às práticas interpretativas vigentes naquela instituição.[23]

---

[22] Franz Neumann dirige uma crítica a Max Weber exatamente nesse sentido: mostra que Weber não percebeu que seria possível compensar a abertura dos textos normativos com a criação de mecanismos para restringir as possibilidades interpretativas. Para este debate, ver Rodriguez (2009). O livro de Franz Neumann é *The rule of law. political theory and the legal system in modern society* (Leamington: Berg, 1986) e foi escrito originalmente em 1936. Um exemplo contemporâneo deste modo de pensar no campo da regulação financeira pode ser encontrado em Pistor e Xu (2004). Os autores não citam nem Max Weber nem Franz Neumann, a despeito de desenvolverem raciocínios muito próximos das ideias que mencionamos. Alguns autores utilizam o mesmo raciocínio para mostrar que o capitalismo pôde se desenvolver em lugares cujo direito não tinha as mesmas características do direito ocidental. Ver Jayasuriya (1997) e Chen (1999).

[23] Em casos-limite em que este tipo de procedimento seja impossível, pode-se pensar em mecanismos que controlem *a posteriori* a ação daqueles que exercem

No que se refere à atividade jurisdicional, os tribunais seriam o local adequado para promover este tipo de debate tendo em vista a padronização da interpretação das normas jurídicas. Sua atividade poderia incluir a formalização da fundamentação das decisões,[24] além da edição de súmulas e enunciados, que padronizam apenas os resultados de determinado tipo de demanda.[25]

---

o poder. Uma discussão interessante que toca nesse ponto se refere à atuação do Banco Central que, em um regime capitalista, precisa ser rápida e sigilosa para evitar que seus objetivos sejam frustrados. É muito difícil submeter este organismo a regimes colegiados e participativos, mas isso não significa que suas decisões possam ser autárquicas, ou seja, que possam se apresentar como não sujeitas à justificação. O presidente e os funcionários do Banco podem ser chamados a justificar *a posteriori* sua conduta diante da sociedade para que ela avalie sua adequação e pertinência e possa responsabilizá-los por eventuais ilicitudes ou erros. Neste caso, evidentemente, é mais difícil criar padrões de conduta estáveis diante da complexidade dos problemas que se apresentam diante do Banco. No entanto, insisto, isso não é desculpa para criar espaços em que se possa agir de forma "decisionista". O "decisionismo" é a mera falta de controle do poder, conceito que serviu e ainda serve de justificativa para a implantação de regimes autoritários, à direita e à esquerda, como aquele defendido pelo autor do conceito, Carl Schmitt, um nazista convicto e nunca arrependido. Mas este não é o principal problema do conceito de "decisionismo". O problema é que ele perdeu completamente seu poder descritivo, pois pressupõe uma noção de separação de poderes em seu sentido mais tradicional, o que o torna imprestável para dar conta de qualquer problema do direito contemporâneo. Ele ainda é útil para aqueles que se proponham a defender normativamente uma visão de separação de poderes clássica, ou seja, é útil, nos termos deste texto, para os representantes do partido da restauração. Outra discussão é saber se, efetivamente, os mecanismos de controle funcionam, em especial diante de textos normativos abertos. Trata-se de verificar se, na análise de um problema em concreto, estamos ou não diante de uma zona de autarquia em que o direito simplesmente não está atuando como tal porque as decisões jurisdicionais não estão sendo justificadas. Para uma análise dos mecanismos de controle da ação do Banco Central, ver Rocha (2004). Para uma argumentação mais longa sobre o equívoco daqueles que pensam o direito com fundamento no conceito de "decisionismo", ver o prefácio de Rodriguez (2009). Para a noção de "zona de autarquia", ver o capítulo 4.

[24] O caminho que sigo aqui é compatível com o chamado "inclusivismo lógico", também preocupado com a formalização das razões para decidir. Para uma exposição desta posição, ver Maranhão (2012).

[25] Para uma discussão mais longa deste problema ver adiante e também Rodriguez et al. (2010).

3. Do texto ao caso e ao argumento: a segurança jurídica em novas bases

Fica claro neste ponto da exposição como o partido da restauração enfrenta argumentos contrários bastante convincentes. De um lado, mencionamos a falta de plausibilidade empírica de um modelo de racionalidade jurisdicional e de Judiciário que deixe de levar em conta as características reais de nosso ordenamento jurídico. De outra parte, mostramos que não há uma relação necessária entre textos normativos fechados e garantia de segurança jurídica. É possível, e muitas vezes altamente recomendável, adotar textos normativos abertos, combinados com procedimentos de aplicação que restrinjam as possibilidades interpretativas, como vimos nos exemplos citados.

Seja como for, toda esta discussão sugere que o problema da segurança jurídica não se resolve apenas com o texto da lei. É preciso levar em conta o processo de aplicação e também a fundamentação das decisões judiciais na discussão sobre segurança jurídica, o que significa, em outras palavras, sair de um paradigma textualista para entrar num paradigma argumentativo.[26] Ou seja, que não se apresente mais como representante do partido da restauração, mas que proponha uma reforma no conceito de segurança jurídica.

3.1 O reformismo como mal menor?

Não é razoável seguir esse caminho e encará-lo como a saída possível diante da impossibilidade de se desenhar instituições capazes de criar um estado de segurança jurídica "real". O reformismo, neste registro, seria algo com o que devemos nos conformar; uma prova da impossibilidade de realizar, de fato, o ideal de segurança jurídica.[27] Pensar dessa forma

---

[26] Para mais detalhes sobre esta mudança de paradigma, ver Rodriguez (2002).
[27] Esta parece ser a posição que decorre da leitura de Hans Kelsen, em especial do capítulo final da *Teoria pura do direito*. Esse autor afirma que o ideal da segurança jurídica

significaria pensar a realidade do direito contemporâneo em função de um ideal ultrapassado, o qual, mesmo em sua época, sempre foi objeto de muita discussão.

Durante a Revolução Francesa chegou-se a propor a supressão dos juízes profissionais e das Faculdades de Direito em função do ideal de codificação. Alguns chegaram a imaginar que seria possível criar leis tão perfeitas e claras, tão conforme a natureza das coisas, que qualquer cidadão poderia funcionar como juiz, bastando para isso ler o Código.[28]

No limite, o ideal de segurança jurídica textualista tem como horizonte suprimir o juiz como autoridade responsável por decidir o caso concreto. Para que se possa falar de uma "decisão", é preciso supor que pode haver mais de uma solução possível para o caso concreto.[29]

É muito diferente refletir sobre a racionalidade jurisdicional tendo em vista, por um lado, o ideal textualista radical de suprimir a subjetividade e a autoridade do juiz e, por outro lado, o problema a partir do objetivo de submeter as decisões jurisdicionais a mecanismos de controle a partir de sua fundamentação. Nesta segunda hipótese, o debate jurídico será considerado normal: sua finalidade não é obter uma resposta única para cada problema jurídico, mas sim uma resposta suficientemente justificada de acordo com os critérios e o limite temporal vigentes em cada ordenamento jurídico. Este segundo caminho é aquele a ser trilhado pelos reformistas em sua reformulação do ideal de segurança jurídica.

---

só poderia ser atingido "aproximativamente". Kelsen não abre qualquer espaço para a reformulação deste conceito, o que implica necessariamente, como se vê, a revisão do conceito de racionalidade jurisdicional.

[28] Na sessão do dia 15 de setembro de 1793 da Convenção Nacional, a França revolucionária decide abolir as Faculdades de Direito, Teologia, Artes e Medicina, criando um novo curso de nível superior cuja grade contava com as seguintes disciplinas jurídicas: "Legislação, constituições dos povos, constituição francesa" e "Legislação francesa". Ver *Archives Parlementaires de 1797 a 1860,* 1909, p. 233 et seq. Algumas formulações do ideal iluminista durante a Revolução Francesa incluíam a defesa da abolição dos profissionais do direito — *Gens de Loi,* como dizia Siéyès em seu projeto de criação de júris populares —, bem como da Faculdade de Direito, ver Siéyès (1789).

[29] Perelman (1999).

3.2 A importância do debate para o direito democrático

O debate de argumentos jurídicos diferentes no interior do mesmo ordenamento jurídico diferencia um sistema jurídico caracterizado como um "império do direito" de um sistema jurídico de feições autoritárias, voltado exclusivamente à normalização e à pacificação social.[30] Imaginar que a resposta jurisdicional dada poderia ter sido diferente e ter a possibilidade de discutir as implicações da decisão tomada criticando-a abertamente e disputando o sentido das normas jurídicas são fundamentais para a caracterização do império do direito como tal.

A experiência dos regimes autoritários do século XX mostrou que o controle sobre a ação do juiz e sobre a possibilidade de debater suas decisões é essencial para a sobrevivência de tais regimes que transformaram os organismos jurisdicionais em meras cadeias de transmissão da vontade do poder. Por isso mesmo, o debate jurídico é enfraquecido para que a argumentação seja sempre unilateral.[31]

Evidentemente, um imperativo de efetividade exige que alguma instância de caráter jurisdicional seja capaz de colocar fim ao debate jurídico em algum momento.[32] Em sociedades capitalistas e complexas, não há tempo disponível para que o debate se prolongue ao infinito. Sempre há a fixação de limites temporais para que se tome uma determinada decisão, mesmo que eles sejam desrespeitados na prática. Nesse sentido, pode-se dizer que a autonomia do Poder Judiciário (e de qualquer instância jurisdicional) traduz-se no imperativo de decidir, no tempo adequado, os casos concretos segundo o que este poder entenda ser a melhor solução para o caso à luz do direito.[33]

Este objetivo só pode ser realizado por meio de um debate estruturado pelo ideal, que pode nunca ser realizado na prática, de se obter a

---

[30] Rodriguez (2011b).
[31] Kirchheimer (1961) e Silveira (1946).
[32] Günther (2004).
[33] Sobre este ponto, ver Kirchheimer (1961).

melhor resposta jurídica ao caso concreto.[34] A melhor resposta jurídica, portanto, será aquela que se obteve depois do máximo de argumentação possível, segundo os critérios e os limites de tempo impostos aos organismos decisórios, os quais foram desenhados por leis criadas pela própria sociedade. Cada sociedade, portanto, irá definir o que entende por uma "boa argumentação" e criará um ou mais modelos de racionalidade judicial adequados para este fim, além de fixar limites temporais para que se profiram as decisões.[35]

Assim, a tradução institucional da busca da melhor resposta jurídica possível em nossa realidade histórica, ideia que define a argumentação jurídica como a entendemos hoje, é a autonomia dos organismos jurisdicionais em julgar os casos segundo procedimentos decisórios definidos por lei.

Fica claro, portanto, que as decisões jurisdicionais não são nem a expressão da vontade do Executivo, nem do Legislativo, ou de nenhuma outra instância que lhe seja exterior. São respostas oferecidas em nome do melhor argumento e que respondem aos imperativos de legitimidade e eficácia postos pelo ordenamento jurídico, fundamentados, em última instância, na vontade do povo, o autor do direito.[36]

A obtenção de uma resposta jurisdicional, nesse registro teórico, não faz cessar o debate jurídico. Ela nunca será "a" resposta final, e sim "uma" resposta final e apenas por enquanto. O debate cessa em relação ao caso concreto em razão do mencionado imperativo de efetividade, mas pode continuar na esfera pública e na doutrina em nome dos casos futuros sobre os quais aquela decisão pode vir a ter influência na condição de jurisprudência.

Por isso mesmo, a possibilidade de que o debate permaneça ocorrendo na sociedade, mesmo diante de uma resposta jurisdicional dada, tem importância fundamental para a legitimidade e para a eficácia do direito.

---

[34] Para este ponto, ver Günther (2004) e Dworkin (1999).
[35] Aqui também a teoria do direito tem contribuído com estudos sobre o papel do diálogo na racionalidade jurisdicional, a despeito de deixar de lado a discussão sobre seu sentido político, como acabo de mostrar. Ver um resumo desta literatura em Damele (2006).
[36] Para um desenvolvimento maior deste argumento, ver a parte final de Machado, Püschel e Rodriguez (2009).

A persistência do debate contribui para mostrar que as decisões tomadas poderiam ter sido diferentes e, por via de consequência, que as balizas decisórias vigentes poderão ser alteradas no futuro.

Como dissemos, o direito precisa fazer frente, constantemente, a novos conflitos e, por isso mesmo, não pode abrir mão de pensar em novas possibilidades de solução para os conflitos sociais. O repertório das soluções jurídicas possíveis, mas não utilizadas, é precioso para sua sobrevivência ao longo do tempo, pois o exercício constante da imaginação institucional via dogmática jurídica é um fator de eficácia do direito na solução de conflitos.

4. O debate ameaça a legitimidade do direito?

Poder-se-ia argumentar que a existência de respostas variadas aos problemas jurídicos seria uma ameaça ao princípio da igualdade, comprometendo a legitimidade do direito e do Poder Judiciário.

Apresentar diversas decisões como igualmente plausíveis para um mesmo caso concreto pode levar os interessados e a sociedade a imaginar que os organismos jurisdicionais escolhem a solução de forma subjetiva e contingente, o que enfraqueceria a legitimidade do princípio da decisão conforme o melhor argumento e, portanto, a legitimidade do direito.

Não concordo com esta visão. Ao contrário, acredito que tal estado de coisas favorece a legitimação do direito. De fato, o sistema jurídico precisa oferecer respostas para os conflitos que lhe são apresentados e o faz por meio de organismos jurisdicionais que se utilizam da racionalidade dogmática, ou seja, que argumentam em nome da melhor solução dogmática para o caso concreto. Quem argumenta investido do poder de decidir fala em nome de uma única solução e, necessariamente, apresenta as outras como piores do que a sua.

Esta forma de argumentar pode, portanto, ter um efeito de verdade com consequências indesejáveis. Argumenta-se em nome da melhor solução e investido de poder, o que pode resultar numa solução que, aparentemente, revestida de autoridade e falando em nome do direito, seria inquestionável para todo o sempre. Evidentemente, este é um efeito até certo ponto desejado, pois é preciso oferecer uma resposta aos conflitos apresentados aos organismos jurisdicionais. Esses organismos, justamente, são dotados de poder para fazê-lo.[37]

Mas o fato é que há divergências entre juízes.[38] Sabemos que sempre haverá várias posições em disputa referidas ao mesmo problema jurídico; por esta razão, o direito prevê a votação por maioria simples em julgamentos colegiados, mecanismos de unificação da jurisprudência e outros institutos voltados para pôr fim ao debate em nome da eficácia e não da deliberação racional. No Brasil, a transmissão ao vivo e em rede nacional das votações do STF está deixando cada vez mais claro para os cidadãos em geral que os juízes divergem e de forma muito profunda.

Por todas essas razões, o debate deve ser visto como algo normal e ganha centralidade no processo de construção da segurança jurídica a dimensão da fundamentação das decisões, ou seja, a explicitação dos argumentos que levaram os juízes a decidir desta ou daquela maneira.[39]

4.1 O debate como condição normal do ordenamento jurídico: Ronald Dworkin

Antes de prosseguir, seja-nos permitido ressaltar a importância desta característica do direito contemporâneo: o caráter *normal* do debate jurídico entre teorias e possibilidades de solução de casos concretos.

---

[37] Para uma discussão sobre a importância dessa dimensão da dogmática sob a chave analítica do poder simbólico dos organismos jurisdicionais, ver Ferraz Jr. (1978a, 1978b).
[38] Explicar a divergência entre juízes, tida como fenômeno central do direito, é o objetivo central, por exemplo, de *O império do direito* de Ronald Dworkin. Ver Dworkin (1999).
[39] Sobre este problema ver o capítulo 4.

A melhor discussão contemporânea deste problema é de Ronald Dworkin.[40] O autor constrói sua teoria ("o direito como integridade"[41]) para entrar na disputa, mas não a advoga em nome de sua suposta "verdade" e sim do fato de ela ser a mais razoável entre todas, ou seja, aquela que dá conta das características do direito de seu país e dos valores sociais que, segundo Dworkin, estariam no fundamento do direito norte-americano.[42]

---

[40] Ver Dworkin (1999).

[41] Como se verá adiante, consideramos que a teoria do "direito como integridade" de Ronald Dworkin é menos importante para o pensamento jurídico do que sua formulação do problema do debate entre teorias, esta sim uma verdadeira "revolução copernicana" para a teoria do direito; a superação do paradigma textualista que projeta o ideal de uma resposta única para cada problema jurídico. A revolução copernicana tem como principal característica a mudança na forma de conhecer, que deixa de ser entendida a partir de características intrínsecas do objeto para se fundamentar no sujeito cognoscente. No entanto, para qualquer tradição em que o pensamento dogmático tenha se estabelecido (não é o caso do direito norte-americano), a teoria do "direito como integridade" soa como um lugar comum. Tal impressão de leitura parece se dever ao fato de que o autor esteja combatendo, em seu contexto, o realismo norte-americano e o *Law & Economics*, este em sua versão mais radical. Ora, estas duas visões de juiz advogam que os textos jurídicos e a jurisprudência têm pouca importância para a decisão de casos concretos. Esses seriam decididos em função dos interesses e características pessoais dos juízes ou, para o *Law & Economics*, visando o ideal de maximização dos lucros e minimização das perdas econômicas. Em suma, ambas as posições negam força vinculante aos textos normativos e à jurisprudência na argumentação jurisdicional e subordinam a racionalidade do direito a elementos extrajurídicos. Como o leitor pode constatar por si mesmo, em linhas gerais, a caracterização do que seja a dogmática jurídica para a tradição continental coincide, em grande parte, com a descrição do modelo de racionalidade judicial dworkiniano do "direito como integridade". A despeito disso, no contexto específico do debate teórico em face dos interlocutores assinalados acima, a construção conceitual de Dworkin é fundamental. Importante ressaltar que o termo "revolução copernicana" é utilizado para qualificar a obra de Immanuel Kant. Para uma interessante aproximação entre Kant e Dworkin, ver Allard (2001). As implicações institucionais desta "revolução" e seus reflexos para a pesquisa em direito restam relativamente inexplorados. Para este ponto, ver Rodriguez (2010).

[42] É importante ressaltar que Dworkin recusa a possibilidade de qualquer descrição puramente objetiva do direito, afirmando que qualquer interpretação jurídica é necessariamente uma tomada de posição sobre o direito. Essa afirmação não impede que ele defenda, ao mesmo tempo, que é possível elaborar uma visão de direito que se apresente como a mais adequada para determinado contexto e de acordo com uma prática interpretativa específica, no embate com as demais posições. De fato, afirma Dworkin, esta é a única forma de se pensar teoricamente. É impossível, de acordo com ele, assumir um ponto de vista externo ao debate moral em que diversas interpretações entram em dis-

Dessa forma, abre um espaço legítimo para o debate no campo do direito, afastando-se completamente de um modo de pensar que busca um conceito único de direito e um método único para a interpretação das normas jurídicas supostamente capaz de chegar a soluções precisas para os casos concretos.

Parece evidente, no entanto, que a existência de várias posições sobre o direito não podem resultar na construção de "dogmáticas jurídicas" diferentes, mas sim de respostas jurídicas variadas para um mesmo problema, sempre em disputa. Portanto, é preciso haver um acordo de base entre as diversas posições teóricas sobre o material jurídico de que se parte e sobre os organismos decisórios nos quais ele se desenrola, inclusive quanto ao procedimento para a tomada de decisão. Desta forma, todas estas posições farão parte do mesmo jogo.

Neste contexto, Dworkin defende sua teoria mostrando como ela seria capaz de descrever melhor o que ocorre no direito contemporâneo e de realizar o ideal do império do direito utilizando-se de regras e princípios para fundamentar suas interpretações do direito.

Uma crítica legítima a Dworkin estaria em apontar o caráter insuficiente ou equivocado de sua concepção de império de direito, trabalho que ele vem realizando em obras voltadas diretamente para a discussão política, como *Uma questão de princípio*.[43] Afinal, pode haver outras noções de império de direito que, utilizando o mesmo material jurídico que ele utiliza e trabalhando no interior dos mesmos organismos e procedimentos, proponham modelos de raciocínio diferentes.

---

puta. O direito partilha tal racionalidade com a moral, distinguindo-se dela por debater em função de um material jurídico cujo sentido está inscrito na tradição interpretativa de uma determinada comunidade política; tradição esta que também pode ser objeto de disputa entre interpretações. Pode-se sempre obter uma resposta correta de acordo com determinados critérios para avaliar a justificação da decisão, os quais permitem dizer que a decisão é suficientemente boa. Mas isso não significa que ela seja, em abstrato, a única resposta possível para aquele problema. Ela será, de fato, única porque terá sido obtida naquele contexto específico, de acordo com um procedimento em concreto que se desenrolou no tempo tal, conforme o entendimento de determinadas autoridades que exercitaram sua competência para julgar aquele caso concreto. Para esta questão, Dworkin (1999) e especialmente o recente *Justice for hedgehogs* (Dworkin, 2011).
[43] Dworkin (2001).

Seja como for, o "direito como integridade" dworkiniano tem importância menor para esta discussão. O abandono do ideal de uma concepção única de direito e de um modelo de racionalidade judicial único, ou seja, o abandono do ideal de uma resposta única e unívoca para todo e qualquer problema jurídico é o ponto mais estimulante e convincente da teoria de Ronald Dworkin.[44]

Em seu arcabouço teórico, alguém que defenda, por exemplo, uma visão legalista e textualista do direito, ou seja, alguém que advogue que o texto legal é capaz de limitar o intérprete e que sua aplicação deve ser realizada por meios de regras voltadas a extrair o sentido do mesmo (ou que defenda certa solução para um caso concreto), é obrigado a explicitar os pressupostos políticos que, normalmente, ficariam ocultos em sua posição.

Ou seja, este alguém é obrigado a explicitar que seu projeto de estado de direito inclui um Judiciário não ativista e advoga um modelo tradicional de separação de poderes. Não é mais possível defender nenhuma posição neste campo sem justificação, sem explicitar seu sentido político: afinal, o conceito de estado de direito não é mais pacífico e está em disputa. Todo modelo argumentativo, toda concepção global de racionalidade jurisdicional precisa agora de justificação.

Insisto: o campo de debates que Dworkin legitima admite a defesa de posições textualistas como essa, mas não em nome de sua suposta "verdade", ou seja, não para afirmar que essa seria a única posição concebível no campo do direito, o que implicaria tratar a visão de Judiciário e separação de poderes como pressupostos inquestionáveis.

Um dos argumentos a favor do textualismo poderia ser, por exemplo, a valorização da segurança jurídica como princípio fundamental do império do direito, acompanhada da condenação do ativismo judicial. Pode-se pensar em outros. Mas o fato é que é muito pouco convincente, diante das características do direito atual, advogar a favor de um modelo de racionalidade jurisdicional sem explicitar sua plausibilidade empírica e seu papel na construção da segurança jurídica.

---

[44] Ver nota 209.

Nesse sentido, importantes representantes do partido da restauração como os citados Adrian Vermeule e Frederik Schauer, ao discordarem de Dworkin, terminam por concordar com ele. Discordam da teoria do "direito como integridade", mas defendem suas respectivas posições nos termos propostos pelo autor, ou seja, justificando suas respectivas versões da posição textualista.[45]

Afinal, eles não se sentem mais à vontade para simplesmente pressupor que o Judiciário não é ativista, ou seja, que não agirá necessariamente de forma criativa. Precisam dizer que o Judiciário *deve* agir dessa forma e, portanto, argumentam abertamente contra este estado de coisas para defender normativamente sua visão da racionalidade jurisdicional com fundamento em princípios de explícito conteúdo político.

4.2 Qual segurança jurídica?

Em poucas palavras, um conceito de segurança jurídica construído em novos termos estará preocupado principalmente com a dimensão argumentativa e não com a construção do texto normativo. Seu objetivo será construir padrões argumentativos mais abertos, que restrinjam o espaço decisório sem submeter o juiz a limites que o impeçam de dar conta de conflitos novos.

Nesse sentido, como quer Dworkin, mesmo que deixemos de lado seu modelo argumentativo de "direito como integridade", é preciso discutir a fundamentação das decisões judiciais e mecanismos para organizar e formalizar argumentos como tarefas relacionadas à construção da segurança jurídica em termos reformistas.

Ao invés do ideal de um texto legal construído com o objetivo de suprimir o poder do juiz e transformá-lo em um burocrata no mau sentido da palavra, o uso refletido de textos normativos abertos e fechados em função de cada problema regulado. No lugar do ideal de uma resposta

---

[45] Vermeule (2005), Schauer (1998) e Alexander (1999).

jurídica única para cada tipo de conflito jurídico, a obtenção de respostas bem fundamentadas, não arbitrárias, que explicitem seus fundamentos para que seja possível discuti-los e submetê-los a algum grau de formalização e padronização.

Atuar neste nível — o da fundamentação — implica, por exemplo, jogar luz sobre a questão dos precedentes, ou seja, sobre a importância da jurisprudência. Também sobre a forma pela qual a justiça brasileira se utiliza de outros elementos para justificar suas decisões, como no caso da doutrina. Além disso, também se coloca nesse nível a discussão sobre súmulas e enunciados, além de outros mecanismos de unificação da interpretação do direito.

O Brasil não tem um sistema de precedentes organizado. A unificação da jurisprudência tem sido feita por meio de enunciados e súmulas e não via determinados casos que sejam tratados, pelas próprias cortes, como exemplares de sua posição. Os enunciados e súmulas costumam, por meio de fórmulas genéricas e sem fazer referência a nenhum argumento,[46] indicar para a sociedade o resultado futuro das demandas que versem sobre determinado assunto.

É interessante notar que não temos no Brasil a formalização de argumentos, de razões para decidir, mas apenas de resultados, das respostas que serão oferecidas diante de determinada espécie de pedido. Por exemplo, a Súmula 37 do STJ (DJ 17/3/1992 p. 3172) afirma, simplesmente: "São cumuláveis as indenizações por dano material e dano moral oriundos do mesmo fato". Qualquer fundamento jurídico que leve a esta conclusão estará de acordo com a súmula.

Portanto, não é de estranhar que, no Brasil, os casos jurisprudenciais costumem ser utilizados *ad hoc*, apenas para reforçar a argumentação desta ou daquela posição jurídica sustentada por um juiz, por um advogado ou por um membro do Ministério Público. Eles não têm força vinculante alguma e tampouco têm a argumentação jurídica dogmática — questão importante a se discutir em relação ao tema da segurança jurídica.

---

[46] Sobre esta questão, ver a pesquisa empírica de Rodriguez et al. (2010).

Da mesma forma, o uso da doutrina, amplamente disseminado nas sentenças judiciais brasileiras, também é feito *ad hoc*. Serve mais para reforçar a opinião do autor da decisão do que para fazer uma discussão ampla e profunda sobre as características do direito brasileiro em relação ao caso concreto sob exame.[47] Esse problema está ligado ao problema anterior: como a padronização das decisões no Brasil não se dá, de fato, pela argumentação que a fundamenta, não é de se estranhar esta maneira de utilizar a jurisprudência.

Este quadro, que infelizmente não tem sido levado em conta pelos estudiosos de teoria do direito, acarreta consequências muito interessantes. Em primeiro lugar, tanto o partido da restauração quanto o partido reformista acabam por assumir um quê de defensores de posições utópicas, situadas mais no campo do dever ser do que no campo do ser. Nem uma posição textualista nem uma posição voltada para a argumentação são capazes de descrever fielmente o funcionamento real do direito brasileiro.

Além disso, se nos colocarmos na posição do legislador que esteja preocupado em produzir segurança jurídica, veremo-nos diante de um dilema. Ao produzir uma norma fechada com o objetivo de restringir ao máximo o poder do juiz de decidir fora de seus esquadros, ele já pode antecipar que, conforme ensina a tradição da teoria do direito, é provável que os juízes façam exceções mesmo assim. No caso do Brasil, a tendência é que sejam feitas exceções sem fundamentação explícita.

4.3 Segurança jurídica e decisão jurisdicional: um caso exemplar

Examinemos um exemplo para deixar mais claro o que queremos dizer. A ADIN 1.231-1, DF, 27/8/1998, relatada pelo ministro Ilmar Galvão, trata dos critérios para receber o benefício assistencial do inciso V do art. 203 da Constituição, cuja percepção depende de contraprestação por parte do beneficiário e favorece portadores de deficiência física e idosos que

---

[47] Rodriguez et al. (2010).

"comprovem não possuir meios de prover a própria manutenção e nem de tê-la provida por sua família".

Para regulamentar esse artigo, julgado não autoaplicável pelo próprio STF brasileiro, foi editada a Lei nº 8.742, de 7 de dezembro de 1993, que considera incapaz de prover sua manutenção a pessoa ou família "cuja renda *per capita* seja inferior a 1/4 (um quarto) do salário mínimo" (art. 20, § 3º). O plenário do STF manifestou-se pela constitucionalidade da lei, a despeito da sugestão do relator de fazer uma interpretação conforme a Constituição para afirmar que o critério da lei não seria o único passível de caracterizar a pobreza. Desta forma, segundo o relator, seria possível ao interessado utilizar outros meios para provar a situação de incapacidade econômica em que se encontrasse.

A maioria não seguiu a orientação do relator nesse ponto e julgou constitucional o texto da lei. A despeito disso, em paralelo ao entendimento do Supremo, formou-se um entendimento no Superior Tribunal de Justiça que admitiu, no caso concreto, a caracterização da pobreza por outros meios, que não a renda de 1/4 do valor do salário mínimo. Por exemplo:

> BENEFÍCIO. PRESTAÇÃO CONTINUADA. MISERABILIDADE. A Turma deu provimento ao recurso para conceder ao autor, a partir da citação, o benefício de prestação continuada. Note-se que a Terceira Seção deste Superior Tribunal consolidou o entendimento de que o critério de aferição da renda mensal previsto no § 3º do art. 20 da Lei n. 8.742/1993 deve ser tido como um limite mínimo, um *quantum* considerado insatisfatório à subsistência da pessoa portadora de deficiência ou idosa, não impedindo, contudo, que o julgador faça uso de outros elementos probatórios, desde que aptos a comprovar a condição de miserabilidade da parte e de sua família. Precedentes citados do STF: AgRg no Ag 470.975-SP, DJ 18/12/2006; Rcl 4.374-PE, DJ 6/2/2007; do STJ: AgRg no REsp 868.590-SP, DJ 5/2/2007; AgRg no REsp 835.439-SP, DJ 9/10/2006, e REsp 756.119-MS, DJ 14/11/2005. REsp 841.060-SP, Rel. Min. Maria Thereza de Assis Moura, julgado em 12/6/2007.

As diversas Reclamações Constitucionais destinadas a fazer cumprir a interpretação do STF e já ajuizadas diante desse tribunal não tiveram o efeito de modificar o entendimento das demais cortes, que continuam a admitir exceções à regra fixada pela Lei nº 8.742. Tal situação de insegurança jurídica e comprometimento da autoridade e da legitimidade de nossa Corte Constitucional parece explicitar a inconveniência do critério por ela adotada, extremamente rígido diante da diversidade de situações concretas e da amplitude e complexidade geográfica e econômica de nosso país. É de se esperar, com efeito, que o significado econômico do valor fixado pela lei seja diverso em cada espaço geográfico considerado, variando ainda em função do acesso que o indivíduo em questão possui em relação a serviços sociais capazes de satisfazer suas necessidades básicas.

Não é o caso de examinar aqui de forma detalhada o problema da caracterização e da mensuração da pobreza, questão de extrema relevância para o estabelecimento de programas sociais. O tema foi objeto de recente seminário, sediado no Rio de Janeiro, sob a organização do IBGE, com a participação de especialistas de todo o mundo.[48] Mas basta imaginar os problemas gerados pela fixação de um critério absoluto e inflexível para caracterizar a pobreza, seja ele a renda ou o acesso a um conjunto de bens, em um país como o Brasil, em detrimento de outro, que levasse em conta o contexto e permitisse ao analista levar em conta outros fatores, objetivos ou subjetivos.[49]

A inadequação da decisão do Supremo e do critério da referida lei, revelada pelos julgados das demais cortes, especialmente do STJ, parece sugerir que a caracterização da "pobreza" ou da "baixa renda" deveria ser deixada para o nível regulamentar, com flexibilidade e abertura suficiente para a avaliação do contexto e da individualidade dos possíveis beneficiários da política pública.

---

[48] Expert Group on Poverty Statistics. *Compendium of best practices in poverty measurement*. Rio de Janeiro, Sept. 2006. Disponível em: <www.ibge.gov.br/poverty/pdf/rio_group_compendium.pdf>.
[49] Para uma discussão do problema da definição da pobreza e seu impacto sobre as políticas públicas, veja-se Lopes (1995).

Ademais, como já visto, as características da pobreza e os efeitos da política adotada que estão pressupostos na lei ora em debate são extremamente complexos e deveriam ser objeto de um procedimento de interpretação aberto para melhor aferição.[50] O Supremo deveria ter esgotado todos os meios técnicos existentes para caracterizar a pobreza, além de franquear a participação de terceiros,[51] por exemplo, com a realização de audiências públicas. Tais fatos deveriam ser levados em conta na elaboração de qualquer projeto que trate deste tema. Nesse caso, a postura textualista do STF tem sido incapaz de bloquear a necessidade social de argumentar sobre o problema e buscar soluções específicas para cada tipo de caso.

4. Conclusão

Para dar um fecho a este texto e resumir sua contribuição para o debate sobre segurança jurídica, vamos nos colocar no lugar de um legislador ideal que, no momento atual e situado no Brasil, tivesse como objetivo elaborar um texto normativo capaz de gerar o mínimo de insegurança jurídica possível. Que lições ele pode tirar dos ensinamentos da teoria do direito e da realidade do ordenamento jurídico nacional para realizar sua tarefa a contento?

Em primeiro lugar, ele pode ter certeza de que o texto legal é incapaz de impedir a existência de respostas jurídicas múltiplas para os problemas jurídicos. Mesmo diante de textos normativos fechados, a experiência nos mostra que os juízes costumam fazer exceções para evitar que decisões consideradas injustas sejam proferidas. Diante de textos normativos abertos, comuns no direito de hoje, a possibilidade de que respostas variadas ocorram é ainda maior.

Em segundo lugar, esse legislador hipotético deve levar em conta que é possível criar segurança jurídica a partir da argumentação, ou seja, a par-

---

[50] Mendes (2007).
[51] Mendes (2007).

tir de mecanismos voltados para estabelecer critérios que sirvam para fundamentar argumentativamente as decisões. Mesmo diante de uma norma aberta, é possível criar constrangimentos à fundamentação que resultem no proferimento de decisões relativamente padronizadas.

Em terceiro lugar, esse legislador pode saber desde já que normas jurídicas fechadas são mais adequadas para lidar com fenômenos que se possam padronizar com facilidade. Diante de fatos sociais muito variados, que envolvam circunstâncias realmente diversas em contextos distintos, pode ser mais recomendável utilizar textos normativos abertos e criar mecanismos destinados a limitar a fundamentação, sob pena de ver frustrados os esforços do legislador com a criação de exceções a textos normativos que deveriam ser precisos e fechados.

Em quarto lugar, esse legislador deve saber que é muito difícil dar conta da complexidade social com a utilização de textos normativos fechados, como o fenômeno da "gincana de regras" mostra muito bem. Sempre que se cria uma nova norma, é possível ver surgir novas posições no debate jurídico: é impossível saber de antemão. As normas são criadas em um contexto preexistente que pode conferir a elas sentidos variados os quais não se pode controlar com precisão.

Finalmente, diante das características do direito brasileiro, o legislador pode saber que o texto normativo não é capaz de determinar completamente a tomada de decisões jurisdicionais. Já vimos que um texto normativo fechado não garante a segurança jurídica como obtenção de respostas únicas: isso também vale para o Brasil. Além disso, a padronização da jurisprudência é feita pelo resultado e não pela fundamentação. Não há no Brasil um sistema de precedentes organizados e, além disso, casos e doutrina são usados para fundamentar *ad hoc* determinadas posições jurídicas.

Tendo em vista esse quadro, a melhor alternativa para esse desafortunado legislador seria adotar a seguinte conduta: diante de fatos sociais facilmente padronizáveis, criar textos normativos fechados e impor ao intérprete a adoção de determinados critérios a serem seguidos, caso ele ache conveniente criar exceções. Desta forma, pode-se tentar obrigar o intérprete a argumentar com base neles.

Diante de fatos de difícil ou impossível padronização, é mais indicado criar um texto normativo aberto e critérios para preencher seu sentido com o mesmo fim: obrigar o intérprete a argumentar a partir deles para que, com o passar do tempo, seja possível assistir à formação de argumentações relativamente congruentes por estarem referidas a este material normativo. Tal objetivo, por óbvio, deve ser perseguido tanto para a criação de exceções quanto para a manipulação de textos normativos abertos.

Seja como for, é importante evitar a postura ingênua daqueles que acreditam no texto como meio de garantir segurança jurídica e olham para os textos normativos abertos como um mal a ser evitado. Uma posição como esta, que se coloca em um estágio anterior ao debate entre partido da restauração e partido reformista, não se sustenta de nenhum ponto de vista. É simplesmente um retrocesso no pensamento sobre o direito ou o modo de pensar de um jurista que acabou de sair da uma máquina do tempo vindo diretamente do século XVII para o século XXI para fazer renascer uma ideologia datada.

Referências

AARNIO, Aulis. Dogmática jurídica. In: ARNAUD, André-Jean (Org.). *Dicionário enciclopédico de teoria e de sociologia do direito*. Rio de Janeiro: Renovar, 1999. p. 284-287.

_____. *Lo racional como razonable*. Un tratado sobre la justificación jurídica. Madri: Centro de Estudos Constitucionales, 1991.

ACKERMAN, Bruce. *A nova separação de poderes*. Rio de Janeiro: Lumen Juris, 2013.

ALLARD, J. *Dworkin et Kant. Reflexions sur le jugement*. Bruxelas: Editions de L'Université de Bruxelles, 2001.

ALEXANDER, Larry. With me, it's all er nuthin'. Formalism in law and morality. *The University of Chicago Law Review*, v. 66, n. 3, p. 530-565, 1999.

ALEXY, Robert. *Teoria dos direitos fundamentais*. São Paulo: Malheiros, 2008a.

_____. *Teoria de la argumentación jurídica*. Madri: Centro de Estúdios Constitucionales, 2008b.

ALTHUSSER, Louis. *Montesquieu: a política e a história*. Lisboa: Editorial Presença, 1972.

ARANTES, Paulo. O positivismo no Brasil: breve apresentação do problema para um leitor europeu. *Novos Estudos*, n. 21, p. 185-194, jul. 1988.

ARIDA, Pérsio. A pesquisa em direito e em economia: em torno da historicidade da norma. *Revista Direito GV 1*, v. 1, n. 1, p. 11-22, 2005.

ARIDA, Pérsio; BACHA, E.; LARA-RESENDE, A. Credit, interest, and jurisdictional uncertainty: conjectures on the case of Brasil. In: GIAVAZZI, F.; GOLDFAJN, I.; HERRERA, S. (Ed.). *Inflation targeting, debt and the Brazilian experience, 1999 to 2003*. Cambridge: MIT Press, 2004. p. 265-294.

ARISTÓTELES. *Retórica*. Tradução de Manuel Alexandre Júnior. Lisboa: Casa da Moeda, 2005.

ATIENZA, Manuel. *Razões do direito*: teorias da argumentação jurídica. São Paulo: Landy, 2003.

ÁVILA, Humberto. *Sistema constitucional tributário*. São Paulo: Saraiva, 2010a.

_____. *Teoria dos princípios*. São Paulo: Malheiros, 2010b.

BALINDER, Robert; BOYER, Stephen (Org.). *Judges in contemporary society*: an international conversation. Nova York: NYU Press, 2004.

BARROS, Ricardo Paes de; HENRIQUES, Ricardo; MENDONÇA, Rosane. Desigualdade e pobreza no Brasil: retrato de uma estabilidade inaceitável. *Rev. Bras. Ci. Sociais*, v. 15, n. 42, p. 123-142, fev. 2000.

BERCOVICI, Gilberto. *Constituição e estado de exceção permanente*: atualidade de Weimar. Rio de Janeiro: Azougue, 2004

BERMAN, Harold J. *Direito e revolução*: a formação da tradição jurídica ocidental. São Leopoldo: Ed. Unisinos, 2004.

BILLIER, Jean-Cassien; MARYIOLY, Aglaé. *História da filosofia do direito*. São Paulo: Manole, 2005.

BOBBIO, Norberto. *O positivismo jurídico*: lições de filosofia do direito. São Paulo: Ícone, 1995.

BOIGEOL, Anne. A formação dos magistrados: do aprendizado na prática à escola profissional. *Revista Ética e Filosofia Política*, v. 2, n. 12, p. 61-97, 2010.

BONELLI, Maria da Glória. *Profissionalismo e política no mundo do direito*. São Carlos, EdUfscar; Idesp; Fapesp, 2002.

BRAITHWAITE, John. Rules and principles: a theory of legal certainty. *Australian Journal of Legal Philosophy*, v. 27, p. 47-82, 2002.

BROWN, Wendy; HALLEY, Janet (Org.). *Left legalism/left critique*. Durham, NC: Duke University Press, 2002.

CALABRESI, Guido. *A common law for the age of statutes*. Cambridge: Harvard University Press, 1982.

CANARIS, Claus-Wilhelm. *Pensamento sistemático e conceito de sistema na ciência do direito*. Lisboa: Fundação Calouste Gulbenkian, 1996.

CAMPANELLA, Tommaso. *A Cidade do Sol*. Lisboa: Guimarães, 1966.

CARDOSO, Evorah Lusci Costa. *Litígio estratégico e sistema interamericano de direitos humanos*: análise de casos da Corte Interamericana. São Paulo: Fórum, 2012.

CARDOSO, Ruth Corrêa. A trajetória dos movimentos sociais. In: DAGNINO, Evelina (Org.). *Anos 90*: política e sociedade no Brasil. São Paulo: Brasiliense, 1994. p. 81-90.

CASTRO, Marcus Faro de. Jurisdição, economia e mudança social. *Revista EMARF, Cadernos Temáticos*, Rio de Janeiro, p. 142-174, 2010.

CAVARERO, Adriana. *Vozes plurais*: filosofia da expressão vocal. Belo Horizonte: Ed. UFMG, 2011.

CHEN, A. H. Y. Rational law, economic development and the case of China. *Social & Legal Studies*, v. 8, p. 97-120. 1999.

COSTA, Pietro; ZOLO, Dario (Org.). *O estado de direito*. História, teoria e crítica. São Paulo: Martins Fontes, 2006.

CUNHA, Luciana Gross. Notes on acess to justice in a megalopolis: São Paulo, Brazil. *IDS Working Paper*, n. 181, 2003.

_____. *Juizado Especial Cível e a democratização da Justiça*. São Paulo: Saraiva, 2007.

DAMATTA, Roberto. O Brasil como morada: Apresentação para *Sobrados e mucambos*. In: FREYRE, Gilberto. *Sobrados e mucambos*. São Paulo: Global, 2003. p. 11-22.

DAGNINO, Evelina. Os movimentos sociais e a emergência de uma nova noção de cidadania. In: _____ (Org.). *Anos 90*: política e sociedade no Brasil. São Paulo: Brasiliense, 1994. p. 103-115.

_____. *Os Sem-Terra, ONGs e cidadania*. São Paulo: Cortez, 2003.

DAMELE, G. Dialettica, retorica e argomentazione giuridica. *Analisi e Diritto*, p. 115-136, 2006.

DEWEY, John. Logical method and law. *The Philosophical Review*, v. 33, n. 6, p. 560-572, 1924.

DIMOULIS, Dimitri. *O positivismo jurídico*. São Paulo: Método, 2006.

DWORKIN, Ronald. Objectivity and truth: you'd better believe it. *Philosophy and Public Affairs*, v. 25, n. 2, p. 87-139, 1996.

_____. *O império do direito*. São Paulo: Martins Fontes, 1999.

_____. *Uma questão de princípio*. São Paulo: Martins Fontes, 2001.

_____. *Levando os direitos a sério*. São Paulo: Martins Fontes, 2002.

_____. *Justice for hedgehogs*. Cambridge: Harvard University Press, 2011.

ENGELMANN, Fabiano. *Sociologia do campo jurídico*. Juristas e usos do direito. Porto Alegre: Sergio Fabris, 2006.

ENGELS, Friedrich. *A situação da classe trabalhadora na Inglaterra*. São Paulo: Boitempo, 2008.

ESSER, Joseph. *Principio y norma en la elaboración jurisprudencial de derecho privado*. Barcelona: Bosch, 1961.

FACIOLI, Valentim. *Euclides da Cunha: a gênese da forma*. Tese (doutorado) — Faculdade de Filosofia, Letras e Ciências Humanas, Universidade de São Paulo, São Paulo, 1990.

_____. *Um defunto estrambótico*: análise e interpretação de *Memórias póstumas de Brás Cubas*. São Paulo: Nankin, 2002.

FAISTING, André Luiz. *O dilema da dupla institucionalização do Poder Judiciário*: o caso do Juizado Especial de Pequenas Causas. Dissertação (mestrado) — Universidade Federal de São Carlos, São Carlos, 1999.

FAORO, Raymundo. *Existe um pensamento político brasileiro?* São Paulo: Ática, 1994.

FARIA, José Eduardo. *Eficácia jurídica e violência simbólica*: o direito como instrumento de transformação social. São Paulo: Edusp, 1988.

_____. *O Brasil pós-constituinte*. Rio de Janeiro: Graal, 1989.

_____. *Direito e economia na democratização brasileira*. São Paulo: Malheiros, 1993.

FELDMAN, Stephen M. *American legal thought from premodernism to postmodernism*. An intellectual voyage. Nova York: Oxford, 2000.

FERRAJOLI, Luigi. O estado de direito entre o passado e o futuro. In:

COSTA, Pietro; ZOLO, Dario (Org.). *O estado de direito*. História, teoria e crítica. São Paulo: Martins Fontes, 2006. p. 417-464.

FERRAZ JR., Tercio Sampaio. *A função social da dogmática jurídica*. São Paulo: Revista dos Tribunais, 1978a.

_____. *Teoria da norma jurídica*. Rio de Janeiro: Forense, 1978b.

_____. *Introdução ao estudo do direito*: técnica, decisão, dominação. São Paulo: Atlas, 1988.

FONSECA, Marcio. *Michel Foucault e o direito*. São Paulo: Max Limonad, 2002.

FONTAINHA, Fernando. O 'Grande Oral': professores e juízes no campo jurídico francês. *Revista Ética e Filosofia Política*, v. 2, n. 12, p. 43-60, 2010.

FRAGALE, Roberto; VERONESE, Alexandre. A pesquisa em direito: diagnóstico e perspectivas. *RBPG*, v. 1, n. 2, p. 53-70, nov. 2004.

FRAGALE FILHO, Roberto. Aprendendo a ser juiz: a contribuição de uma escola judicial. *Revista Ética e Filosofia Política*, v. 2, n. 12, p. 98-108, 2010.

FREYRE, Gilberto. *Sobrados e mucambos*. São Paulo: Global, 2003.

GALANTER, Marc. A Justiça não se encontra apenas nas decisões dos Tribunais. In: HESPANHA, António. *Justiça e litigiosidade*: história e perspectiva. Lisboa: Fundação Calouste Gulbekian, 1993.

GALLIGAN, Denis. *Law in modern society*. Londres: Oxford University Press, 2006.

GARDNER, James A. *Legal imperialism*. American lawyers and foreign aid in Latin America. Madison: Wisconsin University Press, 1980.

GOHN, Maria da Glória. *Teorias dos movimentos sociais*: paradigmas clássicos e contemporâneos. São Paulo: Loyola, 2002.

GOMES, Angela de Castro. A política brasileira em busca da modernidade: na fronteira entre o público e o privado. In: SCWARCZ, Lilia Moritz (Org.). *História da vida privada no Brasil*: contrastes da intimidade contemporânea. São Paulo. Companhia das Letras, 2998. v. 4, p. 490-558.

GOMES, Orlando. *A crise do direito*. São Paulo: Max Limonad, 1955.

GONÇALVES, Guilherme Leite. Incerteza social e dogmática jurídica: limites da abordagem luhmanniana. In: RODRIGUEZ, José Rodrigo; BARBOSA, Samuel Rodrigues; BATALHA, Carlos Eduardo (Org.). *Nas fronteiras do formalismo*. São Paulo: Saraiva: 2010. p. 193-224.

GOODIN, Robert E. (Org.). *The theory of institutional design*. Cambridge: Cambridge University Press, 1996.

GRAU, Eros Roberto. Crítica da 'separação dos poderes': as funções estatais, os regulamentos e a legalidade no direito brasileiro, as leis-medida. In: ____. *O direito posto e o direito pressuposto*. São Paulo: Malheiros, 1996.

____. *Ensaio e discurso sobre a interpretação/aplicação do direito*. São Paulo: Malheiros, 2002.

GRECO, Marco Aurélio. Crise do formalismo no direito tributário brasileiro. In: RODRIGUEZ, José Rodrigo; SILVA E COSTA, Carlos Eduardo Batalha da; BARBOSA, Samuel Rodrigues (Org.). *Nas fronteiras do formalismo*: a função social da dogmática jurídica hoje. São Paulo: Saraiva, 2010. p. 227-234.

GRINBERG, Keila. *Liberata — a lei da ambiguidade*: as ações de liberdade da Corte de Apelação do Rio de Janeiro no séc. XIX. Rio de Janeiro: Relume Dumará, 1994.

____. *Código Civil e cidadania*. Rio de Janeiro: Jorge Zahar, 2001.

____. *O fiador dos brasileiros*: cidadania, escravidão e direito civil no tempo de Antônio Pereira de Rebouças. Rio de Janeiro: Civilização Brasileira, 2002.

GÜNTHER, Klaus. *The sense of appropriateness*. Application discourses in morality and law. Nova York: State of New York University Press, 1993.

____. Responsabilização na sociedade civil. *Novos Estudos*, São Paulo, n. 63, p. 105-118, jul. 2002.

____. *Teoria da argumentação no direito e na moral*: justificação e aplicação. Rio de Janeiro: Landy, 2004.

____. Os cidadãos mundiais entre a liberdade e a segurança. *Novos Estudos*, São Paulo, n. 83, p. 11-25, 2009.

GÜNTHER, Klaus; FORST, Rainer. Innenansichten: Über die Dynamik normativer Konflikte. *Forschung Frankfurt*, v. 2, p. 23-27, 2009.

HABERMAS, Jürgen. *The theory of communicative action*. Cambridge: Polity Press, 1989.

____. *Direito e democracia*: entre facticidade e validade. Rio de Janeiro: Tempo Brasileiro, 1991.

____. Três modelos normativos de democracia. *Lua Nova*, n. 36, p. 39-53, 1995.

_____. *Between facts and norms*: contributions to a discourse theory of law and democracy. Cambridge: MIT Press, 1998.

_____. *Direito e moral*. Lisboa: Instituto Piaget, 1999.

_____. O filósofo como verdadeiro professor de direito. *Revista Direito GV*, v. 2, n. 2, p. 179-190, 2005.

HADDAD, Eneida Gonçalves de Macedo; SINHORETTO, Jacqueline; PIETROCOLLA, Luci Gati. *Justiça e segurança na periferia de São Paulo*: os Centros de Integração da Cidadania. São Paulo: IBCCRIM, 2003.

HEGEL, G. F. *Elements of the philosophy of law*. Cambridge: Cambridge University Press, 1996.

HEUSCHLING, Luc. État de *droit, Rechtsstaat, rule of law*. Paris: Dalloz, 2002.

HOLANDA, Sérgio Buarque. *Raízes do Brasil*. Rio de Janeiro: José Olympio, 1976.

HONNETH, Axel. *Luta por reconhecimento*. São Paulo: Editora 34, 2003a.

_____. Patologias da liberdade individual. O diagnóstico hegeliano de época e o presente. *Novos Estudos*, São Paulo, n. 66, p. 77-90, 2003b.

HORWITZ, Morton J. *The transformation of American law. 1870-1960*: the crisis of legal orthodoxy. Nova York: Oxford, 1992.

JAYASURIYA, Kanishka. Franz Neumann on the rule of law and capitalism: the East Asian case. *Journal of Asia Pacific Economy*, Abingdon, v. 2, n. 3, p. 355-377, 1997.

JORGE JR., Alberto Gosson. *Cláusulas gerais no novo Código Civil*. São Paulo: Saraiva, 2004.

JOUANJAN, Olivier (Org.). *Figures de l'état de droit*. Strasbourg: Presses Universitaires de Strasbourg, 2001.

KAHN-FREUND, Otto. Das soziale Ideal des Reicharbeitsgerichts. In: RAMM, Thilo (Org.). *Arbeitsrecht und Politk*. Neuwied: Luchterhand, 1966. p. 149-210.

KELSEN, Hans. *Teoria pura do direito*. Coimbra: Arménio Amado, 1979.

_____. *Introduction to the problems of legal theory* [1934]. Oxford: Clarendon Press, 2002.

KENNEDY, Duncan. Legal formalism. In: THE INTERNATIONAL Encyclopedia of the Social and Behavioral Sciences. Amsterdam; Paris; Nova York; Oxford: Elsevier, 2001.

_____. Legal formality. *Journal of Legal Studies*, v. 2, p. 351-399, 1973.

KIRCHHEIMER, Otto. *Political justice*. The use of legal procedure for political ends. Princeton, NJ: Princeton University Press, 1961.

KLEIN, David E.; MICHELL, Gregory (Ed.). *The psychology of judicial decision making*. Oxford: Oxford University Press, 2010.

KOERNER, Andrei; MACIEL, Débora Alves. Sentidos da judicialização da política: duas análises. *Lua Nova*, n. 57, p. 113-134, 2002.

LAFER, Celso. A reconstrução dos direitos humanos: a contribuição de Hannah Arendt. *Estudos Avançados*, São Paulo, v. 11, n. 30, p. 55-65, 1997.

LAVALLE, Adrián Gurza; HOUTZAGER, Peter P.; CASTELLO, Graziela. Democracia, pluralização da representação e sociedade civil. *Lua Nova*, São Paulo, n. 67, p. 49-103, 2006.

LIMA, Rafael Scavone Bellem de. *A Audiência Pública realizada na ADI 3510-0*: a organização e o aproveitamento da primeira audiência pública da história do Supremo Tribunal Federal. Monografia — Escola de Formação, Sociedade Brasileira de Direito Público, São Paulo, 2008.

LOPES, J. R. B. Política social: subsídios estatísticos sobre a pobreza e acesso a programas sociais no Brasil. *Estudos Avançados*, São Paulo, v. 9, n. 24, p. 141-156, 1995.

LOSANO, Mario. *Sistema e estrutura no direito*. São Paulo: Martins Fontes, 2008. v. I.

_____. *Sistema e estrutura no direito*. São Paulo: Martins Fontes, 2010. v. II.

LUKÁCS, Georg. *História e consciência de classe*. São Paulo: Martins Fontes, 2003.

LUHMANN, Niklas. *Sociologia do direito*. Rio de Janeiro: Tempo Brasileiro, 1983a.

_____. *Sistema jurídico e dogmática jurídica*. Madri: Centro de Estudios Constitucionales, 1983b.

_____. *Law as a social system*. Oxford: Oxford University Press, 2004.

MACEDO JR., Ronaldo Porto. *Contratos relacionais e defesa do consumidor*. São Paulo: Max Limonad, 1998.

MACEY, David. *Dictionary of critical theory*. Londres: Penguin, 2001.

MACHADO, Maíra Rocha. *A internacionalização do direito penal*. São Paulo: Editora 34, 2004.

MACHADO, Marta Rodriguez de Assis. *Sociedade do risco e reflexividade*: uma avaliação jurídico-sociológica de novas tendências político-criminais. São Paulo: IBCCRIM, 2005.

MACHADO, Marta Rodriguez de Assis; PÜSCHEL, Flavia Portella; RODRIGUEZ, José Rodrigo. The juridification of social demands and the application of statutes: an analysis of the legal treatment of antiracism social demands in Brazil. *Fordham Law Review*, v. 77, p. 1535-1558, 2009.

MARANHÃO, Juliano Souza de Albuquerque. O discurso da dogmática jurídica. In: RODRIGUEZ, José Rodrigo; SILVA E COSTA, Carlos Eduardo Batalha da; BARBOSA, Samuel Rodrigues (Org.). *Nas fronteiras do formalismo*: a função social da dogmática jurídica hoje. São Paulo: Saraiva, 2010. p. 74-102.

_____. *Positivismo jurídico lógico-inclusivo*. Madri: Marcial Pons, 2012.

MARTINS, José de Souza. *O poder do atraso*. São Paulo: Hucitec, 1994.

MARTINS-COSTA, Judith. *A boa-fé no direito privado*. São Paulo: Revista dos Tribunais, 1999.

MATTOS, Paulo Todescan Lessa. *O novo estado regulador no Brasil*. São Paulo: Síntese, 2006.

MEEHAN, M. Johanna (Org.). *Feminists read Habermas*: genderind the subject of discourse. Londres: Routledge, 1995.

MENDES, Denise Vitale Ramos. *Democracia semidireta no Brasil pós-1988*: a experiência do Orçamento Participativo. Tese (doutorado) —Faculdade de Direito, Universidade de São Paulo, São Paulo, 2004.

MENDES, Gilmar Ferreira. Controle de constitucionalidade, hermenêutica constitucional e revisão de fatos e prognósticos legislativos pelo órgão judicial. In: MENDES, Gilmar Ferreira. *Direitos fundamentais e controle de constitucionalidade*. São Paulo: Saraiva, 2007. p. 663-718.

MENDEZ, Juan E.; O'DONNELL, Guillermo; PINHEIRO, Paulo Sérgio (Org.). *Democracia, violência e injustiça*: o não estado de direito na América Latina. São Paulo: Paz e Terra, 2000.

MENDONÇA, Joseli Maria Nunes. *Entre a mão e os anéis*. A lei dos sexagenários e os caminhos da abolição no Brasil. Campinas: Editora da Unicamp, 1999.

_____. *Cenas da Abolição*. Escravos e senhores no parlamento e na justiça. São Paulo: Fundação Perseu Abramo, 2001.

MIAILLE, Michel. Predisposições ao espírito de corpo: os candidatos ao concurso da magistratura. *Revista Ética e Filosofia Política*, v. 2, n. 12, p. 14-42, 2010.

MICHILES, Carlos et al. *Cidadão constituinte*: a saga das emendas populares. Rio de Janeiro: Paz e Terra, 1989.

MONTESQUIEU, Barão de. *O espírito das leis*. São Paulo: Martins Fontes, 1993.

MORRISON, Wayne. *Filosofia do direito*. São Paulo: Martins Fontes, 2006.

MORUS, Thomas. *A Utopia*. Lisboa: Guimarães, 1972.

MÜLLER, Friedrich. *O novo paradigma do direito*. São Paulo: Revista dos Tribunais, 2007.

MÜLLER, Ingo. *Hitler's justice*: the courts of the Third Reich. Cambridge: Harvard, 1992.

NEUMANN, Franz. Review of A. Vyshinsky 'The law of the Soviet State'. *Political Science Quartely*, v. 64, n. 1, p. 127-131, mar. 1949.

_____. *The democratic and the authoritarian State*: essays in political and legal theory. Ed. Herbert Marcuse. Illinois: Free Press, 1957.

_____. *Behemoth*: the structure and practice of national socialism 1933-1944 [1942]. Nova York: Harper Torchbooks, 1966.

_____. *The rule of law*. Political theory and the legal system in modern society. Leamington: Berg, 1986 (em português, *O império do direito*. São Paulo: Quartier Latin, 2012).

NEVES, Marcelo. Luhmann, Habermas e o estado de direito. *Lua Nova*, n. 37, p. 93-106, 1996.

_____. E se faltar o décimo segundo camelo? Do direito expropriador ao direito invadido. In: ARNAUD, André-Jean; LOPES JR., Dalmir. *Niklas*

Luhmann: do sistema social à sociologia jurídica. Rio de Janeiro: Lumen Juris, 2004.

_____. Entre Têmis e Leviatã. São Paulo: Martins Fontes, 2006.

NOBRE, Marcos. Apontamentos sobre a pesquisa em direito no Brasil. Novos Estudos, São Paulo, n. 66, p. 145-154, 2003.

_____. Teoria crítica. Rio de Janeiro: Zahar, 2004.

_____. Participação e deliberação na teoria democrática: uma introdução. In: COELHO, Vera Schattan P.; NOBRE, Marcos (Org.). Participação e deliberação: teoria democrática e experiências institucionais no Brasil contemporâneo. São Paulo: Editora 34, 2004a. p. 21-40.

_____. Indeterminação e estabilidade: os 20 anos da Constituição Federal e as tarefas da pesquisa em direito. Novos Estudos, São Paulo, n. 82, p. 97-106, 2008.

NOBRE, M.; RODRIGUEZ, J. R. Judicialização da política: déficits explicativos e bloqueios normativistas. Novos Estudos Cebrap, n. 91, p. 5-20, 2011.

NOBRE, Marcos; TERRA, Ricardo. Ensinar filosofia: uma conversa sobre aprender a aprender. Campinas: Papirus, 2007.

NORTH, Douglas. Institutions, institutional change and economic performance. Cambridge: Cambridge University Press, 1990.

NUCCI, G de S. Princípios constitucionais penais e processuais penais. São Paulo: Revista dos Tribunais, 2010.

O'DONNELL, Guillermo. Acerca del "corporativismo" y la cuestión del Estado. Documentos Cedes/G.E, Buenos Aires, n. 2, p. 1-71, 1975.

ORWELL, George. In defence of English cooking. Londres: Penguim Books, 2005.

PAULSON, Stanley. Kelsen on legal interpretation. Legal Studies, v. 10, n. 2, p. 136-152, 1990.

PENA, Eduardo Spiller. Pajens da Casa Imperial. Campinas: Unicamp, 1999.

PERELMAN, C. Lógica jurídica. São Paulo: Martins Fontes, 1999.

PINHEIRO, Armando Castellar; SADDI, Jairo. Direito, economia e mercados. São Paulo: Campus, 2005.

PIOVEZANI, Carlos. Verbo, corpo e voz: dispositivos de fala pública e produção da verdade no discurso político. São Paulo: Editora Unesp, 2009.

PISTOR, Katharina; XU, Chenggang. Incomplete law. *Journal of International Law And Politics*, v. 35, p. 931-1013, 2004.

PLATÃO. *Laws*. Tradução de Benjamin Jowett. Nova York: Dover, 2006.

POSNER, Richard. *The economics of justice*. Cambridge, Mass.: Harvard University Press, 1981.

____. *Problemas de filosofia do direito*. São Paulo: Martins Fontes, 2007.

PRADO JR., Caio. *Formação do Brasil contemporâneo*. São Paulo: Brasiliense, 1999.

PÜSCHEL, Flavia Portella. As funções da responsabilidade civil e o artigo 927, § único, do Código Civil. *Revista Direito GV*, v. 1 n. 1, p. 91-107, 2005.

____. Reflexões reformistas a partir de um panfleto revolucionário. *Revista Direito GV*, v. 2, n. 2, p. 229-239, 2006.

____. A função punitiva da responsabilidade civil no direito brasileiro: uma proposta de investigação empírica. *Revista Direito GV*, v. 3, n. 2, p. 17-36, 2007.

PÜSCHEL, Flavia Portella; MACHADO, Marta Rodrigues de Assis. Questões atuais acerca da distinção entre as responsabilidades civil e penal. In: GARCIA, Basileu. *Instituições de direito penal*. São Paulo: Saraiva, 2007. p. 18-45.

PÜSCHEL, Flavia Portella; RODRIGUEZ, José Rodrigo. Inveja de Sísifo: a dogmática jurídica entre tradição e inovação. In: RODRIGUEZ, José Rodrigo; BATALHA, Carlos Eduardo; BARBOSA, Samuel Rodrigues (Org.). *Nas fronteiras do formalismo*. A função social da dogmática jurídica hoje. São Paulo: Saraiva, 2010. p. 299-310

RADBRUCH, Gustav. La securité en droit d'après la théorie anglaise. *Archives de Philosophie du Droit et de Sociologie*, Paris, Sirey, v. 3/4, p. 86-99, 1936.

RAMOS, E. da S. *Ativismo judicial*: parâmetros dogmáticos. São Paulo: Saraiva, 2010.

RENNER, Karl. *Institutions of private law and their social function*. Londres: Routledge, 2001.

RIPERT, Georg. *Le Regime democratique et le droit civil moderne*. Paris: Librairie Generale de Droit et de Jurisprudence, 1936.

ROCHA, Jean Paul. *A capacidade normativa de conjuntura no direito econômico*: o déficit democrático da regulação financeira. Tese (doutorado) — Faculdade de Direito, Universidade de São Paulo, São Paulo, 2004.

RODRIGUEZ, José Rodrigo. *À esquerda do direito*: em fragmentos. São Paulo: Alameda, 2013.

_____. Controlar a profusão de sentidos: a hermenêutica jurídica como negação do sujeito. In. BOUCAULT, Carlos Eduardo de Abreu; RODRIGUEZ, José Rodrigo (Org.). *Hermenêutica plural*. São Paulo: Martins Fontes, 2002. p. 277-308.

_____. Dogmática Jurídica e Desenvolvimento. In: RODRIGUEZ, José Rodrigo (Org.). *Fragmentos para um dicionário crítico direito e desenvolvimento*. São Paulo: Saraiva, 2011b.

_____. *Dogmática da liberdade sindical*: direito, política, globalização. Rio de Janeiro: Renovar, 2003.

_____. Franz Neumann, o direito e a teoria crítica. *Lua Nova*, n. 61, p. 53-73, 2004.

_____. *Fuga do direito*: um estudo sobre o direito contemporâneo a partir de Franz Neumann. São Paulo: Saraiva, 2009.

_____. Institutional nihilism, escape from law and human emancipation: why should critical theory be legal? São Paulo: Cebrap/Direito GV, 2010a. Mimeografado.

_____. Inverter o espelho: o direito ocidental em normatividades plurais. In: REIS, Rossana Rocha (Org.). *Política de direitos humanos*. São Paulo: Hucitec, 2010b. p. 76-96.

_____. Pesquisa empírica e estado de direito: a dogmática jurídica como controle do poder soberano. In: Anais do CONPEDI, XIV, Manaus, 2006.

_____. Segurança jurídica e mercados. *Conjuntura Econômica*, v. 61, n. 7, p. 34-35, 2007.

_____. The persistence of formalism: towards a situated critique beyond the classic separation of powers. *The Law & Development Review*, v. 3, n. 1, p. 38-77, 2010a.

_____. Zonas de autarquia nas decisões jurisdicionais: estado de direito, indeterminação e democracia. In: VIEIRA, Oscar Vilhena; DIMOULIS, Dimitri. *O estado de direito e os desafios do desenvolvimento*. São Paulo: Saraiva, 2011a. p. 287-314.

_____. (Org.). *A justificação do formalismo*. São Paulo: Saraiva, 2011c.

RODRIGUEZ, José Rodrigo; BARBOSA, Samuel Rodrigues; BATALHA, Carlos Eduardo (Org.). *Nas fronteiras do formalismo*. São Paulo: Saraiva, 2011.

RODRIGUEZ, José Rodrigo; PÜSCHEL, Flávia Portella; MACHADO, Marta Rodrigues Assis. *Dogmática é conflito*: uma visão crítica da racionalidade jurídica. São Paulo: Saraiva, 2012.

_____. O raciocínio jurídico dogmático e suas relações com o funcionamento do Poder Judiciário e a Democracia. In: RODRIGUEZ, José Rodrigo; PÜSCHEL, Flávia Portella; MACHADO, Marta Rodrigues Assis. *Dogmática é conflito*: uma visão crítica da racionalidade jurídica. São Paulo: Saraiva, 2012. p. 33-54.

_____. Direito e racismo: uma leitura da jurisprudência do Tribunal de Justiça de São Paulo. In: RODRIGUEZ, José Rodrigo; PÜSCHEL, Flávia Portella; MACHADO, Marta Rodrigues Assis. *Dogmática é conflito*: uma visão crítica da racionalidade jurídica. São Paulo: Saraiva, 2012.

RODRIGUEZ, José Rodrigo et al. O Deus-sociedade contra o Diabo-mercado? Pesquisa científica, conhecimentos tradicionais e interesses econômicos. *Revista Internacional de Direito e Cidadania*, v. espec., p. 10-25, 2011.

RODRIGUEZ, José Rodrigo et al. *Processo legislativo e controle de constitucionalidade*: as fronteiras entre direito e política (relatório de pesquisa). Brasília: Secretaria de Assuntos Legislativos do Ministério da Justiça do Brasil/Cebrap, 2010.

SADEK, Maria Teresa (Org.). *O Judiciário em debate*. São Paulo: Idesp; Sumaré, 1995.

_____. *O Sistema de Justiça*. São Paulo: Idesp; Sumaré, 1999.

_____. *Acesso à justiça*. São Paulo: Fundação Konrad Adenauer, 2001a.

_____. *Reforma do Judiciário*. São Paulo: Fundação Konrad Adenauer, 2001b.

SADER, Eder. *Quando novos personagens entraram em cena*. Rio de Janeiro: Paz e Terra, 1995.

SAINT-JUST. *O espírito da revolução e da Constituição na França*. São Paulo: Unesp, 1989.

SANTOS, Álvaro. The World Bank's uses of 'rule of law': promises in economic. development. In: TRUBEK, David; SANTOS, Álvaro. *The new law and economic development*. A critical appraisal. Cambridge: Cambridge University Press, 2006.

SANTOS, Wanderley Guilherme dos. A práxis liberal e a cidadania regulada. In: SANTOS, Wanderley Guilherme dos. *Décadas de espanto e uma apologia democrática*. Rio de Janeiro: Rocco, 1998.

_____. *Cidadania e justiça*. Rio de Janeiro: Campus, 1979.

SAVIGNY, Frederich K. Von. *System of the modern Roman law*. Westport: Hyperion Press, 1979.

SCHAUER, Frederick. Formalism. *Yale Law Journal*, v. 97, n. 4, p. 509-548, 1998.

_____. *Playing by the rules*. Oxford: Claredon Press, 2002.

_____. *Thinking like a lawyer*. Cambridge: Harvard, 2012.

SCHAUER, Frederick; ZECKHAUSER, Richard. Regulation by generalization. *Regulation & Governance*, v. 1, n. 1, p. 68-87, 2007.

SCHMITT, Carl. *A crise da democracia parlamentar*. São Paulo: Scritta, 1996.

_____. *Gesetz und Urteil*: Eine Untersuchung zum Problem der Rechtspraxis. Berlim: O. Liebmann, 1914.

SCHUMPETER, Joseph A. *Capitalism, socialism and democracy*. Nova York: Harper Collins, 1984.

SCHWARZ, Roberto. *Um mestre na periferia do capitalismo*. São Paulo: Duas Cidades, 1990.

_____. As ideias fora do lugar. In: SCHWARZ, Roberto. *Ao vencedor as batatas*. São Paulo: Duas Cidades, 1992. p. 11-31.

SIÉYÈS, Emmanuel Joseph. *Quelques idées sur la constitution aplicables a la Ville de Paris*. Versailles: Imprimeur de L`Assemblée Nationale, 1789.

SILVA, Francisco Carlos Teixeira da. Crise da ditadura militar e o processo de abertura política no Brasil, 1974-1985. In: FERREIRA, Jorge; DELGADO, Lucilia de Almeida Neves (Org.). *O Brasil republicano*: o tempo da ditadura. Regime militar e movimentos sociais em fins do séc. XX. Rio de Janeiro: Civilização Brasileira, 2003. p. 243-272.

SILVEIRA, Alípio. *O fator político-social na interpretação das leis*. São Paulo: Tipografia Paulista, 1946.

_____. *Hermenêutica jurídica*. São Paulo: Brasiliense, 1985.

STEPHAN, Alfred. *The State and society in comparative perspective*. Princeton: Princeton University Press, 1978.

SUNDFELD, Carlos Ari et al. *Controle de constitucionalidade e judicialização*: o STF frente à sociedade e aos poderes. Belo Horizonte: Faculdade de Filosofia e Ciências Humanas, 2010.

TAMANAHA, Brian Z. *Beyond the formalist-realist divide*. Nova Jersey: Princeton University Press, 2009.

_____. *Law as a means to an end*. Threat to the rule of law. Cambridge: Cambridge University Press, 2006.

_____. The lessons of law and development studies (review article). *American Journal of International Law*, v. 89, p. 470-486, 1995.

TAYLOR, Charles. *As fontes do self*. São Paulo: Loyola, 1997.

TELLES, Vera da Silva. Sociedade civil e a construção de espaços públicos. In: DAGNINO, Evelina (Org.). *Anos 90*: política e sociedade no Brasil. São Paulo: Brasiliense, 1994. p. 91-102.

TEPEDINO, G. (Org.). *Problemas de direito civil-constitucional*. Rio de Janeiro: Renovar, 2001.

TEUBNER, Günther. Global Bukowina: legal pluralism in the world-society. In: TEUBNER, Günther (Org.). *Global law without a State*. Dartsmouth: London 1996.

_____. Juridificação — noções, características, limites, soluções. *Revista de Direito e Economia*, Coimbra, v. XIV, p. 18-99, 1988.

_____. Verrechtlichung — Begriffe, Merkmale, Grenzen, Auswege. In: KÜBLER, Friedrich (Org.). *Verrechtlichung von Wirtschaft, Arbeit und sozialer Solidarität*. Frankfurt/Main: Suhrkamp, 1985.

THOMPSON, E. P. *As peculiaridades dos ingleses e outros artigos*. Campinas: Unicamp, 2001.

TROPER, Michel (Org.). *Théorie des contraintes juridiques*. Paris: LGDJ, 2005.

TRUBEK, David. Max Weber sobre o direito e a ascensão do capitalismo. *Revista Direito GV 5*, v. 3, n. 1, p. 151-185, 2007.

_____. The 'rule of law' in development assistance: past, present, and future. In: TRUBEK, David M.; SANTOS, Álvaro. *The new law and economic devel-*

opment. A critical appraisal. Cambridge: Cambridge University Press, 2006. (Tradução disponível em TRUBEK, David M. *O novo direito e desenvolvimento*: presente, passado e futuro: textos selecionados de David M. Trubek. Organização de José Rodrigo Rodriguez. São Paulo: Saraiva, 2009).

____; GALANTER, M. Acadêmicos autoalienados: reflexões sobre a crise norte-americana da disciplina "Direito e Desenvolvimento". *Revista Direito GV*, v. 3, n. 2, p. 261-304, 2007.

____; SANTOS, Álvaro. *The new law and economic development*. A critical appraisal. Cambridge: Cambridge University Press, 2006.

UNGER, Roberto Mangabeira. *False necessity*: anti-necessitarian social theory in the service of radical democracy. Londres: Verso, 2001a.

____. *Política — os textos centrais, a teoria contra o destino*. São Paulo: Boitempo; Santa Catarina: Editora Argos, 2001b.

____. *The self awakened. Pragmatism unbound*. Cambridge: Harvard University Press, 2007.

____. Uma nova Faculdade de Direito no Brasil. *Cadernos FGV Direito Rio*, Rio de Janeiro, nov. 2005. Textos para Discussão n. 1.

____. *What should legal analysis become?* Londres: Verso, 1996.

URBINATTI, Nadia. *Representative democracy*. Principles & genealogy. Chicago: Chicago University Press, 2006.

VERMEULE, Adrian. Three strategies of interpretation. *San Diego Law Review*, v. 42, n. 2, p. 607-628, 2005.

VIANNA, Luiz Werneck. Sistema liberal e direito do trabalho. *Estudos Cebrap*, São Paulo, 7, p. 114-149, 1974.

VIANNA, Luiz Werneck et al. *A judicialização da política e das relações sociais no Brasil*. Rio de Janeiro: Revan, 1999.

VIBERT, Frank. *The rise of the unelected*. Democracy and the new separation of powers. Cambridge: Cambridge University Press, 2007.

VICÉN, Felipe González. Sobre los orígenes y supuestos del formalismo en el pensamiento jurídico contemporáneo. In: *Anuario de Filosofia Del Derecho*, Madri, tomo III, p. 47-75, 1961.

VIEHWEG, Theodor. *Tópica e jurisprudência*. Porto Alegre: Sergio Antônio Fabris, 2008.

VILE, M. J. C. *Constitutionalism and the separation of powers.* Indianapolis: Liberty Fund, 1998.

VILLAS-BÔAS FILHO, Orlando. *Teoria dos sistemas e o direito brasileiro.* São Paulo: Saraiva, 2009

VOJVODIC, Adriana de Morais; CARDOSO, Evorah Lusci Costa; MACHADO, Ana Mara França. Escrevendo um romance, primeiro capítulo: precedentes e processo decisório No STF. *Revista Direito GV*, São Paulo, v. 1, n. 5, p. 21-44, 2009.

WAISMAN, Carlos H. *Modernization and the working class.* The politics of legitimacy. Austin: University of Texas Press, 1982.

WALD, Arnoldo. *Direito de família.* São Paulo: Revista dos Tribunais, 1998.

WARAT, Luiz Alberto. O saber crítico e o senso comum dos juristas. *Revista Sequência*, n. 5, p. 48-57, jun. 1982.

WEBER, Max. Rejeições religiosas do mundo e suas direções. In: WEBER, Max. *Ensaios de sociologia e outros escritos.* São Paulo: Abril Cultural, 1974.

_____. *Economia y sociedade.* Mexico: Fondo de Cultura Económica, 1999.

_____. *A ética protestante e o 'espírito' do capitalismo.* São Paulo: Companhia das Letras, 2004.

WIEACKER, Franz. *Das Sozialmodell der klassischen Privatrechtsgesetzbücher und die Entwicklung der modernen Gesellschaft.* Karlsruhe: C. F. Müller, 1953.

WOLKMER, Antonio Carlos. *Introdução ao pensamento jurídico crítico.* São Paulo: Saraiva, 2002.

Aviso ao leitor

Além de apresentar textos inéditos, este livro é composto por versões modificadas de uma série de textos publicados em outras ocasiões.

Capítulo 1: Existe direito no Brasil? A cabrocha e o magistrado
RODRIGUEZ, José Rodrigo. A cabrocha e o magistrado: apontamentos sobre o drama do direito no Brasil. In: TOLEDO, Marleide Paula Marcondes e Ferreira de (Org.). *Cultura brasileira*: o jeito de ser e de viver de um povo. São Paulo: Nankin, 2004. p. 68-91.

Capítulo 3: Como pensam os juristas?
Sobre formalismo e naturalização conceitual
RODRIGUEZ, José Rodrigo. A persistência do formalismo: uma crítica para além da separação de poderes. In: RODRIGUEZ, José Rodrigo; COSTA, Carlos Eduardo Batalha da Silva e; BARBOSA, Samuel Rodrigues (Org.). *Nas fronteiras do formalismo*. A função social da dogmática jurídica hoje. São Paulo: Saraiva, 2010. p. 157-192.
RODRIGUEZ, José Rodrigo. The persistence of formalism: towards a

situated critique beyond the classic separation of powers. *The Law and Development Review*, v. 3, p. 41-77, 2010.

Capítulo 4: Critérios da crítica. Zonas de autarquia e controle do poder

RODRIGUEZ, José Rodrigo. Zonas de autarquia nas decisões judiciais: estado de direito, indeterminação e democracia. In: DIMOULIS, Dimitri; VIEIRA, Oscar Vilhena (Org.). *Estado de direito e desafio do desenvolvimento*. São Paulo: Saraiva, 2011. p. 287-314.

Capítulo 5: Judicialização da política?
Sobre a naturalização da separação dos poderes (I)

RODRIGUEZ, José Rodrigo; NOBRE, Marcos. "Judicialização da política": déficits explicativos e bloqueios normativistas. *Novos Estudos Cebrap*, São Paulo, v. 91, p. 5-20, 2011.

Capítulo 6: Judicialização da política?
Sobre a naturalização da separação dos poderes (II)

RODRIGUEZ, José Rodrigo. Por um novo conceito de segurança jurídica. Racionalidade jurisdicional e estratégias legislativas. *Analisi e Diritto*, p. 129-152, 2012.

Esta obra foi produzida nas
oficinas da Imos Gráfica e Editora na
cidade do Rio de Janeiro